TEORIA E PRÁTICA DA PRESCRIÇÃO PENAL

FREDERICO BLASI NETTO

TEORIA E PRÁTICA DA PRESCRIÇÃO PENAL

editora
Del Rey
Belo Horizonte
2023

EDITORA DEL REY LTDA.

www.editoradelrey.com.br

Editor: Arnaldo Oliveira

Editor Adjunto: Ricardo A. Malheiros Fiuza
(*in memoriam*)

Coordenação Editorial: Letícia Neves

Diagramação e revisão: Know-how Editorial

Capa: JP Designer

Editora:
Rua dos Goitacazes, 71 – Lojas 20 a 24
Centro – Belo Horizonte – MG
CEP 30190-050

Comercial:
Tel.: (31) 3284-3284 / 3293-8233
vendas@editoradelrey.com.br

Editorial:
editorial@editoradelrey.com.br

B644p Blasi Netto, Frederico
Teoria e Prática da Prescrição penal /Frederico Blasi Netto. 1. ed., Belo Horizonte: Del Rey, 2023.
264 p.

ISBN: 978-65-00-61062-8

1. Prescrição da pena, Brasil. 2. Prescrição retroativa, Brasil. 3. Extinção da punibilidade, Brasil. 4. Pena, Brasil. 5. Perdão judicial, Brasil. 6. Direito de ação, Brasil. 7. Decadência (direito penal), Brasil. 8. Perempção da ação penal, Brasil. I. Título.

CDU: 343.291

Junio Martins Lourenço – Bibliotecário – CRB-6/3167

SUMÁRIO

CONSIDERAÇÕES INICIAIS

Sem ignorar a complexidade do tema **prescrição penal** e as dificuldades para o seu entendimento, procurei desenvolver este livro de forma bastante cautelosa e didática. Tinha por objetivo afirmar que, a despeito do tabu que envolve a matéria, seria bem compreendida caso observasse uma exposição sistemática rigorosa. Foi esse o desiderato que norteou a elaboração deste livro e o tornou, algumas vezes, propositadamente repetitivo. Se consegui algum sucesso nesse meu propósito, somente o saberei em face da atenção e das críticas que possa merecer de eventuais consulentes. De qualquer forma, escrever este trabalho, a par do desafio que representava, tornou-se para mim motivo de enorme satisfação pessoal.

O tema, ainda que muitos possam não acreditar nisso, é empolgante. Um aspecto que me pareceu extremamente positivo é que, por suas características, a prescrição se relaciona com vários outros institutos e atos de natureza penal e processual. Estes, porque facilitavam a compreensão da prescrição, mereceram também considerações, na medida necessária para o entendimento do tema principal. Dessa interação da prescrição com tantos outros atos resulta um estudo complexo, é verdade, mas também bastante dinâmico. E, mais que isso, um estudo que permite uma melhor compreensão do processo penal como um todo.

– I –
PARTE GERAL

1. DIREITO DE PUNIR DO ESTADO

No Estado moderno, a solução do conflito de interesses no campo penal vai ser alcançada por intermédio da jurisdição, deferida ao Estado-Juiz.

Com o cometimento da infração penal, sempre há uma lesão ao Estado, e este, como Estado-Administração, toma a iniciativa de garantir a observância da lei, recorrendo ao Estado-Juiz para, por meio do devido processo legal, ver concretizado o seu direito de punir.

O *jus puniendi,* assim, é o direito que tem o Estado de aplicar o cominado no preceito secundário da norma penal incriminadora contra aquele que, praticando a ação ou omissão descrita no seu preceito primário, venha a causar dano ou lesão a outrem.

Em decorrência do direito de punir afeto ao Estado, surge a pretensão punitiva.

Para Frederico Marques, "A pretensão punitiva decorre do direito concreto de punir que surge para o Estado após a prática do crime. Ela é a exigência de que o direito de punir do Estado prevaleça sobre o direito de liberdade do autor do crime, com a sujeição deste à pena cabível na espécie".[1]

O Professor Damásio Evangelista de Jesus ensina de modo magistral que,

---

[1] MARQUES, José Frederico. *Tratado de direito penal.* 2. ed. São Paulo: Saraiva, 1966. p. 313.

> Cometida a infração penal, o direito de punir, que era abstrato, passa a ser concreto. Antes o Estado tinha o direito a exigir a abstenção da prática criminosa. Realizado o fato delituoso, a relação entre o Estado e o delinquente, que antes era de simples obediência penal, consubstanciada no preceito primário da lei incriminadora, tem seu suporte legal no preceito secundário, que comina a sanção, denominando-se relação jurídico-punitiva. Esse *ius puniendi* concreto, verdadeiro poder-dever de punir, e não simples faculdade de punir, estabelece uma relação real, de natureza jurídico-penal, entre o Estado e o sujeito ativo do crime...[2]

Esse poder do Estado, contudo, encontra limites na lei.

> O direito subjetivo de punir, entretanto, não é ilimitado, vinculando-se o Estado ao direito objetivo, tanto na imputação, circunscrita aos fatos típicos, como nas penas a serem aplicadas. Além disso, para exercitar o direito de punir é necessário que haja processo e julgamento, já que não pode o Estado impor, arbitrariamente, a sanção.[3]

O direito de punir ainda irá encontrar limite no tempo, não se prolongando indefinidamente. Não exercido dentro de um lapso de tempo razoável, ocorrerá a prescrição. Definida genericamente como a perda do direito de punir do Estado pelo decurso do tempo, a prescrição, como se percebe, beneficia o acusado, que, tendo cometido a infração penal, deixa de ser punido, e pune o Estado, ao destituí-lo do poder-dever de punir, quando se revelar incapaz de exercê-lo dentro do prazo prescricional.

A submissão do Estado a esse prazo, como veremos, não irá ocorrer somente em relação ao direito de punir. Muitas vezes, o Estado realiza o seu direito de punir e, pelo exercício da ação penal, obtém uma sentença condenatória, impondo uma pena ao acusado da infração. Só que, agora, terá que observar um novo prazo dentro do qual terá que aplicar ao acusado aquela pena fixada na sentença. Não o conseguindo, também nessa situação, irá ocorrer a

2 JESUS, Damásio E. de. *Prescrição penal*. 17. ed. São Paulo: Saraiva, 2008. p. 1-2.

3 MIRABETE, Júlio Fabbrini; FABBRINI, Renato N. *Manual de direito penal*: parte geral. 31. ed. v. VI.

prescrição, ainda que de outra espécie, a saber, a prescrição da pretensão executória.

Em síntese, prescrição é a perda pelo Estado do direito de punir ou de executar a pena imposta na decisão, pelo seu não exercício em determinado lapso temporal. Decorre, portanto, da inércia estatal em punir o autor da infração penal no tempo devido.

2. NATUREZA JURÍDICA

Não há consenso entre os doutrinadores quanto à natureza jurídica da prescrição.

Por constituir obstáculo ao início ou prosseguimento da persecução criminal, alguns entendem tratar-se de instituto de direito processual penal.

Para outra corrente, à qual se filia Damásio de Jesus, cuida-se de matéria de direito penal por se incluir entre as causas extintivas da punibilidade, disciplinadas na Parte Geral do Código Penal.

Uma terceira corrente se coloca numa posição intermediária, afirmando ter a prescrição natureza mista, penal e processual ao mesmo tempo.

Artigo publicado no *Jusbrasil* em 1 de agosto de 1999 faz um preciso resumo da natureza jurídica da prescrição no campo penal:

> Questão importante refere-se à natureza jurídica da prescrição, objeto de grandes controvérsias na doutrina. Uns a consideram instituto de Direito Penal; outros, de Direito Processual Penal e há, ainda, os que a atribuem um caráter misto. A corrente dominante a considera como de Direito Penal, embora haja consequências imediatas de Direito Processual Penal. (...)
>
> A prescrição penal recebe conotação diferenciada da prescrição civil, pois na penal, o Estado perde o direito de apurar e punir certa infração; na cível, perde o direito de ação apenas, subsistindo o direito material.[4]

[4] TOURINHO, Andréa Martins; DANTAS, Cristiane Müller. Do instituto da prescrição penal. *Revista Jus Navigandi*, Teresina, ano 4, n. 34, 1 ago. 1999. Disponível em: https://jus.com.br/artigos/965. Acesso em: 2 abr. 2020.

A prescrição "[é] considerada um direito do réu, direito de não ser julgado ou punido após o decurso do tempo previsto para se extinguir a punibilidade. Ressalta-se que este direito, o réu adquire por efeito da renúncia do Estado ao poder-dever de punir, que só a ele incumbe".[5]

3. CRIMES IMPRESCRITÍVEIS

Como regra, os crimes são prescritíveis não importando sua gravidade.

Como exceção e restritivamente, a Constituição Federal estabelece, respectivamente, nos incisos XLII e XLIV do art. 5º, que são imprescritíveis os delitos de racismo definidos na Lei n. 7.716, de 5 de janeiro de 1989, e os que atentam contra a ordem constitucional e o Estado Democrático mediante a ação de grupos armados, civis ou militares, definidos na Lei n. 7.170, de 15 de dezembro de 1983.

Em relação a eles não ocorrerá a prescrição, prevalecendo, a qualquer tempo, o poder estatal de punição a seus autores. Tais crimes são também inafiançáveis, ou seja, não podem seus autores recorrer ao pagamento de fiança para responder por eles em liberdade.

Cumpre, no entanto, ressaltar que a tortura, também prevista no art. 5º (incisos III e XLIII), é crime prescritível, no âmbito penal. O Estatuto de Roma (que instituiu o Tribunal Penal Internacional e possui disposição na linha da imprescritibilidade) não tem *status* constitucional, não podendo, destarte, ser levado em conta, por estar em desacordo com a Constituição Federal, hierarquicamente superior.

4. PRAZO PRESCRICIONAL

O exercício da pretensão punitiva do Estado deve obedecer a prazos estabelecidos pela lei. Esses prazos estarão sujeitos à suspensão e à interrupção.

---

[5] TOURINHO, Andréa Martins; DANTAS, Cristiane Müller. Do instituto da prescrição penal. *Revista Jus Navigandi*, Teresina, ano 4, n. 34, 1 ago. 1999. Disponível em: https://jus.com.br/artigos/965. Acesso em: 2 abr. 2020.

Os prazos prescricionais, tanto da prescrição da pretensão punitiva como da prescrição da pretensão executória, estão previstos nos seis incisos do art. 109 do Código Penal, e essas prescrições ocorrerão caso esses prazos sejam superados sem que se consiga condenar e executar a pena imposta, na decisão condenatória, ao infrator da lei penal.

Por sua vez, para os delitos apenados com multa, o prazo prescricional previsto é de 2 anos, consoante o art. 114 do mesmo diploma legal.

Código Penal

Art. 109. A prescrição, antes de transitar em julgado a sentença final, salvo o disposto no § 1° do art. 110 deste Código, regula-se pelo máximo da pena privativa de liberdade cominada ao crime, verificando-se:

I – em 20 (vinte) anos, se o máximo da pena é superior a 12 (doze);

II – em 16 (dezesseis) anos, se o máximo da pena é superior a 8 (oito) anos e não excede a 12 (doze);

III – em 12 (doze) anos, se o máximo da pena é superior a 4 (quatro) anos e não excede a 8 (oito);

IV – em 8 (oito) anos, se o máximo da pena é superior a 2 (dois) anos e não excede a 4 (quatro);

V – em 4 (quatro) anos, se o máximo da pena é igual a 1 (um) ano ou, sendo superior, não excede a 2 (dois);

VI – em 3 (três) anos, se o máximo da pena é inferior a 1 (um) ano. (*Redação dada pela Lei n. 12.234, de 2010*)

(...)

Art. 114. A prescrição da pena de multa ocorrerá:

I – em 2 (dois) anos, quando a multa for a única cominada ou aplicada;

(...)

O art. 109, como vimos, estabelece, em seus incisos, seis prazos de prescrição, os quais serão apurados levando-se em conta a pena atribuída ao delito imputado e o enquadramento dessa pena entre os limites previstos em cada um dos incisos.

O livro do Professor Damásio,[6] considerando os parâmetros indicados nos incisos do art. 109, apresenta uma tabela, a seguir reproduzida, que facilita a apuração dos prazos prescricionais:

Máximo da pena privativa de liberdade	Prazo prescricional
1. **+ de** 12 anos	= 20 anos
2. **+ de** 8 a 12 anos	= 16 anos
3. **+ de** 4 a 8 anos	= 12 anos
4. **+ de** 2 a 4 anos	= 8 anos
5. **de** 1 a 2 anos	= 4 anos
6. **menos de** 1 ano	= 3 anos*
* Tendo em vista a alteração da redação do inciso VI do art. 109 por força da Lei n. 12.234/2010, o prazo de 2 anos passa a ser de 3 anos para os delitos com pena privativa de liberdade inferior a 1 ano.	

Percebe-se, claramente, que os prazos prescricionais são variáveis na proporção da gravidade do delito, permitindo-se afirmar que, quanto mais grave o delito, maior será seu prazo prescricional.

4.1 Lei n. 12.234, de 5 de maio de 2010

O art. 109 do Código Penal, que prevê os prazos prescricionais, foi alterado pela Lei n. 12.234/2010. Assim, o prazo prescricional do seu inciso VI, para os crimes com pena máxima inferior a 1 ano, foi elevado de 2 para **3 anos**. Essa alteração do menor prazo de prescrição legal (para 3 anos) alcança todas as prescrições – da pretensão punitiva, intercorrente, retroativa e executória.

4.1.1 Irretroatividade da lei

O referido aumento do prazo da prescrição para 3 anos representa situação mais gravosa para o acusado (*Lex gravior*), não podendo a lei, em face de sua natureza penal, retroagir para atingir infrações penais cometidas anteriormente à sua vigência.

Em consequência, passa-se a ter duas situações distintas para a apuração do prazo prescricional na hipótese do inciso VI:

---

6 JESUS, Damásio E. de. *Prescrição penal*. 17. ed. São Paulo: Saraiva, 2008. p. 35.

- 2 anos para os delitos penais ocorridos até 5 de maio de 2010;
- 3 anos para aqueles cometidos a partir de 6 de maio de 2010, data da entrada em vigor da lei.

Lei n. 12.234, de 5 de maio de 2010

Altera os arts. 109 e 110 do Decreto-Lei n. 2.848, de 7 de dezembro de 1940 – Código Penal.

O PRESIDENTE DA REPÚBLICA Faço saber que o Congresso Nacional decreta e eu sanciono a seguinte Lei:

Art. 1° Esta Lei altera os arts. 109 e 110 do Decreto-Lei n. 2.848, de 7 de dezembro de 1940 – Código Penal, para excluir a prescrição retroativa.

Art. 2° Os arts. 109 e 110 do Decreto-Lei n. 2.848, de 7 de dezembro de 1940 – Código Penal, passam a vigorar com as seguintes alterações:

> "Art. 109. A prescrição, antes de transitar em julgado a sentença final, salvo o disposto no § 1° do art. 110 deste Código, regula-se pelo máximo da pena privativa de liberdade cominada ao crime, verificando-se:
>
> (...)
>
> VI – em 3 (três) anos, se o máximo da pena é inferior a 1 (um) ano.
>
> (...)" (NR)
>
> "Art. 110. (...)
>
> § 1° A prescrição, depois da sentença condenatória com trânsito em julgado para a acusação ou depois de improvido seu recurso, regula-se pela pena aplicada, não podendo, em nenhuma hipótese, ter por termo inicial data anterior à da denúncia ou queixa.
>
> § 2° (*Revogado*)." (NR)

Art. 3° Esta Lei entra em vigor na data de sua publicação.

Art. 4° Revoga-se o § 2° do art. 110 do Código Penal.

Brasília, 5 de maio de 2010; 189° da Independência e 122° da República.

LUIZ INÁCIO LULA DA SILVA

4.2 Como calcular o prazo de prescrição?

Tomando como exemplo o delito do art. 129, *caput*, do Código Penal (lesão corporal leve), calculemos o seu prazo de prescrição. Como a pena privativa de liberdade máxima para esse crime é de 1 ano, o prazo prescricional será o do inciso V, 4 anos, em face dos limites ali estabelecidos:

> **Código Penal**
>
> **Lesão corporal**
>
> Art. 129. Ofender a integridade corporal ou a saúde de outrem:
>
> Pena – detenção, de 3 (três) meses a 1 (um) ano.
>
> (...)
>
> **Prescrição antes de transitar em julgado a sentença**
>
> Art. 109. A prescrição, antes de transitar em julgado a sentença final, salvo o disposto no § 1° do art. 110 deste Código, regula-se pelo máximo da pena privativa de liberdade cominada ao crime, verificando-se:
>
> (...)
>
> V – em 4 (quatro) anos, se o máximo da pena é igual a 1 (um) ano ou, sendo superior, não excede a 2 (dois).
>
> (...)

Ou, segundo a tabela referida (item 5): de 1 a 2 anos = 4 anos.

4.3 Alteração do prazo prescricional

Uma vez calculados, os prazos de prescrição, como regra, não mais se alteram. As exceções ocorrerão nas hipóteses do art. 115 (ser o infrator menor de 21 anos na data do crime ou maior de 70 anos na data da sentença), em que se reduzem pela metade, e do art. 110, *caput*, parte final (reconhecimento na sentença da reincidência do réu), em que aumentam de 1/3. E também quando há a suspensão do prazo prescricional, art. 116 do Código Penal, arts. 366 e 368 do Código de Processo Penal, Lei n. 9.099/1995, Constituição Federal (art. 53, §§ 2º a 5º), como veremos mais adiante.

Somente nesses casos haverá modificação do prazo de prescrição depois de calculado.

Nas demais situações, ainda que isso possa influir na determinação de um ou outro prazo, o que se altera é a quantidade da pena que serve de base para o cálculo do prazo prescricional.

É o que ocorre, por exemplo, nas causas de aumento ou diminuição de pena em que a pena privativa de liberdade não é indicada diretamente, e sim como uma fração dela a ser somada ou diminuída à pena estabelecida no *caput* do artigo.

Tome-se como exemplo o "furto noturno" (art. 155, § 1º, do CP):

Código Penal

Furto

Art. 155. Subtrair, para si ou para outrem, coisa alheia móvel:

Pena – reclusão, de 1 (um) a 4 (quatro) anos, e multa.

§ 1° A pena aumenta-se de 1/3 (um terço), se o crime é praticado durante o repouso noturno.

(...)

Pena máxima de reclusão do crime de furto (*caput*) 4 anos. Prazo prescricional 8 anos (art.109, IV).

Sobre a pena máxima de 4 anos, do furto simples, do *caput*, aplica-se o aumento de 1/3, redundando em uma pena de 5 anos e 4 meses de reclusão.

Procedemos primeiro ao cálculo da pena (e é ela, portanto, que irá se alterar) para, só depois, efetuarmos seu enquadramento no art. 109 e obtermos o prazo prescricional: 1/3 de 4 anos é igual a 1 ano e 4 meses. Assim, a pena máxima privativa de liberdade do "furto noturno" será de 5 anos e 4 meses e seu prazo prescricional, de 12 anos (art. 109, III).

Como se observa, nesse caso, o que nem sempre ocorre, houve, em relação ao delito do *caput*, a transposição do inciso IV para o inciso III, com a consequente determinação de um prazo de prescrição maior.

5. CONTAGEM DO PRAZO PRESCRICIONAL

O início do prazo prescricional é contado, num primeiro momento, a partir da data do fato.

Dessa forma, desde a data da consumação do delito, e mesmo antes da instauração do inquérito policial ou do processo, a prescrição já constitui motivo de preocupação.

Em vista da disposição contida no art. 111 do Código Penal, essa data, que como regra é aquela em que a infração penal se consumou (inciso I), comporta exceções (incisos II, III, IV e V).

> **Código Penal**
>
> **Termo inicial da prescrição antes de transitar em julgado a sentença final**
>
> Art. 111. A prescrição, antes de transitar em julgado a sentença final, começa a correr:
>
> I – do dia em que o crime se consumou;
>
> II – no caso de tentativa, do dia em que cessou a atividade criminosa;
>
> III – nos crimes permanentes, do dia em que cessou a permanência;
>
> IV – nos de bigamia e nos de falsificação ou alteração de assentamento do registro civil, da data em que o fato se tornou conhecido;
>
> V – nos crimes contra a dignidade sexual ou que envolvam violência contra a criança e o adolescente, previstos neste Código ou em legislação especial, da data em que a vítima completar 18 (dezoito) anos, salvo se a esse tempo já houver sido proposta a ação penal. (*Redação dada pela Lei n. 14.344, de 2022*)

Ao discordar do critério adotado pelo legislador na inclusão do inciso V no art. 111, pela Lei n. 12.650/2012, o Professor Damásio, em artigo publicado no jornal *Carta Forense*, referiu-se à regra no inciso I "como o princípio secular de que a prescrição começa a correr do dia do momento consumativo do crime (da conduta ou do resultado)...",[7]

[7] JESUS, Damásio E. de. Novo termo inicial do prazo prescricional penal. *Carta Forense*, 4 jun. 2018. Disponível em: http://www.cartaforense.com.br/m/conteudo/colunas/novo-termo-inicial-do-prazo-prescricional-penal/18221. Acesso em: 3 abr. 2020.

A partir daí, as causas suspensivas e interruptivas e outras situações específicas determinarão novos termos iniciais da contagem do prazo prescricional.

Constituindo a prescrição instituto de direito penal, segundo a maioria dos doutrinadores, a contagem desse prazo observa as regras do art. 10 do Código Penal, a saber:

1ª) No cômputo do prazo, o dia do começo é incluído, independentemente da hora em que tenha ocorrido o fato.

2ª) A contagem dos dias, meses e anos observa o calendário comum, o gregoriano.

3ª) Esse prazo é fatal e improrrogável, não importando férias, fins de semana ou feriados.

Código Penal

Contagem de prazo

Art. 10. O dia do começo inclui-se no cômputo do prazo. Contam-se os dias, os meses e os anos pelo calendário comum.

Supondo que tenha ocorrido um crime de "violação de domicílio":

Código Penal

Violação de domicílio

Art. 150. Entrar ou permanecer, clandestina ou astuciosamente, ou contra a vontade expressa ou tácita de quem de direito, em casa alheia ou em suas dependências:

Pena – detenção, de 1 (um) a 3 (três) meses, ou multa.

(...)

O fato ocorreu no dia 10.03.1996, às 23 horas. O prazo prescricional de 2 anos, inciso VI do art. 109 (máximo da pena privativa de liberdade de 3 meses), começa a ser contado do dia em que o crime se consumou.

O Estado terá, assim, 2 anos,[8] a partir de 10.03.1996, para promover a ação penal por meio do recebimento da inicial acusatória (o

[8] O prazo prescricional será de 2 anos neste caso, uma vez que o fato ocorreu antes da alteração legislativa procedida no inciso VI do art. 109.

recebimento da denúncia ou da queixa, como veremos adiante, determinará a interrupção do prazo prescricional – art. 117, I, do CP).

Se dentro desse lapso de tempo, cujo termo final é 09.03.1998, não tiver ainda sido iniciado o inquérito policial, terá ocorrido a prescrição e o procedimento policial não mais poderá ser instaurado.

Na contagem do prazo, inclui-se o dia do fato, 10.03.1996, termo inicial, independentemente da hora em que ele ocorreu (no nosso exemplo aquela 1 hora vai valer por um dia inteiro). O término do prazo se dará após o transcurso dos 2 anos, às 24 horas do dia anterior, 09.03.1998.

No mesmo exemplo, ainda que havendo inquérito policial relatado e denúncia oferecida pelo Promotor de Justiça, se nesse meio-tempo (antes de se instaurar a ação penal pelo recebimento da inicial) superar-se o prazo de prescrição (termo final em 09.03.1998), ocorre a prescrição e encerra-se a persecução criminal.

Como oportunamente esclarece Damásio de Jesus, "O início da persecução criminal por intermédio do inquérito policial e o começo da ação penal também estão condicionados ao decurso do tempo",[9] ou seja, também se submetem ao prazo prescricional. Portanto, antes da expiração desse prazo, deverá haver ação penal (processo) instaurada, com o recebimento da denúncia ou da queixa pelo juiz. Não alcançadas essas etapas dentro do prazo, o inquérito policial não poderá ser instaurado nem a ação penal iniciada.

5.1 Causas interruptivas e suspensivas

5.1.1 Causas interruptivas da prescrição

As causas interruptivas da prescrição estão elencadas no art. 117 do Código Penal. Seu rol é taxativo, não dando margem a interpretações extensivas.

Não ocorrendo a prescrição antes do recebimento da inicial acusatória (denúncia ou queixa) e sendo esta recebida, instaura-se a ação penal.

[9] JESUS, Damásio E. de. *Prescrição penal*. 17. ed. São Paulo: Saraiva, 2008. p. 28.

O recebimento da inicial pelo juiz é a primeira, entre outras causas, que irá interromper o curso do prazo prescricional (art. 117, I, do CP).

Código Penal

Causas interruptivas da prescrição

Art. 117. O curso da prescrição interrompe-se:

I – pelo recebimento da denúncia ou da queixa;

II – pela pronúncia;

III – pela decisão confirmatória da pronúncia;

IV – pela publicação da sentença ou acórdão condenatórios recorríveis; (*Redação dada pela Lei n. 11.596, de 2007*)

V – pelo início ou continuação do cumprimento da pena;

VI – pela reincidência.

(...)

Assim, a partir da data da consumação do delito, primeiro termo inicial em que, como regra, o prazo prescricional começa a ser contado, sobrevindo uma causa interruptiva, esse termo inicial é deslocado para a frente, reiniciando-se a contagem do mesmo prazo a partir da data da última causa interruptiva da prescrição (regra do § 2º do art. 117 do CP).

Código Penal

Causas interruptivas da prescrição

Art. 117. (...)

(...)

§ 2º Interrompida a prescrição, salvo a hipótese do inciso V deste artigo, todo o prazo começa a correr, novamente, do dia da interrupção.

As causas interruptivas da prescrição determinam que o prazo prescricional, por inteiro, passe a ser contado a partir da data da ocorrência da interrupção, desconsiderando-se aquele período de tempo transcorrido anteriormente. São, assim, atos importantes dentro do processo que, uma vez alcançados, favorecem o Estado no exercício de seu direito de punir, ao estabelecer uma data posterior para o início da contagem do prazo.

Tomemos novamente o delito de "lesão corporal leve", art. 129, *caput*, do Código Penal, cujo prazo prescricional é de 4 anos (art. 109, V, do CP).

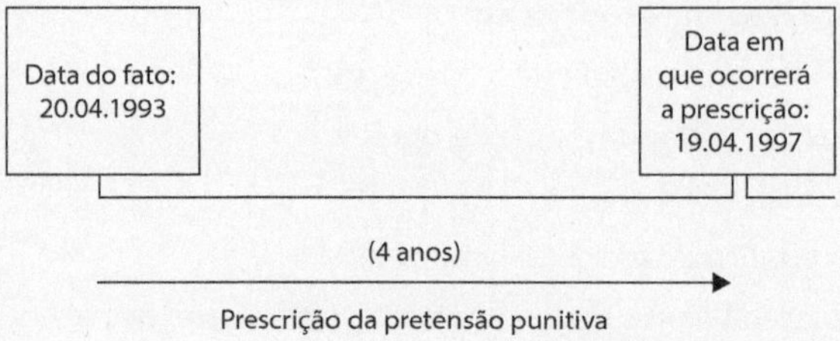

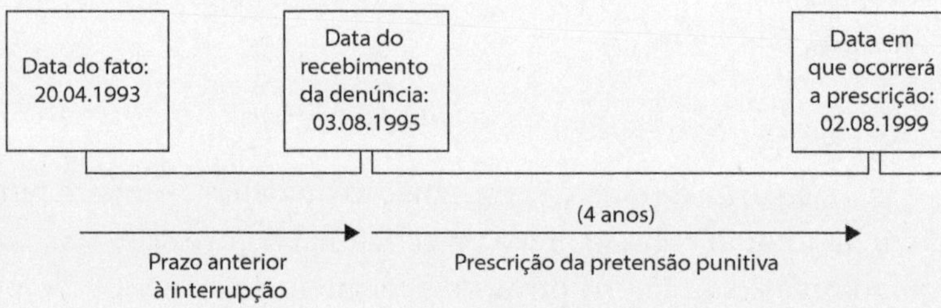

Data do fato: 20.04.1993.

Superada a data de 19.04.1997, ocorrerá a prescrição.

Mas, se antes dessa data houver denúncia oferecida e sendo esta recebida, como no exemplo, em 03.08.1995, ocorre a primeira causa interruptiva. Todo o prazo prescricional de 4 anos passa a ser contado a partir da data da interrupção, 03.08.1995, desconsiderando-se aquele período de tempo que transcorreu anteriormente entre a data do fato e a do recebimento da denúncia, de 20.04.1993 a 03.08.1995. O termo final do prazo prescricional ocorrerá, então, em 02.08.1999.

Quanto ao acórdão condenatório (art. 117, IV, 2ª figura) como causa, ou não, de interrupção do prazo prescricional, há que considerar três situações distintas, a saber:

a) acórdão condenatório como primeira decisão do processo;

b) acórdão condenatório em ação penal de competência originária dos tribunais;

c) acórdão condenatório confirmatório da decisão de primeiro grau.

Os detalhes de cada uma dessas espécies de acórdão condenatório estão desenvolvidos em capítulo próprio deste livro.

5.1.2 Causas suspensivas (ou impeditivas) da prescrição

As causas suspensivas ou impeditivas do curso do prazo prescricional da prescrição da pretensão punitiva estão previstas no art. 116 do Código Penal e em outros diplomas legais.

Os arts. 366 e 368 do Código de Processo Penal, com a redação dada pela Lei n. 9.271, de 17 de abril de 1996, preveem a suspensão do curso do prazo prescricional nos casos de acusado citado por edital e de acusado residente no estrangeiro em lugar sabido.

A Lei n. 13.964, de 24 de dezembro de 2019 (Lei Anticrime), acrescentou dois novos incisos ao art. 116 do Código Penal (III e IV):

> **Código Penal**
>
> **Causas impeditivas da prescrição**
>
> Art. 116. Antes de passar em julgado a sentença final, a prescrição não corre:
>
> I – enquanto não resolvida, em outro processo, questão de que dependa o reconhecimento da existência do crime;
>
> II – enquanto o agente cumpre pena no exterior;
>
> III – na pendência de embargos de declaração ou de recursos aos Tribunais Superiores, quando inadmissíveis; e
>
> IV – enquanto não cumprido ou não rescindido o acordo de não persecução penal.
>
> Parágrafo único. Depois de passada em julgado a sentença condenatória, a prescrição não corre durante o tempo em que o condenado está preso por outro motivo.

A Constituição Federal de 1988 prevê outra hipótese, conhecida como imunidade parlamentar, no art. 53, §§ 2º, 3º, 4º e 5º, com aplicação exclusiva aos membros do Congresso Nacional, Senadores e Deputados Federais.

Finalmente, a Lei n. 9.099, de 27 de setembro de 1995, que dispõe sobre os Juizados Especiais Cíveis e Criminais, criou, no art. 89, § 6º, mais uma causa legal de suspensão do prazo prescricional:

> **Lei n. 9.099/1995**
>
> Art. 89. Nos crimes em que a pena mínima cominada for igual ou inferior a um ano, abrangidas ou não por esta Lei, o Ministério Público, ao oferecer a denúncia, poderá propor a suspensão do processo, por dois a quatro anos, desde que o acusado não esteja sendo processado ou não tenha sido condenado por outro crime, presentes os demais requisitos que autorizariam a suspensão condicional da pena (art. 77 do Código Penal).
>
> (...)
>
> § 6º Não correrá a prescrição durante o prazo de suspensão do processo.
>
> (...)

Essas são as hipóteses de suspensão, cujo rol é taxativo, previstas em nosso ordenamento jurídico. Nas causas suspensivas ou impeditivas, o processo e o prazo prescricional deixam de correr por certo período de tempo, retomando o seu curso após cessada a causa que determinou a suspensão. A suspensão concomitante do processo e do prazo de prescrição se apresenta como um mecanismo da lei no sentido de evitar que o feito se encaminhe para a extinção da punibilidade via prescrição. Ao contrário da causa interruptiva, em que o tempo anterior é desconsiderado, aqui esse tempo é computado no cálculo do prazo.

As causas suspensivas, como se observa, não têm o rigor das causas interruptivas, e, ainda que suspendendo o curso do prazo prescricional no lapso de tempo em que elas perduram, o que favorece o Estado (ao estender o prazo prescricional), revelam-se mais benéficas ao acusado, ao adotar a sistemática de computar, no prazo prescricional, o período de tempo decorrido anteriormente à suspensão.

A título de ilustração, consideremos a hipótese do art. 116, I (enquanto não resolvida, em outro processo, questão de que dependa o reconhecimento da existência do crime), que cuida das questões prejudiciais, obrigatórias ou facultativas, dos arts. 92 a 94 do Código de

Processo Penal. Tomemos como exemplo o crime de bigamia, art. 235 do Código Penal, cujo prazo prescricional é de 12 anos (pena máxima 6 anos, art. 109, III).

Código de Processo Penal

Art. 92. Se a decisão sobre a existência da infração depender da solução de controvérsia, que o juiz repute séria e fundada, sobre o estado civil das pessoas, o curso da ação penal ficará suspenso até que no juízo cível seja a controvérsia dirimida por sentença passada em julgado, sem prejuízo, entretanto, da inquirição das testemunhas e de outras provas de natureza urgente.

(...)

Código Penal

Bigamia

Art. 235. Contrair alguém, sendo casado, novo casamento:

Pena – reclusão, de 2 (dois) a 6 (seis) anos.

(...)

Havendo discussão sobre a validade do casamento anterior, em ação própria na esfera civil, o juiz do processo criminal deverá suspender a ação penal enquanto não decidida a questão civil, da qual depende para o reconhecimento da existência do crime de bigamia. Como é sabido, "sendo casado" é circunstância elementar desse crime, e, inexistente o casamento anterior, o fato é atípico.

Supondo, no nosso exemplo, que, depois de 2 anos do curso do prazo prescricional, ele venha a ser suspenso por depender de decisão do juízo cível, que esclareça a validade do primeiro casamento, e que o tempo de suspensão do prazo prescricional perdure por 3 anos, confirmada a validade do casamento, reinicia-se a contagem do prazo.

Consideremos, no exemplo dado, que a bigamia se tornou conhecida em 25.06.1985 (art. 111, IV, do CP) e que em 20.07.1986, a denúncia foi recebida. Com o recebimento da inicial (primeira causa interruptiva da prescrição, art. 117, I), todo o prazo de 12 anos passa a ser contado novamente a partir da data da interrupção (art. 117, § 2º).

Caso não houvesse a suspensão, a prescrição iria ocorrer em 19.07.1998, 12 anos após 20.07.1986, data da interrupção, desprezando-se o prazo transcorrido anteriormente (entre 25.06.1985 e 20.07.1986).

Contudo, tendo ocorrido a suspensão, o período de suspensão protrai no tempo a concretização da prescrição, no nosso caso, por 3 anos. Isso porque, nesse período, embora haja decorrido um lapso temporal, o curso do prazo de prescrição ficou suspenso. Assim, aos 12 anos do prazo de prescrição acrescemos os 3 anos de suspensão, e a prescrição somente irá ocorrer em 19.07.2001, 15 anos após a data do recebimento válido da denúncia, em 20.07.1986, aproveitando-se no cômputo do prazo o lapso de tempo transcorrido antes da suspensão (2 anos).

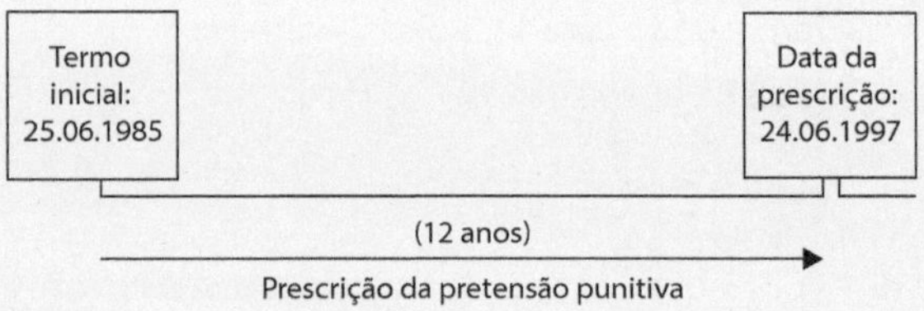

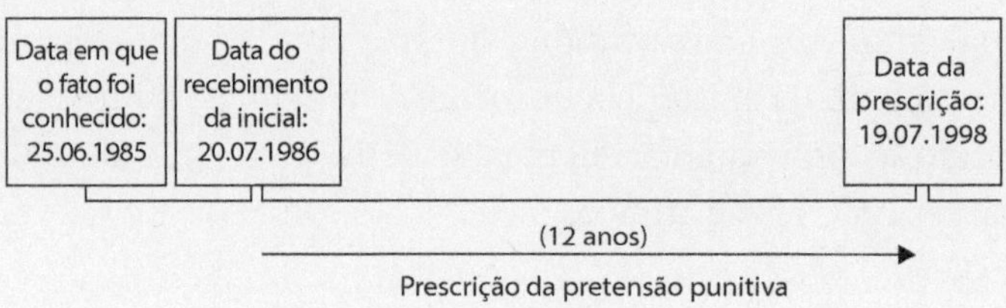

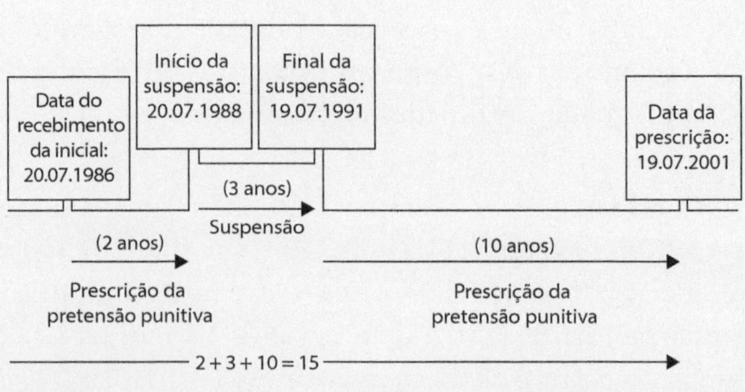

6. ESPÉCIES DE PRESCRIÇÃO

Nosso sistema processual acolhe quatro espécies de prescrição:

a) prescrição da pretensão punitiva;

b) prescrição intercorrente;

c) prescrição retroativa;

d) prescrição da pretensão executória.

Na realidade, existem duas espécies básicas de prescrição: a prescrição da pretensão punitiva e a prescrição da pretensão executória; as duas outras, a intercorrente e a retroativa, são subespécies da primeira.

Ao definirem a prescrição, Damásio E. de Jesus e Fernando da Costa Tourinho Filho fazem referência aos dois tipos principais. Afirma o primeiro que ela "é a perda do poder-dever de punir do Estado pelo não exercício da pretensão punitiva ou da pretensão executória durante certo tempo".[10] O segundo, citando Haus, diz que "é meio de se liberar das consequências de uma infração pelo efeito do tempo fixado e sob condições determinadas pela lei. Ela põe fim à ação ou à pena".[11]

A prescrição da pretensão punitiva é calculada com base na pena cominada em abstrato e ocorre antes do trânsito em julgado da sentença final (art. 109 do CP).

A prescrição da pretensão executória é calculada com base na pena aplicada e ocorre depois do trânsito em julgado da sentença condenatória (art. 110, *caput*, do CP).

As prescrições intercorrente e retroativa, previstas na exceção do *caput* do art. 109 c/c o § 1º do art. 110, embora tenham a natureza de prescrição da pretensão punitiva, são calculadas com base na pena aplicada e terão incidência no caso de, sobrevindo sentença condenatória, esta ainda depender de recurso, por não ter transitado em julgado para as partes.

---

[10] JESUS, Damásio E. de. *Prescrição penal*. 17. ed. São Paulo: Saraiva, 2008. p. 20.

[11] TOURINHO FILHO, Fernando da Costa. *Processo penal*. 18. ed. São Paulo: Saraiva, 1997. v. I. p. 530.

7. EFEITOS DA PRESCRIÇÃO

Os efeitos da declaração da prescrição da pretensão punitiva e da prescrição da pretensão executória não são os mesmos.

Na primeira delas, tendo efeito extintivo da punibilidade, eles serão os mais amplos possíveis. É que, ao se determinar a perda do direito de punir do Estado por não ter, dentro do prazo prescricional, alcançado uma sentença final com trânsito em julgado, disso resulta a extinção do próprio direito de ação.

Assim, em razão de seu reconhecimento, fica impedida a apreciação do mérito da imputação. Dessa forma, não havendo inquérito policial, este não mais poderá ser instaurado. Tendo sido instaurado, não poderá prosseguir. Não havendo ação penal por não ter sido recebida a denúncia (ou a queixa), não poderá ser iniciada. Iniciada a ação penal, esta não poderá ter prosseguimento.

Sob pena de constrangimento ilegal, em todos esses casos, deve o juiz, desde logo, encerrar a persecução criminal, declarando extinta a punibilidade do agente, pelo reconhecimento da prescrição da pretensão punitiva. Como consequência de sua declaração, de modo mais geral, tem-se por impedida a aplicação das penas principais e da medida de segurança (art. 96, parágrafo único, do CP) e também das consequências secundárias advindas de uma condenação.

Mas vai além. Podendo, em se tratando de matéria de ordem pública, ser declarada de ofício pelo juiz ou pelo Tribunal em qualquer fase do processo, uma vez reconhecida antes de transitar em julgado a sentença condenatória, não há que se falar, por inexistência de uma sentença condenatória irrecorrível, na possibilidade de ela se constituir em título executório para efeito de reparação do dano na esfera do direito civil, nos termos do art. 63 do Código de Processo Penal; tampouco dará causa à configuração da reincidência, disciplinada no art. 63 do Código Penal.

Referindo-se à prescrição da pretensão punitiva, assim se expressou Antonio Rodrigues Porto: "a prescrição pelo máximo cominado em abstrato é equiparada, em suas consequências penais, à declaração de inocência".[12]

---

[12] PORTO, Antonio Rodrigues. *Da prescrição penal*. 2. ed. São Paulo: José Bushatsky, 1977. p. 39.

Em relação à prescrição da pretensão executória, seus efeitos terão uma amplitude bastante limitada. Assim, transitada em julgado a sentença condenatória e declarada a prescrição, agora por não ter o Estado conseguido, dentro do prazo prescricional, impor ao réu as penas nela fixadas, fica ele impedido de executar somente as penas principais e a medida de segurança.

Com tal limitação, persistem os efeitos secundários do decreto condenatório, como a reincidência, o lançamento do nome do réu no rol dos culpados, o pagamento das custas processuais, a constituição da sentença penal como título executório, no juízo cível, para efeito de reparação do dano (o que afasta a exigência da propositura de processo de conhecimento nessa esfera para tal fim, nos termos dos arts. 66 e 67 do CPP) etc.

A propósito, afigura-se ilustrativa a argumentação trazida pela Ministra Nancy Andrighi, do Superior Tribunal de Justiça, Relatora do Recurso Especial n. 1.802.170-SP (2019/0018238-6), em acórdão datado de 20.02.2020:

> EMENTA: RECURSO ESPECIAL AÇÃO CIVIL *EX DELICTO*. FUNDAMENTAÇÃO DEFICIENTE. SÚM. 284/STF. Ação penal. Condenação em primeiro grau pelo crime de lesões corporais graves. Apelação criminal. Extinção da punibilidade pela prescrição da pretensão punitiva do estado. Independência das jurisdições cível e penal. Pretensão indenizatória. Interesse processual. Prescrição afastada. Julgamento: CPC/15.
>
> (...)
>
> "O Ordenamento jurídico estabelece a relativa independência entre as jurisdições cível e penal, de tal modo que quem pretende ser ressarcido dos danos sofridos com a prática de um delito pode escolher, de duas, uma das opções: ajuizar a correspondente ação cível de indenização ou aguardar o desfecho da ação penal, para, então, liquidar ou executar o título judicial eventualmente constituído pela sentença penal condenatória transitada em julgado.
>
> A decretação da prescrição da pretensão punitiva do Estado impede, tão somente, a formação do título executivo judicial na esfera penal, indispensável ao exercício da pretensão executória pelo ofendido, mas não fulmina o interesse processual no exercício da pretensão indenizatória a ser deduzida no juízo cível pelo mesmo fato.

Da mesma natureza da prescrição da pretensão punitiva, as prescrições intercorrente e retroativa terão os mesmos e amplíssimos efeitos da primeira espécie de prescrição, no caso de serem reconhecidas.

8. MOMENTO EM QUE A PRESCRIÇÃO COMEÇA A PREOCUPAR OS OPERADORES DO DIREITO

É causa de preocupação antes mesmo do processo, a partir da data do fato, com inquérito policial instaurado ou não. Continua sendo motivo de atenção durante todo o processo, antes e depois da sentença, seja ela absolutória ou condenatória, antes e depois do trânsito em julgado da sentença. Também quando há recurso, no momento da interposição e durante a apreciação e julgamento dele nos tribunais superiores. E, finalmente, na fase de execução das penas, ou porque ainda não foi preso ou porque, tendo sido, fugiu da prisão, interrompendo a execução da pena.

Observando necessariamente essa ordem sequencial, iremos sempre nos deparar:

a) em primeiro lugar, com a possibilidade da prescrição da pretensão punitiva (também chamada de prescrição da pena em abstrato);

b) depois, sendo a decisão (sentença ou acórdão) condenatória e não tendo ainda transitado em julgado para ambas as partes, poderão ocorrer as prescrições intercorrente e retroativa;

c) por último, no caso de decisão condenatória, com trânsito em julgado para as partes, com a possibilidade da prescrição da pretensão executória.

9. A QUEM INTERESSA A PRESCRIÇÃO?

Interessa, primordialmente, ao réu e à sua defesa.

Reconhecida e declarada em três delas, na prescrição da pretensão punitiva, na prescrição intercorrente e na prescrição retroativa, seus efeitos serão amplíssimos, a ponto de, desfigurando de tal forma a ilicitude penal do fato, fazer com que não resultem ao autor dele quaisquer consequências jurídicas no campo penal.

A possibilidade da ocorrência de qualquer uma dessas três prescrições se dará antes do trânsito em julgado da sentença para ambas as partes. O recurso impede o trânsito em julgado da sentença, como é sabido. Assim, para o defensor do réu, o recurso, com o objetivo de se tentar alcançar a prescrição, coloca-se como uma estratégia de defesa.

Mas a prescrição, em qualquer de suas modalidades, inclusive a da pretensão executória, não fica longe também do interesse da acusação, Promotor e querelante, e do próprio Poder Judiciário, por dois motivos:

1º) para impedir que a prescrição ocorra, o que se conseguirá se se acelerar a marcha processual;

2º) tendo ela ocorrido, não perder tempo dando continuidade ao inquérito policial ou ao processo, visto que, ao ser reconhecida e declarada em qualquer fase, sobrepõe-se a qualquer outra questão, precede o exame de mérito da causa e faz com que uma decisão eventualmente prolatada não prevaleça.

Além disso, por ser matéria de ordem pública, a prescrição deverá ser declarada de ofício pelo juiz ou Tribunal, por força do art. 61, *caput* do Código de Processo Penal. Assim, produzindo efeito no momento em que ocorre, e não no momento em que é declarada (pois a prescrição a tudo se sobrepõe), cabe ao próprio Poder Judiciário, independentemente de provocação das partes, por iniciativa própria e por dever de ofício, reconhecê-la e declará-la.

Código de Processo Penal

Art. 61. Em qualquer fase do processo, o juiz, se reconhecer extinta a punibilidade, deverá declará-lo de ofício.

(...)

Contudo, após prolatar a sentença, o juiz de primeiro grau fica impedido de reconhecê-la, pois, com a decisão de mérito, ele esgota sua função jurisdicional e se afasta da relação processual. Caberá, então, ao Tribunal apreciá-la como matéria preliminar da apelação.

O Tribunal, por sua vez, também poderá ainda reconhecer e decretar a prescrição em grau de *habeas corpus*, recurso em sentido estrito, embargos de declaração, embargos infringentes, revisão e agravo em execução.

Segundo Cleber Masson,

> A prescrição (...) constitui-se em matéria preliminar, isto é, impede a análise do mérito da ação penal, seja pelo juízo natural, seja em grau de recurso. Logo, em caso de prescrição não há falar em absolvição ou condenação, apenas em extinção da punibilidade. Nessa esteira, dispunha a Súmula 241 do extinto Tribunal Federal de Recursos: "A extinção da punibilidade pela prescrição da pretensão punitiva prejudica o exame de mérito da apelação criminal".[13]

10. PRESCRIÇÃO E EXTINÇÃO DA PUNIBILIDADE

Declarada a prescrição, ela é uma causa extintiva da punibilidade.

Comentando a punibilidade e sua extinção, ensina Celso Delmanto que,

> Enquanto a lei penal não é violada, o direito que o Estado tem de punir os eventuais infratores da lei é apenas abstrato. Entretanto, quando ocorre efetiva violação da lei penal – pela prática de crime ou de contravenção – aquele direito, que até então era somente abstrato, torna-se concreto e faz nascer a possibilidade de o Estado aplicar sanção ao infrator da lei penal. Essa possibilidade jurídica de impor pena ao violador da lei penal é chamada punibilidade. Não é a punibilidade, portanto, requisito do crime, mas sua consequência. Podem, porém, surgir fatos ou atos jurídicos que impeçam o direito de punir do Estado, isto é, extingam a punibilidade. Por isso, diz-se que causas de extinção da punibilidade são aqueles fatos ou atos jurídicos que impedem o Estado de exercer seu direito de punir os infratores da lei penal.[14]

Nos incisos do art. 107 do Código Penal estão previstas as causas de extinção da punibilidade. Entre elas, a prescrição, inciso IV, 1ª figura.

---

13 MASSON, Cleber. Prescrição penal como direito fundamental: correlação lógica entre limites estatais ao direito de punir. *In: Tratado luso-brasileiro da dignidade humana.* p. 817.

14 DELMANTO, Celso. *Código Penal comentado*. 3. ed. Rio de Janeiro: Renovar, 1991. p. 164.

Código Penal

Extinção da punibilidade

Art. 107. Extingue-se a punibilidade:

I – pela morte do agente;

II – pela anistia, graça ou indulto;

III – pela retroatividade de lei que não mais considera o fato como criminoso;

IV – **pela prescrição**, decadência ou perempção;

V – pela renúncia do direito de queixa ou pelo perdão aceito, nos crimes de ação privada;

VI – pela retratação do agente, nos casos em que a lei a admite;

VII – pelo casamento do agente com a vítima, nos crimes contra os costumes, definidos nos Capítulos I, II e III do Título VI da Parte Especial deste Código; *(Revogado pela Lei n. 11.106/2005)*

VIII – pelo casamento da vítima com terceiro, nos crimes referidos no inciso anterior, se cometidos sem violência real ou grave ameaça e desde que a ofendida não requeira o prosseguimento do inquérito policial ou da ação penal no prazo de sessenta dias a contar da celebração; *(Revogado pela Lei n. 11.106/2005)*

IX – pelo perdão judicial, nos casos previstos em lei.

Essa prescrição, causa determinante da extinção da punibilidade, como já comentado, há que ser vista em duas dimensões distintas:

1ª) extintiva da pretensão punitiva, quando irá alcançar o próprio direito de ação do Estado;

2ª) extintiva da pretensão executória, atingindo tão somente o seu direito de executar a pena principal aplicada na sentença.

– II –
PARTE ESPECIAL
PRESCRIÇÃO DA PRETENSÃO PUNITIVA

1. CONSIDERAÇÕES GERAIS

A **prescrição da pretensão punitiva**, por alguns denominada impropriamente **prescrição da ação**, vem prevista no art. 109 do Código Penal, sob o título de "**prescrição antes de transitar em julgado a sentença**".

Pretensão punitiva é o poder-dever do Estado de apreciar e julgar a lide estabelecida com a prática da infração penal e aplicar uma sanção de natureza penal ao acusado. Assim, com o cometimento do crime, "nasce para o Estado a pretensão de punir o autor do fato criminoso...".[1]

Prescrição da pretensão punitiva, também denominada prescrição da pretensão punitiva propriamente dita ou prescrição da pretensão punitiva em abstrato, é a perda do direito de punir pelo não exercício da pretensão punitiva durante certo espaço de tempo.

Portanto, esse direito, e também poder, de exercer a pretensão punitiva ou o *jus persequendi in juditio* fica condicionado a um prazo variável na proporção da gravidade do delito, o **prazo prescricional**, regulado pelo máximo da pena privativa de liberdade cominada ao crime e sujeito a suspensões e interrupções. Superado tal prazo, ocorre a prescrição da pretensão punitiva. Diante de seu alcance e efeitos amplíssimos, mais que o direito de punir impondo uma sanção ao acusado, essa prescrição faz desaparecer o direito que tem o Estado de desenvolver e de levar a termo a ação penal. É alcançado, assim, o seu próprio direito de ação.

---

[1] MIRABETE, Júlio Fabbrini. *Código Penal interpretado*. São Paulo: Atlas, 1999. p. 576.

A prescrição da pretensão punitiva vem prevista no *caput* do art. 109 do Código Penal, e a regra nele contida estabelece que a prescrição, antes de transitar em julgado a sentença final, levará em conta o máximo da pena privativa de liberdade cominada ao crime, observando-se os parâmetros fixados em seus seis incisos:

Código Penal

Prescrição antes de transitar em julgado a sentença

Art. 109. (...)

I – em 20 (vinte) anos, se o máximo da pena é superior a 12 (doze);

II – em 16 (dezesseis) anos, se o máximo da pena é superior a 8 (oito) anos e não excede a 12 (doze);

III – em 12 (doze) anos, se o máximo da pena é superior a 4 (quatro) anos e não excede a 8 (oito);

IV – em 8 (oito) anos, se o máximo da pena é superior a 2 (dois) anos e não excede a 4 (quatro);

V – em 4 (quatro) anos, se o máximo da pena é igual a 1 (um) ano ou, sendo superior, não excede a 2 (dois);

VI – em 3 (três) anos, se o máximo da pena é inferior a 1 (um) ano.

Segundo a regra, ocorre a prescrição da pretensão punitiva pela pena máxima em abstrato quando não há o trânsito em julgado da decisão final, para ambas as partes, e o prazo prescricional é superado.

Ainda que exista sentença final prolatada, condenatória ou absolutória, não tendo havido o trânsito em julgado para as partes, acusação e defesa, estaremos diante da prescrição da pretensão punitiva.

Ocorre o trânsito em julgado da sentença, como é sabido, quando ela se torna definitiva, ou seja, irrecorrível.

A configuração de eventual prescrição da pretensão punitiva poderá ocorrer dessa forma desde a data do fato, havendo ou não inquérito policial, e no curso do processo, desde que nele não se tenha obtido, dentro do prazo legal, uma sentença final transitada em julgado.

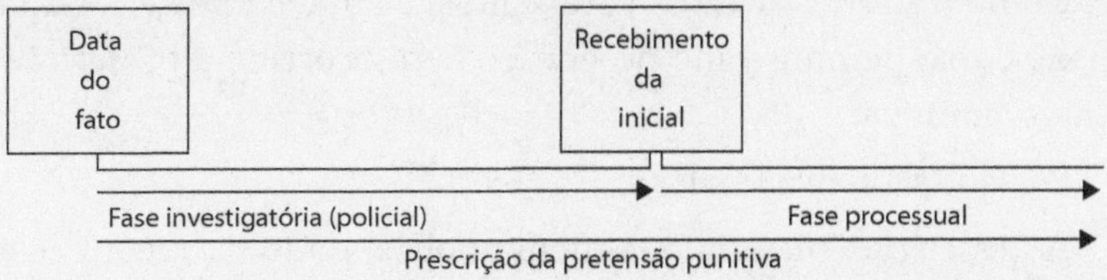

Neste ponto, importante mencionar que a Lei Anticrime (Lei n. 13.964, de 24 de dezembro de 2019, art. 3º) criou a sistemática do juiz de garantias, no qual há a participação de dois juízes: 1) o juiz de garantias propriamente dito, que atua na **fase investigatória** (ficando, assim, responsável pelas quebras do sigilo fiscal, bancário e telefônico, pela expedição de mandados de busca e apreensão, pelo sequestro de bens, pela prorrogação dos prazos dos inquéritos, pela decretação da prisão provisória e/ou preventiva), até o recebimento (aceitação) da inicial acusatória; sendo que 2) a partir daí passa a atuar outro juiz, que irá conduzir a **fase processual** e decidir o feito ao proferir a sentença. Observe-se, contudo, que a vigência desse dispositivo foi suspensa por decisão do Supremo Tribunal Federal nas ADIns 6.298, 6.299, 6.300 e 6.305.

Confiramos o gráfico a seguir.

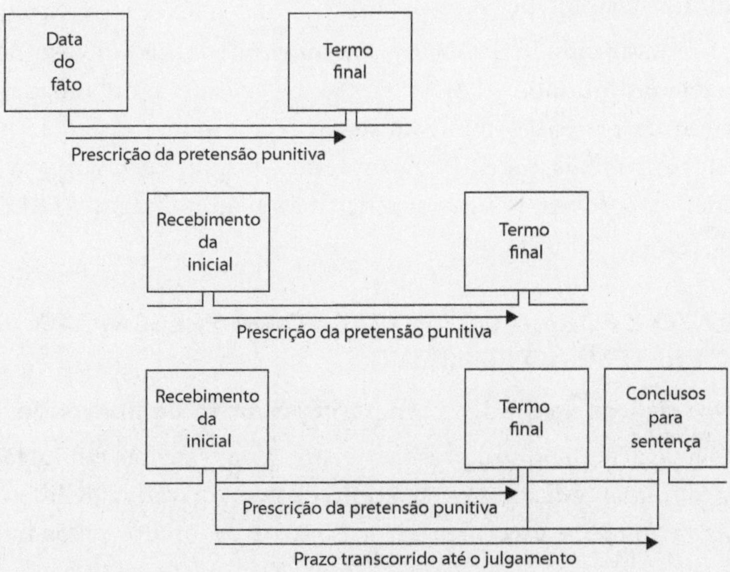

Com os autos conclusos para sentença em data posterior ao termo final, como demonstrado no gráfico, terá ocorrido a prescrição da pretensão punitiva.

Por que sentença final?

A prescrição, matéria de ordem pública, pode ser reconhecida e declarada em qualquer fase do processo. Assim, tendo ela ocorrido antes do trânsito em julgado para a acusação e a defesa (sempre para ambas), nada impede que seja suscitada e declarada, ainda que após a prolação da sentença final. Isso porque a prescrição se sobrepõe a qualquer outra questão e, uma vez reconhecida, precede ao exame de mérito da própria ação penal, o que faz com que a sentença já prolatada não prevaleça.

Sendo condenatória a sentença final, o reconhecimento da prescrição, em grau de recurso, faz com que o *decisum* não produza nenhum efeito principal ou secundário, ficando evidente o interesse da defesa em arguir a prescrição.

Mas, mesmo sendo de absolvição a sentença final (favorável à defesa), haverá interesse na declaração desse tipo de prescrição também em sede de recurso, pelos amplíssimos efeitos que acarreta, nem sempre contidos em todas as hipóteses do art. 386 do Código de Processo Penal que autorizam a sentença de absolvição.

Impossibilidade de absolvição ou condenação em caso de extinção da punibilidade – TARS: "Declarada extinta a punibilidade, pela prescrição da pretensão punitiva, desaparece o poder-dever de punir do Estado, não mais podendo ser proferida qualquer decisão, seja para condenar ou absolver. Por maioria, rejeitaram os embargos" (*JTAERGS* 93/22).

2. PRAZO E FORMA DE APURAÇÃO DA PRESCRIÇÃO DA PRETENSÃO PUNITIVA

2.1 Nos delitos apenados com pena privativa de liberdade

Diz o art. 109 que a prescrição, antes de transitar em julgado a sentença final, regula-se pelo máximo da pena privativa de liberdade cominada ao crime e verifica-se nos prazos apontados pelos incisos I a VI.

Estabelece, então, que o prazo prescricional da prescrição da pretensão punitiva é calculado com base no máximo da pena privativa de liberdade (reclusão, detenção ou prisão simples) cominada ao crime.

Pena cominada é a pena abstrata prevista no preceito secundário da norma incriminadora. Varia entre um limite mínimo e um limite máximo. À pena cominada se contrapõe a pena aplicada, que é aquela imposta pelo juiz na sentença e que observa os limites de pena previstos abstratamente para o crime.

Para sabermos qual o prazo de prescrição da pretensão punitiva, devemos verificar o limite máximo da pena privativa de liberdade *in abstrato* e enquadrá-lo em um dos incisos do art. 109.

Tomemos o crime de "infanticídio", art. 123 do Código Penal:

Código Penal

Infanticídio

Art. 123. Matar, sob a influência do estado puerperal, o próprio filho, durante o parto ou logo após:

Pena – detenção, de 2 (dois) a 6 (seis) anos.

Pena abstrata para o crime: 2 a 6 anos de detenção. Máximo da pena privativa de liberdade: 6 anos.

O prazo da prescrição da pretensão punitiva regula-se pela pena de 6 anos, que é o máximo da pena privativa de liberdade cominada ao crime de infanticídio.

Enquadrando essa pena nos incisos do art. 109, iremos apurar o prazo prescricional de 12 anos (inciso III, em 12 anos, se o máximo da pena é superior a 4 anos e não excede a 8, ou + de 4 a 8 anos, na tabela).

Superado esse prazo de 12 anos sem que se consiga uma sentença final (condenatória ou absolutória) com trânsito em julgado, tem-se a prescrição da pretensão punitiva.

2.2 Nos delitos apenados com pena privativa de liberdade e também pena de multa, alternativa ou cumulativamente

Nesses casos, calcula-se o prazo prescricional com base, exclusivamente, no máximo da pena abstrata privativa de liberdade, desprezando-se a pena de multa.

Código Penal

Prescrição da multa

Art. 114. A prescrição da pena de multa ocorrerá:

(...)

II – no mesmo prazo estabelecido para prescrição da pena privativa de liberdade, quando a multa for alternativa ou cumulativamente cominada...

Exemplo: art. 28 da Lei das Contravenções Penais:

Lei das Contravenções Penais

Art. 28. Disparar arma de fogo em lugar habitado ou em suas adjacências, em via pública ou em direção a ela:

Pena – prisão simples, de 1 (um) a 6 (seis) meses, ou multa.

Máximo da pena privativa de liberdade cominada à contravenção: 6 meses.

Prazo prescricional: 3 anos, se o máximo da pena é inferior a 1 ano (inciso VI do art. 109 do CP), ou menos de 1 ano, na tabela.

Portanto, a pena de multa, cominada de forma alternativa ou cumulada, não interfere no cálculo da prescrição da pretensão punitiva, e a prescrição ocorrerá quando superado o prazo estabelecido, levando em conta o limite máximo da pena privativa de liberdade.

E isso por força da disposição contida no art. 118 do Código Penal, que estabelece que **"As penas mais leves prescrevem com as mais graves"**. Penas mais leves, no nosso sistema processual, são a multa e a pena restritiva de direitos, as quais, como esclarecido, são desprezadas quando previstas, simultaneamente, com a pena privativa de liberdade, como sanções de um mesmo crime.

A propósito e por oportuno, cumpre esclarecer que o parágrafo único do art. 109, que estabelece que os mesmos prazos prescricionais previstos para as penas privativas de liberdade se aplicam às penas restritivas de direitos, não se refere à prescrição da pretensão punitiva disciplinada na regra geral contida no *caput* do artigo. Isso porque, visto que as penas restritivas de direitos substituem as penas privativas de liberdade impostas na sentença, o dispositivo interessa apenas às prescrições intercorrente, retroativa e executória, calculadas com base na pena aplicada na sentença, e será analisado quando do estudo de cada uma dessas prescrições.

2.3 Nos delitos apenados unicamente com multa

A prescrição opera-se em 2 anos, quando a pena de multa é a única cominada (art. 114, I, do CP). Nesse caso, o prazo não se altera e será sempre de 2 anos.

> **Código Penal**
>
> **Prescrição de multa**
>
> Art. 114. A prescrição da pena de multa ocorrerá:
>
> I – em 2 (dois) anos, quando a multa for a única cominada...
>
> (...)

Exemplo: a contravenção do art. 30 da Lei das Contravenções Penais:

> **Lei das Contravenções Penais**
>
> Art. 30. Omitir alguém a providência reclamada pelo estado ruinoso de construção que lhe pertence ou cuja conservação lhe incumbe:
>
> Pena – multa.

O prazo prescricional, antes do trânsito em julgado da sentença (prescrição da pretensão punitiva), é de 2 anos.

Prescrição da pretensão punitiva da pena de multa em contravenção – STF: "Prescrição. Ação Penal. Contravenção. Prescreve em dois anos a ação penal se a multa é a única sanção cominada à contravenção" (*RTJ* 82/110).

2.4 Nos delitos em que a pena privativa de liberdade não é indicada diretamente, mas como fração dessa pena, como ocorre na tentativa e nas causas de aumento e diminuição de pena

Nesses casos, como já alertado, procede-se primeiramente à alteração, na proporção indicada, da pena que serve de base à apuração do prazo prescricional e só depois se faz o enquadramento nos incisos do art. 109.

2.4.1 Na tentativa

No caso de tentativa, observa-se uma regra especial: não obstante a quantidade variável de redução do parágrafo único do art. 14 do Código Penal ("salvo disposição em contrário, pune-se a tentativa com a pena correspondente ao crime consumado, diminuída de um a dois terços"), para efeito de prescrição da pretensão punitiva, a pena sempre será reduzida de 1/3 do máximo da pena abstrata cominada ao delito consumado.

"Para efeito de contagem do prazo da prescrição da pretensão punitiva, são levadas em conta as causas de aumento e de diminuição da pena. Na tentativa, opera-se pela pena máxima cominada, reduzida de um terço" (*JTACRIM* 69/482).

Exemplo: tentativa de "infanticídio", art. 123 do Código Penal:

Código Penal

Infanticídio

Art. 123. Matar, sob a influência do estado puerperal, o próprio filho, durante o parto ou logo após:

Pena – detenção, de 2 (dois) a 6 (seis) anos.

1/3 de 6 anos é igual a 2 anos.

Deduzindo 2 anos de 6 (máximo da pena privativa de liberdade para o crime consumado), obtém-se 4 anos, que é o máximo da pena privativa de liberdade abstrata para o crime de infanticídio tentado. Fazendo o enquadramento no art. 109 do Código Penal, chegaremos ao prazo prescricional de 8 anos (inciso IV, se o máximo da pena é superior a 2 anos e não excede 4, ou, na tabela, + de 2 a 4 anos).

O infanticídio consumado se enquadraria no inciso III, e o prazo prescricional seria de 12 anos. Na forma tentada, com a redução, há o deslocamento do inciso III para o inciso IV.

No entanto, em vista dos parâmetros estabelecidos nos incisos do art. 109, nem sempre ocorre esse deslocamento do prazo no caso de diminuição e também no de aumento da pena.

Tome-se por exemplo o delito de "violação de correspondência" (art. 151 do CP), na forma tentada:

Código Penal

Violação de correspondência

Art. 151. Devassar indevidamente o conteúdo de correspondência fechada, dirigida a outrem:

Pena – detenção, de 1 (um) a 6 (seis) meses, ou multa.

(...)

Pena máxima do crime consumado: 6 meses. Prazo prescricional do crime consumado: 3 anos (inciso VI na vigência da Lei n. 12.234/2010).

Pena máxima do crime na forma tentada: 4 meses (6 meses menos 2 meses). Prazo prescricional na forma tentada: 3 anos (inciso VI). Como se vê, nesse exemplo, em ambas as situações, o prazo de prescrição permanece o mesmo, de 3 anos.

2.4.2 *Nas causas de aumento e de diminuição de pena*

As causas de aumento e de diminuição da pena, previstas no Código Penal, alteram a pena que servirá de base para a apuração do prazo prescricional da pretensão punitiva.

Existem, contudo, duas situações distintas:

1ª situação: ocorrendo causa de aumento ou diminuição **em quantidade fixa (uma única fração)**, essa porção única deve ser somada ou diminuída da pena abstrata máxima do artigo, antes da apuração do prazo prescricional.

Exemplos de aumento de pena em quantidade fixa:

1. Art. 155, § 1º, "furto noturno".

Código Penal

Furto

Art. 155. Subtrair, para si ou para outrem, coisa alheia móvel:

Pena – reclusão, de 1 (um) a 4 (quatro) anos, e multa.

§ 1º A pena aumenta-se de 1/3 (um terço), se o crime é praticado durante o repouso noturno.

(...)

Pena abstrata máxima do *caput* do artigo: 4 anos.

1/3 de 4 anos = 1 ano e 4 meses.

Pena privativa de liberdade máxima cominada ao furto noturno: 5 anos e 4 meses. Prazo prescricional: 12 anos (art. 109, III, do CP).

2. Art. 312, c/c art. 327, § 2º, do Código Penal, "peculato qualificado".

Código Penal

Peculato

Art. 312. Apropriar-se o funcionário público de dinheiro, valor ou qualquer outro bem móvel, público ou particular, de que tem a posse em razão do cargo, ou desviá-lo em proveito próprio ou alheio:

Pena – reclusão, de 2 (dois) a 12 (doze) anos, e multa.

(...)

Funcionário público

Art. 327. (...)

(...)

§ 2º A pena será aumentada da terça parte quando os autores dos crimes previstos neste Capítulo forem ocupantes de cargos em comissão ou de função de direção ou assessoramento de órgão da administração direta, sociedade de economia mista, empresa pública ou fundação instituída pelo poder público.

Observação: adverte Celso Delmanto que "A causa de aumento de pena do § 2º (aumento da terça parte) é aplicável somente aos crimes dos arts. 312 a 326 do Código Penal e às pessoas ocupantes dos cargos e funções textualmente indicados no § 2º".[2]

A pena privativa de liberdade máxima, cominada ao crime de peculato, é de 12 anos, e o seu prazo prescricional, de 16 anos (art. 109, II, do CP).

Considerando, contudo, o aumento do § 2º do art. 327 do Código Penal, e sendo 1/3 de 12 anos igual a 4, tem-se como pena abstrata

---

[2] DELMANTO, Celso. *Código Penal comentado*. 3. ed. Rio de Janeiro: Renovar, 1991. p. 577.

máxima do delito 16 anos, do que resulta um prazo prescricional de 20 anos (art. 109, I, do CP).

2ª situação: ocorrendo aumento ou diminuição **em quantidades variáveis**, por exemplo, "de 1/3 até metade", para as causas de aumento de pena, observar-se-á uma regra; para as causas de diminuição, outra. Assim:

- nas causas de aumento incide a quantidade ou o limite que mais agravar a pena. Aplica-se, assim, o limite maior de aumento;
- nas causas de diminuição incide a quantidade ou o limite que menos diminuir a pena. Aplica-se, portanto, o limite menor de diminuição.

Exemplos de aumento e diminuição de pena em quantidades variáveis:

Tomemos, para o primeiro caso, de aumento, o crime de "extorsão", art. 158 do Código Penal:

> **Código Penal**
>
> **Extorsão**
>
> Art. 158. Constranger alguém, mediante violência ou grave ameaça, e com o intuito de obter para si ou para outrem indevida vantagem econômica, a fazer, tolerar que se faça ou deixar de fazer alguma coisa:
>
> Pena – reclusão, de 4 (quatro) a 10 (dez) anos, e multa.
>
> § 1º Se o crime é cometido por duas ou mais pessoas, ou com emprego de arma, aumenta-se a pena de 1/3 (um terço) até metade.
>
> (...)

A "metade", que é o limite que mais agrava a pena, é que se aplica para o cálculo do aumento.

A metade de 10 anos, máximo da pena privativa cominada à figura do *caput* do artigo, é 5 anos. Somando-se aos 10 anos os 5 de aumento, tem-se 15 anos, que é a pena máxima privativa de liberdade cominada à figura do § 1º do art. 158 do Código Penal. O seu prazo prescricional será de 20 anos (art. 109, I, do CP).

Para o segundo caso, de diminuição da pena, tomemos como exemplo o "furto privilegiado", art. 155, § 2º, do Código Penal:

Código Penal

Furto

Art. 155. Subtrair, para si ou para outrem, coisa alheia móvel:

Pena – reclusão, de 1 (um) a 4 (quatro) anos, e multa.

(...)

§ 2º Se o criminoso é primário, e é de pequeno valor a coisa furtada, o juiz pode substituir a pena de reclusão pela de detenção, diminuí-la de 1 (um) a 2/3 (dois terços), ou aplicar somente a pena de multa.

(...)

1/3 é o limite menor de diminuição da pena e será usado para o cálculo. 1/3 de 4 anos, máximo da pena privativa do *caput* do artigo, é igual a 1 ano e 4 meses. Diminuindo de 4 anos 1 ano e 4 meses, teremos 2 anos e 8 meses. Assim, 2 anos e 8 meses é o máximo da pena privativa de liberdade cominada ao furto privilegiado. O prazo prescricional será de 8 anos (art. 109, IV, do CP).

2.4.3 Nas circunstâncias agravantes e atenuantes

Como regra, tais circunstâncias não interferem no cálculo da pena da prescrição da pretensão punitiva. Contudo, atentemos para as seguintes observações:

1ª) As circunstâncias agravantes e atenuantes, também chamadas de circunstâncias legais, genéricas, previstas na Parte Geral do Código Penal, arts. 61, 62, 65 e 66, como regra, não interferem no cálculo da pena, nem no prazo prescricional da prescrição da pretensão punitiva.

2ª) Contudo, tais circunstâncias, por interferirem (integrarem) na pena básica para formação da pena final, serão consideradas para o cálculo do prazo prescricional das prescrições intercorrente e retroativa, bem como para o cálculo do prazo da prescrição executória.

3ª) A circunstância atenuante da menoridade relativa ou idade superior a 70 anos do agente (art. 65, I, do CP), que não interfere também no cálculo da pena que serve de base para a obtenção do prazo de prescrição da pretensão punitiva, excepcionalmente irá determinar a redução, pela metade, desse prazo depois de calculado, por disposição expressa do art. 115 do Código Penal.

4ª) A circunstância agravante da reincidência (art. 61, I, do CP), que igualmente não altera a pena utilizada para cálculo do prazo de prescrição da pretensão punitiva, por sua vez, terá incidência, exclusivamente, sobre a prescrição da pretensão executória, pois, em razão de sua configuração e reconhecimento na sentença, o prazo prescricional, depois de calculado, aumenta de 1/3, atendendo ao mandamento contido no art. 110, parte final, do Código Penal.

2.5 No concurso de crimes

"Há concurso de crimes (ou penas) quando o agente pratica dois ou mais crimes, por meio de uma ou mais ações ou omissões."[3]

No concurso de crimes, em relação à prescrição da pretensão punitiva com base na pena abstrata, a extinção da punibilidade recai sobre a pena de cada crime isoladamente, por força da regra do art. 119 do CP.

Código Penal

Art. 119. No caso de concurso de crimes, a extinção da punibilidade incidirá sobre a pena de cada um, isoladamente.

São três as formas previstas: concurso material, concurso formal e crime continuado (ou continuidade delitiva).

De acordo com Celso Delmanto, "Ainda que constem da denúncia, queixa, pronúncia ou sentença recorrível, não se computam a soma das penas do concurso material nem os aumentos correspondentes ao concurso formal ou à continuidade, por disposição expressa do art. 119 do CP".[4]

---

[3] DELMANTO, Celso. *Código Penal comentado*. 3. ed. Rio de Janeiro: Renovar, 1991. p. 130.

[4] DELMANTO, Celso. *Código Penal comentado*. 3. ed. Rio de Janeiro: Renovar, 1991. p. 202.

2.5.1 *Concurso material (art. 69 do CP)*

Código Penal

Concurso material

Art. 69. Quando o agente, mediante mais de uma ação ou omissão, pratica dois ou mais crimes, idênticos ou não, aplicam-se cumulativamente as penas privativas de liberdade em que haja incorrido...

(...)

Assim, o reconhecimento do concurso material na decisão condenatória impõe ao réu uma pena resultante da soma das penas privativas de liberdade dos crimes componentes do concurso.

Para efeito do cálculo do prazo prescricional, contudo, as penas de cada crime não são somadas, mas consideradas separadamente em relação a cada um deles.

Supondo que o acusado tenha cometido dois delitos em concurso material, ou seja, mediante mais de uma conduta: de "dano simples" (art. 163 do CP) e de "constrangimento ilegal" (art. 146, *caput*, do CP):

Código Penal

Dano

Art. 163. Destruir, inutilizar ou deteriorar coisa alheia:

Pena – detenção, de 1 (um) a 6 (seis) meses, ou multa.

(...)

Constrangimento ilegal

Art. 146. Constranger alguém, mediante violência ou grave ameaça, ou depois de lhe haver reduzido, por qualquer outro meio, a capacidade de resistência, a não fazer o que a lei permite, ou a fazer o que ela não manda:

Pena – detenção, de 3 (três) meses a 1 (um) ano, ou multa.

(...)

A partir da data da prática dos delitos, por exemplo, 12.09.1997 (antes da vigência da Lei n. 12.234/2010), começa a correr o prazo prescricional. No cálculo do prazo, como vimos, as penas (aplicadas cumuladamente, 6 meses acrescidos de 1 ano, em razão do concurso) não são somadas e sim consideradas separadamente.

A pena máxima privativa de liberdade do delito mais leve (dano simples) é de 6 meses de detenção e o seu lapso prescricional ocorrerá em 2 anos (art. 109, VI, do CP).

No tocante ao constrangimento ilegal, crime mais grave, a pena máxima é 1 ano de detenção e o prazo prescricional, 4 anos (art. 109, V, do CP).

Supondo que o recebimento da queixa-crime, ofertada pela vítima do delito de dano, e da denúncia, oferecida pelo Ministério Público, ocorra em 06.12.1999.

Crime de dano

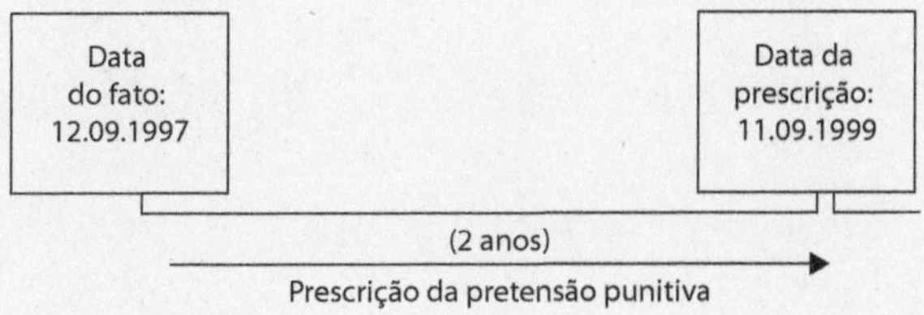

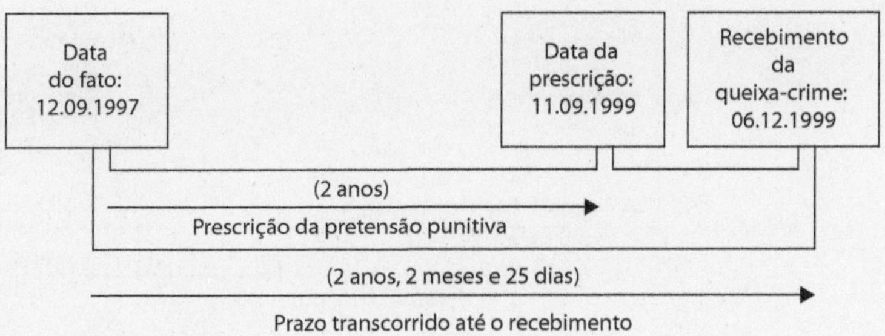

Crime de constrangimento ilegal

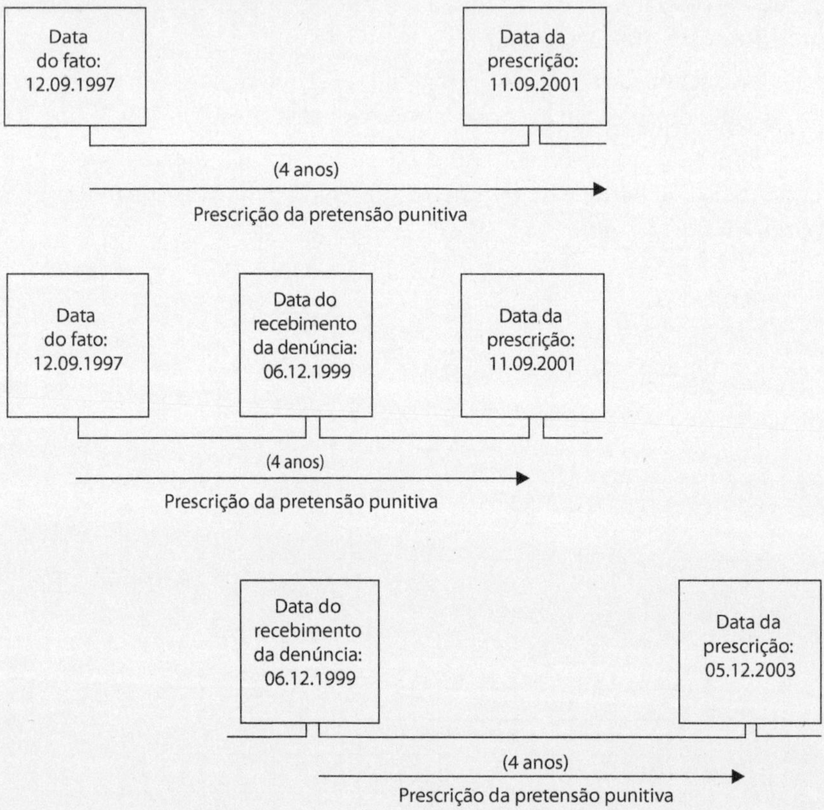

Como se observa dos gráficos acima, tendo decorrido, entre a data do fato e a primeira causa de interrupção (recebimento das iniciais), lapso de tempo superior a 2 anos, operou-se, em relação ao crime de dano, a prescrição da pretensão punitiva. Declarada, extingue-se a punibilidade desse crime. Já em relação ao constrangimento ilegal, como o recebimento da inicial se deu antes de expirado o prazo prescricional de 4 anos, não se fala em prescrição. O processo pelo crime de constrangimento ilegal continua, e o prazo de 4 anos passa a ser contado, por inteiro, a partir de 06.12.1999, data da interrupção pelo recebimento da denúncia, estabelecendo-se nova data-limite, termo final, em razão da interrupção, em 5.12.2003.

2.5.2 Concurso formal (art. 70 do CP)

O **concurso formal** ou **ideal** vem previsto no art. 70 do Código Penal:

> **Código Penal**
>
> **Concurso formal**
>
> Art. 70. Quando o agente mediante uma só ação ou omissão, pratica dois ou mais crimes, idênticos ou não, aplica-se-lhe a mais grave das penas cabíveis ou, se iguais, somente uma delas, mas aumentada, em qualquer caso, de um sexto até a metade...
>
> (...)

Assim, o reconhecimento do concurso formal na sentença resulta na imposição da pena de somente um dos delitos, aumentada de 1/6 até a metade.

Mas, na apuração do prazo prescricional, a pena de cada delito, em concurso, é tomada isoladamente, desprezando-se o aumento de pena de 1/6 até metade previsto no artigo.

Supondo que, com uma só conduta, o agente cometa os crimes de "dano" e de "violação de domicílio":

> **Código Penal**
>
> **Dano**
>
> Art. 163. Destruir, inutilizar ou deteriorar coisa alheia:
>
> Pena – detenção, de 1 (um) a 6 (seis) meses, ou multa.
>
> (...)
>
> **Violação de domicílio**
>
> Art. 150. Entrar ou permanecer, clandestina ou astuciosamente, ou contra a vontade expressa ou tácita de quem de direito, em casa alheia ou em suas dependências:
>
> Pena – detenção, de 1 (um) a 3 (três) meses, ou multa.
>
> (...)

Considerando ter ocorrido concurso formal, disso resulta a aplicação da pena do delito mais grave, de dano (concurso heterogêneo), ou seja, de 6 meses, aumentada de 1/6 (um mês) nesse exemplo.

Contudo, na apuração do prazo da prescrição da pretensão punitiva, a pena abstrata máxima de cada um dos delitos é tomada isoladamente, desprezando-se o aumento de pena previsto no artigo. Daí, a pena máxima abstrata do crime de dano – 6 meses – sem a incidência do aumento legal, determinará o prazo prescricional de 3 anos (art. 109, VI).

Quanto ao crime de "violação de domicílio", terá igual tratamento, fixando-se, para ele também, em função da pena máxima privativa de liberdade abstrata, de 3 meses, o prazo de prescrição de 3 anos (art. 109, VI).

2.5.3 *Crime continuado (art. 71 do CP)*

O art. 71 cuida do **crime continuado** ou da **continuidade delitiva**. Haverá crime continuado "Quando o agente, mediante mais de uma ação ou omissão, pratica dois ou mais crimes da mesma espécie e, pelas condições de tempo, lugar, maneira de execução e outras semelhantes, devem os subsequentes ser havidos como continuação do primeiro...". Nesses casos, estabelece o dispositivo citado, "aplica-se-lhe a pena de um só dos crimes, se idênticas, ou a mais grave, se diversas, aumentada, em qualquer caso, de um sexto a dois terços".

A mesma norma estabelecida para o concurso formal terá também aplicação aqui: as penas serão consideradas isoladamente (art. 119), pois a apuração do prazo prescricional levará em conta a pena abstrata máxima de cada um dos delitos em concurso, nela não incidindo o acréscimo penal cominado no art. 71, *ex vi* da Súmula 497 do STF: "Quando se trata de crime continuado, a prescrição regula-se pela pena imposta na sentença, não se computando o acréscimo decorrente da continuação".

Assim será considerada a data em que cada delito foi cometido, havendo para cada um deles um termo inicial próprio e distinto a determinar o início da contagem do prazo prescricional da pretensão punitiva.

> Ementa: PENAL. *HABEAS CORPUS*. ART. 171, *CAPUT*; NA FORMA DO ART. 71 DO CP. CRIME CONTINUADO. PRESCRIÇÃO. PREJUDICADO.

I. "Quando se tratar de crime continuado, a prescrição regula-se pela pena imposta na sentença, não se computando o acréscimo decorrente da continuação" (Súmula 497-STF).

II. O v. acórdão condenou o paciente à pena total de 2 (dois) anos, 3 (três) meses e 6 (seis) dias de reclusão. Descontando-se o aumento de pena decorrente da continuidade delitiva, a reprimenda é de 1 (um) ano, 4 (quatro) meses e 10 (dez) dias de reclusão para cada delito. A denúncia foi recebida em 06/04/2000. O ***decisum*** condenatório foi proferido pelo E. Tribunal *a quo* em 15/04/2004. Pela pena *in concreto* o lapso prescricional é de 4 (quatro) anos. Portanto, ***in casu***, extinta está a punibilidade pela prescrição da pretensão punitiva, *ex vi* dos artigos 107, inciso IV, 109, inciso V, 110 e 119 do Código Penal. Extinta a punibilidade, prejudicado o *writ* (HC 55.958/SP, *Habeas Corpus* 2006/0052504-9, 5ª Turma, Rel. Min. Felix Fischer (1109), j. 24.04.2007, *DJ* 04.06.2007, p. 383).

Representando graficamente a situação descrita no acórdão:

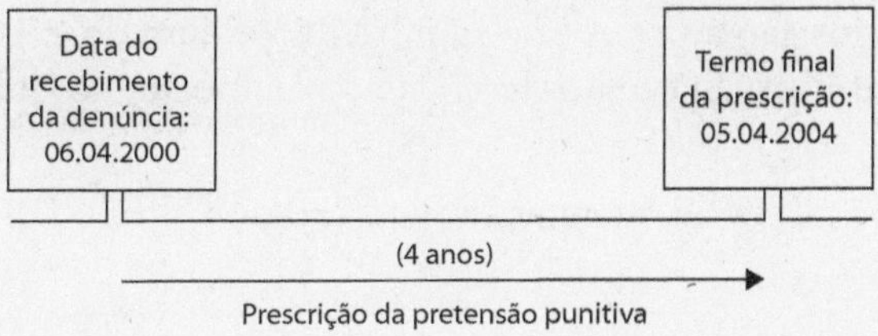

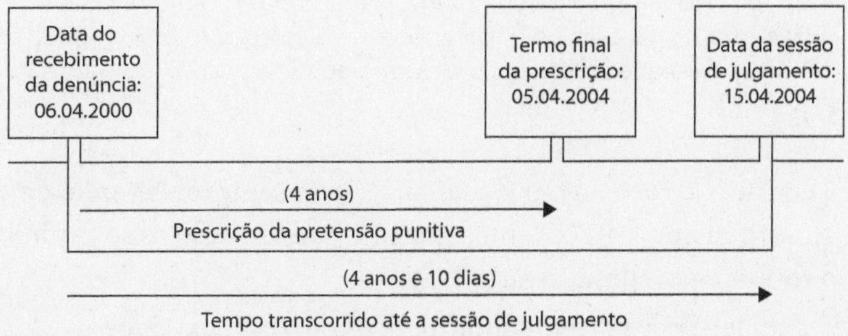

2.6 Nos crimes acessórios, complexos e conexos

O art. 108 do Código Penal trata da extinção da punibilidade (art. 107 do CP) nos crimes acessórios, nos crimes complexos e nos crimes conexos.

Código Penal

Art. 108. A extinção da punibilidade de crime que é pressuposto, elemento constitutivo ou circunstância agravante de outro não se estende a este. Nos crimes conexos, a extinção da punibilidade de um deles não impede, quanto aos outros, a agravação da pena resultante da conexão.

Nos crimes acessórios, complexos e conexos, a extinção da punibilidade de um deles, pelo reconhecimento da prescrição da pretensão punitiva, não se estende ao outro crime envolvido, nem desfigura eventual agravação da pena.

2.6.1 *Acessórios*

Crimes acessórios são aqueles que sempre dependem da existência de outro crime anterior, chamado de crime pressuposto, ao qual se subordinam.

Por exemplo, o "crime de receptação", art. 180 do Código Penal:

Código Penal

Receptação

Art. 180. Adquirir, receber, transportar, conduzir ou ocultar, em proveito próprio ou alheio, coisa que sabe ser produto de crime, ou influir para que terceiro, de boa-fé, a adquira, receba ou oculte.

(...)

O crime de receptação é acessório, pois sempre depende da existência de um crime antecedente, o crime pressuposto, que pode ser o furto, o roubo, o estelionato etc.

Estabelece o art. 108, 1ª figura, do Código Penal que:

Código Penal

Art. 108. A extinção da punibilidade de crime que é pressuposto de outro não se estende a este.

(...)

No exemplo acima, eventual prescrição da pretensão punitiva do crime pressuposto, o furto, não alcança o crime acessório, a receptação.

2.6.2 *Complexos*

Crimes complexos são aqueles em que um delito integra, como elementar, a figura típica de outro delito de maior gravidade, ou, em que um delito integra, como qualificadora, a figura típica de outro de maior gravidade.

Exemplo do primeiro tipo de delito complexo é a "extorsão mediante sequestro", art. 159 do Código Penal, cuja figura típica é integrada pelo delito de "sequestro e cárcere privado", art. 148 do Código Penal, de menor gravidade.

> **Código Penal**
>
> **Extorsão mediante sequestro**
>
> Art. 159. Sequestrar pessoa com o fim de obter, para si ou para outrem, qualquer vantagem, com condição ou preço do resgate:
>
> Pena – reclusão, de 8 (oito) a 15 (quinze) anos.
>
> (...)
>
> **Sequestro e cárcere privado**
>
> Art. 148. Privar alguém de sua liberdade, mediante sequestro ou cárcere privado:
>
> Pena – reclusão, de 1 (um) a 3 (três) anos.

Exemplo do segundo tipo é o delito de "furto qualificado pela destruição ou rompimento de obstáculo à subtração da coisa" (art. 155, § 4º, I, do CP), no qual o crime de "dano" (art. 163 do CP), de menor gravidade, qualifica o furto.

> **Código Penal**
>
> **Furto**
>
> Art. 155. (...)
>
> (...)
>
> § 4º A pena é de reclusão de 2 (dois) a 8 (oito) anos, e multa, se o crime é cometido:

I – com destruição ou rompimento de obstáculo à subtração da coisa;

(...)

Dano

Art. 163. Destruir, inutilizar ou deteriorar coisa alheia:

Pena – detenção, de 1 (um) a 6 (seis) meses, ou multa.

(...)

Dispõe o art. 108, 2ª e 3ª figuras, do Código Penal:

Código Penal

Art. 108. A extinção da punibilidade de crime que é elemento constitutivo ou circunstância agravante de outro não se estende a este.

(...)

Se acaso ocorresse a prescrição da pretensão punitiva dos crimes de "sequestro e cárcere privado" ou de "dano", num e noutro exemplo, ela não se estenderia ao crime de "extorsão mediante sequestro", que tem como elemento constitutivo o "sequestro e cárcere privado", nem ao crime de "furto qualificado", em que o "dano" qualifica o fato.

2.6.3 Conexos

Os crimes são conexos quando um crime é praticado para assegurar a execução de outro (conexão teleológica), ou ele é cometido para assegurar a ocultação, a impunidade ou vantagem de outro (conexão consequencial).

O exemplo citado pelo Professor Damásio em seu *Código Penal anotado*[5] é bem ilustrativo: o agente, para assegurar a execução do crime de estupro, acaba matando a pessoa que mantinha a jovem sob sua guarda. Responderá por dois crimes: homicídio qualificado pela conexão (art. 121, § 2º, V, 1ª figura, do CP) e estupro (art. 213 do CP).

---

5 JESUS, Damásio E. de. *Código Penal anotado*. 7. ed. São Paulo: Saraiva, 1989. p. 253.

Código Penal

Estupro

Art. 213. Constranger alguém, mediante violência ou grave ameaça, a ter conjunção carnal ou a praticar ou permitir que com ele se pratique outro ato libidinoso:

Pena – reclusão, de 6 (seis) a 10 (dez) anos. (*Redação dada pela Lei n. 12.015, de 2009*)

(...)

Homicídio simples

Art. 121. Matar alguém:

Pena – reclusão, de 6 (seis) a 20 (vinte) anos.

(...)

§ 2º Se o homicídio é cometido:

(...)

V – para assegurar a execução, a ocultação, a impunidade ou vantagem de outro crime:

Pena – reclusão, de 12 (doze) a 30 (trinta) anos.

(...)

Diz o art. 108, 2ª parte, do Código Penal: "Nos crimes conexos, a extinção da punibilidade de um deles não impede, quanto aos outros, a agravação da pena resultante da conexão".

Assim, caso ocorra a prescrição do delito de "estupro", isso não surte nenhum efeito em relação ao crime de "homicídio". Também não impede, quanto ao outro (homicídio), a agravação da pena (qualificadora) que resulta da conexão.

No exemplo citado, não obstante a extinção da punibilidade do crime de estupro pela ocorrência da prescrição, permanece o crime de homicídio como qualificado.

2.7 No caso de desclassificação da imputação

Pode acontecer que o juiz, na sentença (ou o Tribunal, no acórdão), discordando da capitulação contida na inicial, reconheça a existência de outra infração penal diversa e opere a desclassificação. Não havendo recurso ou confirmada essa desclassificação no caso de recurso, o prazo de prescrição da pretensão punitiva será regulado pela pena máxima cominada ao crime que venha a ser reconhecido na sentença, desprezando-se a capitulação legal contida na inicial acusatória (denúncia ou queixa-crime).

O Promotor de Justiça oferece denúncia por lesão corporal de natureza gravíssima, por deformidade permanente (art. 129, § 2º, IV, do CP). Pena cominada: reclusão, de 2 a 8 anos. Prazo prescricional: 12 anos (art. 109, III, do CP).

Supondo que o fato ocorreu em 03.01.1984 e que a denúncia foi recebida em 20.12.1986.

Prazo prescricional com base na capitulação contida na denúncia: 12 anos.

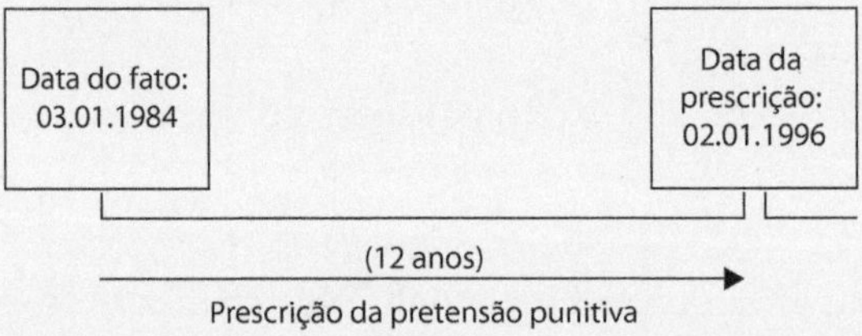

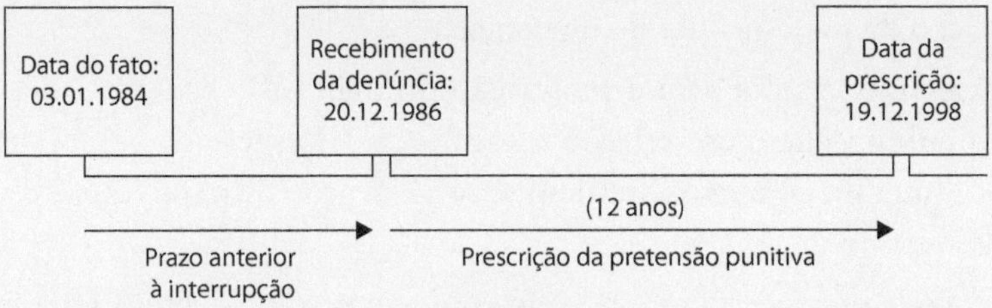

Na sentença, contudo, o juiz, por entender não configurada a deformidade, opera a desclassificação para lesão corporal simples (ou leve), art. 129, *caput*, do Código Penal. Pena cominada: detenção de 3 meses a 1 ano. Prazo prescricional: 4 anos (art. 109, V, do CP).

Prazo prescricional levando em conta a desclassificação operada na sentença: 4 anos.

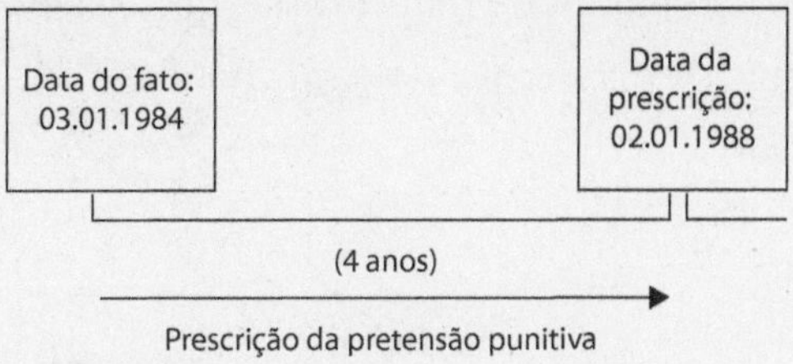

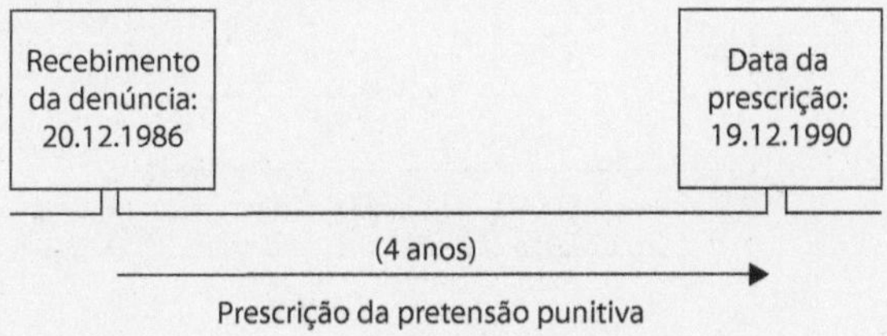

Assim, prevalece o prazo prescricional de 4 anos, obtido em razão da nova capitulação contida na sentença com a desclassificação.

Havendo sentença definitiva antes do termo final, 19.12.1990, não há que se falar em prescrição da pretensão punitiva, pois, antes dessa data, em 03.07.1989, logrou-se obter uma sentença final irrecorrível, para ambas as partes.

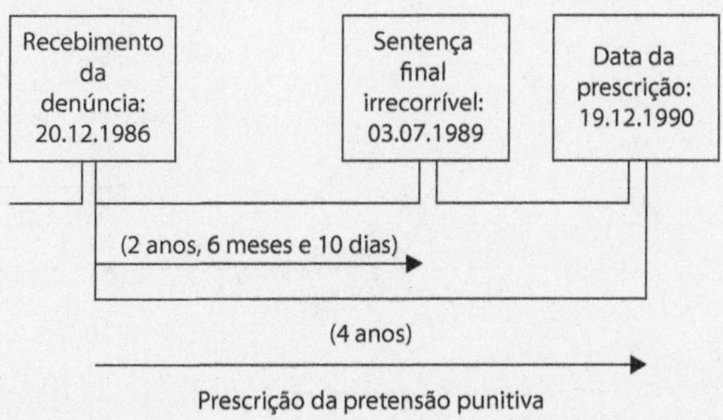

Mas, conforme o gráfico a seguir, se transposta a data de 19.12.1990, porque entre 20.12.1986, data do recebimento da denúncia (causa interruptiva da prescrição), e a data da sentença, 13.10.1991, decorreu lapso de tempo superior a 4 anos, houve a prescrição da pretensão punitiva e o processo não pode mais prosseguir. Nesse caso, após a desclassificação, o juiz, sem apreciação do mérito, deve declarar extinta a punibilidade do réu.

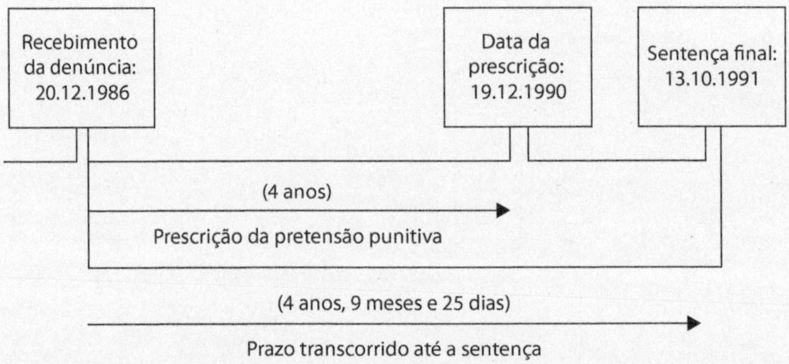

Observação: dentro do prazo de 4 anos, antes portanto, de 19.12.1990, ao sobrevir sentença condenatória **recorrível**, esta irá interromper o curso do prazo de prescrição (art. 117, IV, do CP), e todo o prazo será contado novamente a partir da interrupção (art. 117, § 2º, do CP), como veremos no estudo dessa causa interruptiva.

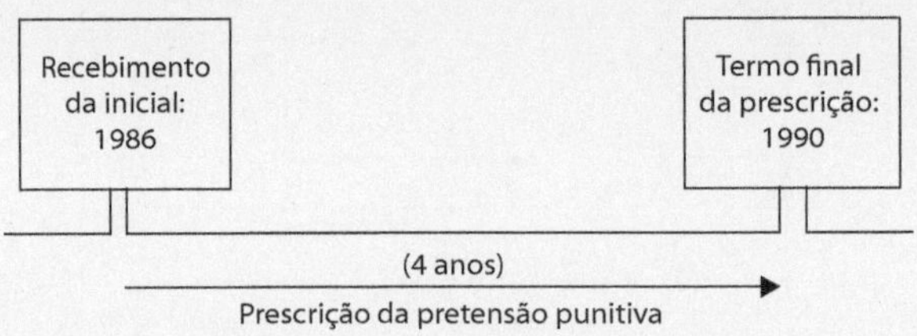

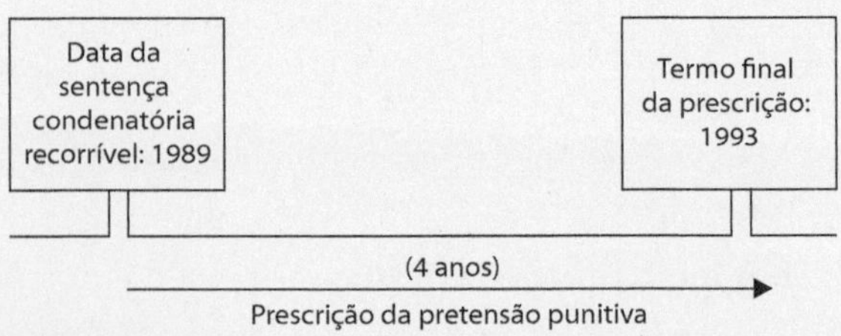

2.8 A *emendatio libelli* e o prazo prescricional

A esse respeito, interessante a abordagem trazida por Rafael Araripe Carneiro e Igor Lacerda de Vasconcelos.[6]

A *emendatio libelli* está prevista no art. 383 do CPP.

Código de Processo Penal

Art. 383. O juiz, sem modificar a descrição do fato contida na denúncia ou queixa, poderá atribuir-lhe definição jurídica diversa, ainda que, em consequência, tenha de aplicar pena mais grave. (*Redação dada pela Lei n. 11.719, de 2008*)

O citado art. 383, diante dos fatos descritos na inicial acusatória, prevê a possibilidade de se dar a eles outra capitulação jurídica quando da decisão condenatória. Essa decisão (considerando um crime mais grave) balizará, então, a apuração de um novo prazo prescricional.

Contudo, no caso da aplicação da *emendatio libelli*, pelo juiz ou tribunal, não há como aceitá-la na hipótese de já ter ocorrido a extinção da punibilidade pela prescrição da pretensão punitiva, calculada levando em conta a capitulação jurídica original, atribuída na inicial acusatória.

Assim, tendo a inicial tipificado determinado crime (furto, por exemplo), cumprirá ao julgador atentar para o prazo prescricional pela pena máxima em abstrato desse crime de furto. Caso tenha ocorrido a prescrição nessa oportunidade, ficará impedido de reconhecer e aplicar a *emendatio libelli* para considerar um crime mais grave (roubo), que determinará um novo e maior prazo prescricional.

Cumpre ao julgador, nesses casos, tão somente reconhecer a prescrição como matéria preliminar e julgar extinta a ação penal sem questionamento quanto ao seu mérito.

---

[6] CARNEIRO, Rafael Araripe; VASCONCELOS, Igor Lacerda de. A prescrição penal como limite da *emendatio libelli*. *Conjur*, 26 nov. 2018. Disponível em: https://www.conjur.com.br/2017-mar-23/prescricao-penal-limite-emendatio-libelli. Acesso em: 3 abr. 2020.

2.9 No caso de aplicação de medida de segurança

Prescrição da pretensão punitiva de medida de segurança aplicada aos inimputáveis e semi-imputáveis

A medida de segurança tem ou não natureza de pena?

Para Frederico Marques, "a pena e a medida de segurança como sanções penais, apenas diferem entre si pela prevalência, na primeira, do aspecto de medida repressiva, e na segunda, do caráter de providência preventiva".[7]

Indiscutível, assim, sua natureza de **sanção penal**, na medida em que "possui caráter aflitivo, pela imposição coercitiva e restrição total, parcial ou potencial de direitos fundamentais".[8]

Assim, a imposição da medida de segurança se submete às regras da prescrição e aos seus prazos (art. 109 do CP).

Os requisitos básicos para a aplicação da medida de segurança são a prática do fato tipificado como crime e a periculosidade do agente. A ela estão sujeitos os inimputáveis (art. 26, *caput*, do CP) e os semi-imputáveis (parágrafo único do art. 26), e o reconhecimento dessas situações vai ocorrer ao final da instrução, na sentença.

2.9.1 *Inimputáveis*

Aqueles indivíduos perigosos que, à época do fato, eram portadores de doença mental ou desenvolvimento mental incompleto ou retardado. São os inimputáveis ou os não imputáveis.

> **Código Penal**
>
> **Inimputáveis**
>
> Art. 26. É isento de pena o agente que, por doença mental ou desenvolvimento mental incompleto ou retardado, era, ao tempo da ação ou da omissão, inteiramente incapaz de entender o caráter ilícito do fato ou determinar-se de acordo com esse entendimento.
>
> (...)

[7] MARQUES, José Frederico. *Tratado de direito penal*. Campinas: Millenium, [s. d.]. v. III. p. 244.

[8] FAYET, Ney JÚNIOR; FAYET, Marcella; BRACK, Karina. *Prescrição penal*: temas atuais e controvertidos. Porto Alegre: Livraria do Advogado, 2007. p. 120.

Cálculo do prazo de prescrição

O prazo prescricional será regulado pela pena máxima abstrata cominada ao delito do qual o réu foi acusado.

Não ultrapassado o prazo de prescrição, o juiz, na sentença, reconhecendo a inimputabilidade do réu, o absolve (absolvição imprópria, art. 26, *caput*, do CP, c/c art. 386, V, do CPP), aplicando-lhe medida de segurança consistente em internação ou tratamento ambulatorial por tempo indeterminado até a cessação da periculosidade (art. 97 e seu § 1º).

Contudo, ultrapassado esse prazo, concretizando assim a prescrição da pretensão punitiva pela pena em abstrato, a medida de segurança não pode ser imposta, devendo o juiz decretar extinta a punibilidade do agente pela prescrição. Nesse sentido o teor da disposição contida no parágrafo único do art. 96 do CP: "Extinta a punibilidade, não se impõe medida de segurança nem subsiste a que tenha sido imposta".

2.9.2 Semi-imputáveis

No parágrafo único do art. 26, o Código irá tratar dos semi-imputáveis.

Conforme preleciona Mirabete: "No parágrafo único do artigo em exame, refere-se a lei aos casos que a doutrina por vezes denomina de semi-imputabilidade, semi-responsabilidade ou responsabilidade diminuída. Na verdade, a lei considera o agente imputável e, portanto, responsável por ter alguma consciência da ilicitude e por ter alguma capacidade de determinação. O agente é imputável, mas, para alcançar o grau de conhecimento e de auto-determinação, é-lhe necessário maior esforço e, por essa razão, é menor a reprovabilidade de sua conduta e, portanto, o grau de culpabilidade."[9]

Nessa hipótese, então como se vê, o agente é imputável e, em consequência, sofrerá condenação, mas terá sua pena reduzida (causa especial de diminuição da pena).

[9] MIRABETE, Júlio Fabbrini. *Código Penal interpretado*. São Paulo: Atlas, 1999. p. 223.

Código Penal

Inimputáveis

Art. 26. (...)

(...)

Redução de pena

Parágrafo único. A pena pode ser reduzida de um a dois terços, se o agente, em virtude de perturbação de saúde mental ou por desenvolvimento mental incompleto ou retardado, não era inteiramente capaz de entender o caráter ilícito do fato ou de determinar-se de acordo com esse entendimento.

Cálculo do prazo de prescrição

1ª situação: no caso de medida de segurança aplicada ao semi-imputável, em momento anterior à sentença condenatória com trânsito em julgado para a acusação, o prazo prescricional da pretensão punitiva se baseará no máximo da pena privativa de liberdade em abstrato.

2ª situação: havendo sentença condenatória, com trânsito em julgado para a acusação, e imposição de pena reduzida em razão de estar definido o quadro de semi-imputabilidade, o prazo de prescrição será calculado tomando-se por base a pena máxima abstrata cominada ao crime, reduzida de 1/3 a 2/3.

3ª situação: substituição da pena privativa de liberdade (reduzida) por medida de segurança, nos termos do art. 98 do Código Pènal.

Código Penal

Substituição da pena por medida de segurança para o semi-imputável

Art. 98. Na hipótese do parágrafo único do art. 26 deste Código, e necessitando o condenado de especial tratamento curativo, a pena privativa de liberdade pode ser substituída pela internação, ou tratamento ambulatorial, pelo prazo mínimo de 1 (um) a 3 (três) anos, nos termos do artigo anterior e respectivos §§ 1° a 4°.

Operada a substituição pela medida de segurança, o prazo prescricional continua sendo determinado pelo máximo da pena privativa de liberdade, *in abstrato*, reduzida de 1/3 a 2/3 nos termos da sentença.

Deixando o juiz de fixar a pena privativa de liberdade reduzida e aplicando diretamente a medida de segurança, deve-se tomar por base, para apuração do prazo prescricional, a pena mínima cominada abstratamente ao crime.

3. REDUÇÃO DO PRAZO PRESCRICIONAL

O art. 115 do Código Penal prevê duas hipóteses em que o prazo de prescrição, depois de calculado, será reduzido pela metade.

Como vimos, o que ocorre normalmente é a alteração da quantidade da pena utilizada para a apuração do prazo prescricional e não do prazo prescricional, depois de calculado.

Cuida, assim, o art. 115 do Código Penal de duas daquelas hipóteses em que a alteração do prazo prescricional se dá após ter sido ele calculado.

Diz o art. 115 do Código Penal:

> **Código Penal**
>
> **Redução dos prazos de prescrição**
>
> Art. 115. São reduzidos de metade os prazos de prescrição quando o criminoso era, ao tempo do crime, menor de 21 (vinte e um) anos, ou, na data da sentença, maior de 70 (setenta) anos.

A redução tratada no artigo se aplica à prescrição da pretensão punitiva e também a todas as outras formas de prescrição: executória, intercorrente e retroativa (sendo o condenado reincidente ou não) e à medida de segurança. Ela vai alcançar, ainda, o prazo prescricional da pena de multa (art. 114 do CP), que será reduzido à metade, ocorrendo, então, a prescrição em 1 ano.

Sendo o criminoso maior de 18 e menor de 21 anos (menoridade relativa) na data do crime, ou seja, no dia da conduta criminosa (teoria da atividade), o prazo prescricional da pretensão punitiva, depois de calculado, será reduzido pela metade.

O agente será menor de 21 anos até o dia anterior à data do seu aniversário. Cometido o delito no dia em que completa 21 anos, já será considerado maior, não sendo alcançado pelo benefício da redução do prazo prescricional.

Cuidando o artigo, na primeira hipótese, da menoridade penal, ainda que tenha alcançado a maioridade civil, pela emancipação ou casamento, opera-se tal redução.

Não obstante a disposição do art. 119 do CP ("No caso de concurso de crimes, a extinção da punibilidade incidirá sobre a pena de cada um, isoladamente"), há divergência, na doutrina e na jurisprudência, quando se trata de redução no caso de crime continuado envolvendo agente menor de 21 anos.

Afirma Delmanto que, "Dando-lhe a lei tratamento de crime único, ele não pode ser dividido. Se o agente iniciou o crime continuado antes dos vinte e um anos e o completou depois, mesmo assim incidirá a redução pela idade".[10]

Damásio discorda, afirmando que, "Cuidando-se de espécie de concurso de crimes, cada delito parcelar da continuação tem o seu próprio prazo prescricional. Assim, a redução só ocorre nos delitos praticados antes dos vinte e um anos de idade do agente".[11]

Para Luiz Flávio Gomes: "Crime continuado: alguns cometidos antes dos vinte e um anos e outros depois: *Quid iuris*? A redução só incide nos crimes cometidos antes da maioridade".[12]

Aplica-se, igualmente, a redução se o criminoso é maior de 70 anos na data da sentença. Será maior de 70 anos a partir do primeiro momento do dia em que completa essa idade (*RT* 616/308), pouco importando que o agente ainda não tivesse essa idade ao tempo do crime.

Conforme Antonio Lopes Baltazar,

> Quanto ao maior de 70 anos, a redução do prazo aplica-se a qualquer modalidade de prescrição, porém, desde que tenha completado essa idade até a sentença. Se, por ocasião da condenação, ainda não possuía a idade exigida, vindo a completá-la antes do julgamento no Tribunal, não fará jus à redução, uma vez que acórdão não é sentença.[13]

---

[10] DELMANTO, Celso. *Código Penal comentado*. 3. ed. Rio de Janeiro: Renovar, 1991. p. 190.

[11] JESUS, Damásio E. de. *Prescrição penal*. 6. ed. São Paulo: Saraiva, 1991. p. 75; *Código Penal anotado*. 7. ed. São Paulo: Saraiva, 1989. p. 256.

[12] GOMES, Luiz Flávio. *Direito penal*: parte geral. São Paulo: RT, 2005. p. 175.

[13] BALTAZAR, Antonio Lopes. *Prescrição penal*. São Paulo: Edipro, 2003. p. 85.

Já para Ney Teles, "Se na data da sentença o acusado ainda não completou 70 anos, mas, havendo recurso, vem a atingir a idade na pendência do recurso, o prazo prescricional deve ser reduzido de metade".[14]

Interessante citar alguns julgados que demonstram haver divergências na interpretação da matéria:

> O lapso prescricional somente se reduz à metade se o agente tiver setenta anos na data da sentença condenatória (art. 115, Código Penal) (STF, HC 84.909-1/MG, 2ª Turma, Rel. Min. Gilmar Mendes).
>
> O sentenciado que completa 70 anos antes da data do acórdão beneficia-se da regra escrita no art. 115 do CP. Embora a lei reclame que tenha o agente completado a referida idade quando da sentença, tendo em vista a intenção do legislador, deve-se considerar também a do acórdão (TACrim/SP-HC, Rel. Aroldo Viotti, *RT* 726/656).

– Redução prescricional etária e as contravenções

A redução prescricional etária, prevista para as duas hipóteses do art. 115, opera-se também em relação às contravenções penais, por força do art. 12 do Código Penal e do art. 1º da Lei das Contravenções Penais.

> **Código Penal**
>
> **Legislação especial**
>
> Art. 12. As regras gerais deste Código aplicam-se aos fatos incriminados por lei especial, se esta não dispuser de modo diverso.

– Concurso de agentes

Nesse caso a redução, sendo de natureza pessoal, é incomunicável:

> A redução do art. 115 é pessoal e incomunicável aos coautores (STF, *RTJ* 110/641).

– Prova da idade

Faz-se normalmente por meio de prova documental, ou seja, certidão de nascimento (art. 155 do CPP). A jurisprudência a respeito,

---

[14] TELES, Ney Moura. *Direito penal*: parte geral. São Paulo: Atlas, 2004. p. 552.

todavia, é divergente, havendo casos em que esse entendimento foi abrandado para permitir que a idade fosse demonstrada por outros meios de prova, desde que idôneos.

Exemplo: José da Silva, com **19 anos** à época do crime, está sendo processado pelo crime de "perigo de contágio de moléstia grave", art. 131 do Código Penal, na forma tentada.

> **Código Penal**
>
> **Perigo de contágio de moléstia grave**
>
> Art. 131. Praticar, com o fim de transmitir a outrem moléstia grave de que está contaminado, ato capaz de produzir o contágio:
>
> Pena – reclusão, de 1 (um) a 4 (quatro) anos, e multa.
>
> Art. 14. (...)
>
> (...)
>
> Parágrafo único. Salvo disposição em contrário, pune-se a tentativa com a pena correspondente ao crime consumado, diminuída de 1 (um) a 2/3 (dois terços).

Pena máxima privativa de liberdade do crime consumado: 4 anos. Prazo prescricional: 8 anos (art. 109, IV).

Na tentativa, do máximo da pena cominada ao delito consumado, reduz-se 1/3.

Altera-se, portanto, em função da tentativa, a quantidade de pena que serve de base à apuração do prazo prescricional.

1/3 de 4 anos = 1 ano e 4 meses.

4 anos - 1 ano e 4 meses = 2 anos e 8 meses.

Máximo da pena privativa de liberdade do crime de contágio de moléstia grave, tentado: 2 anos e 8 meses. Prazo de prescrição: 8 anos (art. 109, IV).

Calculado o prazo prescricional com base nessa pena de 2 anos e 8 meses e só depois disso, em razão da menoridade penal do réu, o prazo será reduzido pela metade, estabelecendo-se em 4 anos o prazo prescricional final da pretensão punitiva.

No exemplo dado, como se observa, não houve deslocamento para outro inciso, permanecendo o mesmo prazo prescricional de 8 anos do inciso IV, tanto para o delito consumado como para o delito na forma tentada.

4. AUMENTO DO PRAZO PRESCRICIONAL

Na prescrição da pretensão punitiva, só ocorrerá aumento do prazo de prescrição, após este ter sido calculado, quando houver sua suspensão pela superveniência de causas suspensivas ou impeditivas (art. 116 do CP, arts. 366 e 368 do CPP, art. 53, §§ 2º a 5º, da CF e art. 89, § 6º, da Lei n. 9.099/1995).

Nesses casos, o tempo de suspensão é acrescido ao prazo de prescrição originalmente calculado, observando-se a regra de computar, nesse cálculo, o lapso temporal transcorrido antes da suspensão.

Como já observado, geralmente o que se altera é a pena sobre a qual se calcula o prazo prescricional e não o prazo prescricional depois de calculado, como acontece nos casos da redução etária do art. 115 do CP e nos da suspensão do prazo prescricional.

Observação: quanto à reincidência, que irá determinar o aumento, em 1/3, do prazo prescricional após ter sido este calculado (art. 110, *caput*, parte final, do CP), ela não se aplica à prescrição da pretensão punitiva e nem a suas subespécies: a intercorrente e a retroativa.

Súmula 220 do STJ: "A reincidência não influi no prazo da prescrição da pretensão punitiva".

Com efeito, esse aumento, que se faz sobre o prazo prescricional depois de calculado, e não sobre a quantidade de pena, terá aplicação, exclusivamente, na prescrição da pretensão executória.

5. TERMO INICIAL, TERMO FINAL E CAUSAS INTERRUPTIVAS DA PRESCRIÇÃO DA PRETENSÃO PUNITIVA

a) Termo inicial da prescrição da pretensão punitiva

Regra geral: o *marco inicial* da contagem do prazo prescricional, num primeiro momento, e como regra, é a data do dia em que o crime se consumou (art. 111, I, e art. 14, I, do Código Penal).

Código Penal

Termo inicial da prescrição antes de transitar em julgado a sentença final

Art. 111. A prescrição, antes de transitar em julgado a sentença final, começa a correr:

I – do dia em que o crime se consumou;

(...)

O art. 14, I, define o crime consumado.

Código Penal

Art. 14. Diz-se o crime:

I – consumado, quando nele se reúnem todos os elementos de sua definição legal;

(...)

Segundo Júlio Fabbrini Mirabete,

> Crime consumado é o crime que reúne todos os elementos de sua definição legal, ou seja, quando o fato concreto se subsume ao tipo abstrato descrito na lei penal, de acordo com o artigo 14, inciso I, do Código Penal Brasileiro.[15]

b) Outros termos iniciais da prescrição da pretensão punitiva

– Início do prazo prescricional no crime tentado, no crime permanente e no crime habitual

Excepcionando a regra, a lei estabelece outras situações especiais para fixação da data do termo inicial (art. 111, II e seguintes).

Código Penal

Termo inicial da prescrição antes de transitar em julgado a sentença final

Art. 111. (...)

(...)

II – no caso de tentativa, do dia em que cessou a atividade criminosa;

III – nos crimes permanentes, do dia em que cessou a permanência;

IV – nos de bigamia e nos de falsificação ou alteração de assentamento do registro civil, da data em que o fato se tornou conhecido;

[15] MIRABETE, Júlio Fabbrini. *Manual de direito penal*. 18. ed. São Paulo: Atlas, 2002.

> V – nos crimes contra a dignidade sexual ou que envolvam violência contra a criança e o adolescente, previstos neste Código ou em legislação especial, da data em que a vítima completar 18 anos, salvo se a esse tempo já houver sido proposta ação penal. (*Redação dada pela Lei n. 13.344, de 2022*)

Crime tentado

Segundo Mirabete,

> Crime tentado é o crime que, tendo sido iniciada sua execução, não se consumou por circunstâncias alheias à vontade do agente, nos termos do artigo 14, inciso II do CP. Na hipótese de tentativa, em que a consumação não ocorre por circunstâncias alheias à vontade do agente, o prazo da prescrição começa a correr do dia em que se praticou o último ato executório.[16]

Crime permanente

Crime permanente é aquele cuja consumação se prolonga no tempo.

> ... (no crime permanente) a conduta ofensiva se protrai no tempo, sendo que a consumação somente cessa (o crime é exaurido) no momento em que termina o comportamento antijurídico (ação ou omissão ou ação e omissão) através da vontade do agente ou por outro motivo qualquer.[17]

Termo inicial no crime permanente

- **STJ:** "A prática de fraude para obtenção de benefício previdenciário de forma sucessiva, com recebimento de prestações periódicas, indica natureza permanente de ação delituosa, e, como consequência, aplica-se o inciso III do artigo 111 do CP, no tocante à contagem do prazo prescricional" (*RT* 679/393).

---

16 MIRABETE, Júlio Fabbrini. *Código Penal interpretado*. São Paulo: Atlas, 1999. p. 601.

17 AMARAL, Claudio do Prado. Inviolabilidade do domicílio e flagrante de crime permanente. *Revista Brasileira de Ciências Criminais,* São Paulo, v. 20, n. 95, p. 165-193, mar./abr. 2012. p. 171.

- **TACrimSP:** "Nos crimes permanentes o reconhecimento da prescrição é condicionado à cessação da permanência, de cuja data começa a fluir o prazo" (*RT* 377/256).

Crime habitual

Crime habitual é aquele que exige a reiteração de atos para sua tipificação.

A prescrição nesses casos começa a correr da data do dia do último ato habitual, dando-se a eles o mesmo tratamento do crime permanente, conforme entendimento do STF.

5.1 Termo final da prescrição da pretensão punitiva

O **termo final** da prescrição da pretensão punitiva é a sentença final irrecorrível ou o acórdão final irrecorrível, pois, prolatada a decisão e certificado o seu trânsito em julgado para ambas as partes, não se cogita mais da possibilidade dessa prescrição.

5.2 Causas interruptivas da prescrição da pretensão punitiva

A partir da data do fato, ou seja, da data em que o crime se consumou como regra, a realização de determinados atos faz com que o termo inicial se desloque para a frente e o prazo prescricional passe a ser contado a partir da data em que esses atos se deram: são as chamadas causas interruptivas da prescrição.

Além do deslocamento da data do início, as causas interruptivas fazem com que o prazo seja novamente contado por inteiro, desprezando-se, portanto, o lapso de tempo decorrido antes da interrupção (regra do art. 117, § 2º, do CP).

Código Penal

Causas interruptivas da prescrição

Art. 117. (...)

(...)

§ 2º Interrompida a prescrição, salvo a hipótese do inciso V deste artigo, todo o prazo começa a correr, novamente, do dia da interrupção.

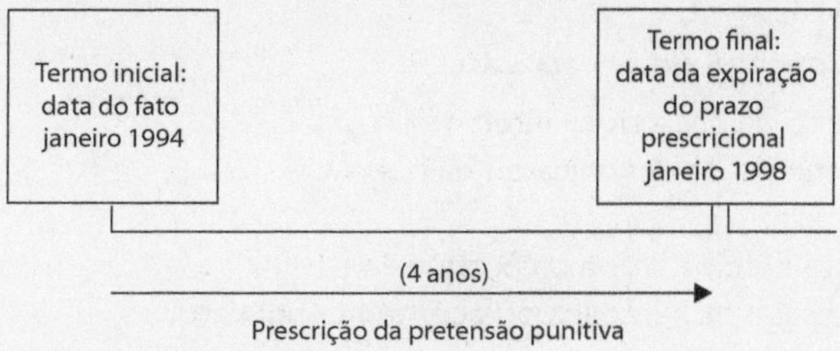

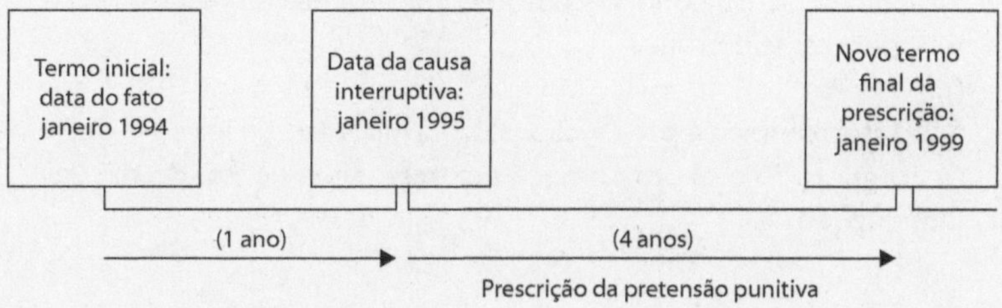

O prazo prescricional por inteiro (4 anos) recomeça a correr a partir da data da interrupção. Superado esse prazo, ocorre a prescrição da pretensão punitiva.

As **causas interruptivas** da prescrição, em número de oito (os incisos IV e V comportam duas causas cada), estão previstas no art. 117 do Código Penal.

Cuidando-se de processos de competência do Júri, entre a primeira (inciso I) e as duas últimas (inciso IV) causas interruptivas da prescrição da pretensão punitiva, temos duas outras, a pronúncia e a confirmação dela pela instância superior.

Nos demais processos, que não seguem o procedimento do Júri, existirão três causas que interrompem a prescrição da pretensão punitiva: o recebimento da inicial (inciso I), a sentença condenatória recorrível (inciso IV) e o acórdão condenatório recorrível (inciso IV).

Cumpre esclarecer que, com o advento da Lei n. 11.596, de 29 de novembro de 2007, adiante comentada, o acórdão condenatório recorrível passou a constituir legalmente uma nova causa interruptiva da prescrição da pretensão punitiva. O marco interruptivo, assim como na sentença, é a data de sua publicação.

Código Penal

Causas interruptivas da prescrição

Art. 117. O curso da prescrição interrompe-se:
I – pelo recebimento da denúncia ou da queixa;
II – pela pronúncia;
III – pela decisão confirmatória da pronúncia;
IV – pela publicação da sentença ou acórdão condenatórios recorríveis;
V – pelo início ou continuação do cumprimento da pena;
VI – pela reincidência.
(...)
§ 2° Interrompida a prescrição, salvo a hipótese do inciso V deste artigo, todo o prazo começa a correr, novamente, do dia da interrupção.

Das causas tratadas nos seis incisos do art. 117 do Código Penal, as cinco primeiras são interruptivas da prescrição da pretensão punitiva. As três últimas, da prescrição da pretensão executória.

Essa enumeração é taxativa: "O rol de interrupções do art. 117 não pode ser ampliado analogicamente" (STF, *RTJ* 107/157-8, TACrimSP, *Julgados* 94/524).

Anulado o ato processual que constitui uma causa interruptiva (recebimento da inicial, decisão de pronúncia, sentença condenatória, etc.), não há a interrupção do prazo prescricional. É que o ato nulo deixa de existir e, assim, não pode produzir o efeito de interromper o prazo de prescrição. Nesse sentido tem-se posicionado a jurisprudência.

5.2.1 *Primeira causa interruptiva da prescrição da pretensão punitiva*

O recebimento válido da inicial acusatória é a primeira causa interruptiva do prazo de prescrição.

Código Penal

Causas interruptivas da prescrição

Art. 117. O curso da prescrição interrompe-se:
I – pelo recebimento da denúncia ou da queixa;
(...)

A partir da data da consumação do delito, inicia-se a contagem do prazo prescricional e, superado esse prazo sem que se instaure a ação penal, ocorre a prescrição da pretensão punitiva.

Se, contudo, antes de expirado esse prazo, há o recebimento da inicial, primeira causa interruptiva, todo o prazo será contado novamente a partir da data em que ocorreu essa interrupção, desprezando-se o período de tempo decorrido antes dela.

Tomemos o delito de "lesão corporal dolosa", art. 129, *caput*, do Código Penal, ocorrido em 20.04.1993, cujo prazo prescricional é de 4 anos.

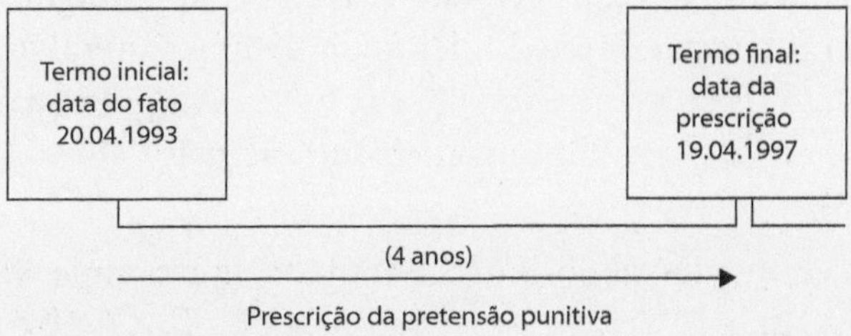

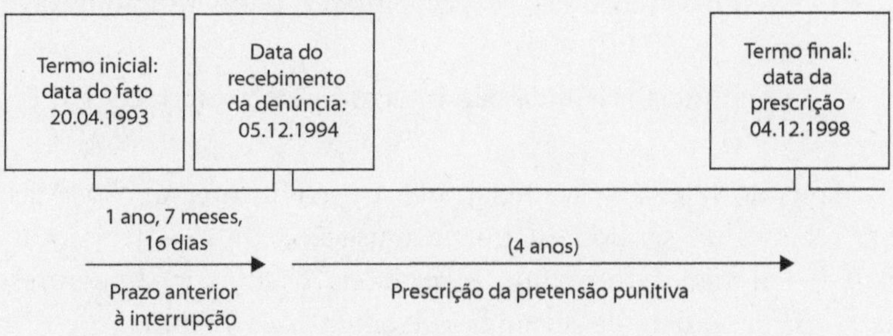

Como se vê, se antes do termo final, 19.04.1997, instaura-se a ação penal pelo recebimento da denúncia, interrompe-se o curso do prazo prescricional e reinicia-se a contagem do prazo todo a partir da data da interrupção.

No nosso exemplo, o recebimento da denúncia (por ser crime de ação penal pública), supondo-se em 05.12.1994, interrompe o prazo da prescrição, que começa a ser contado, por inteiro, a partir de então.

A interrupção, assim, estabelece um novo termo inicial, 05.12.1994, e um novo termo final, 04.12.1998, tornando-se sem efeito o lapso temporal transcorrido antes da interrupção: 1 ano, 7 meses e 16 dias.

Considerações:

O que interrompe o curso do prazo prescricional é o recebimento da denúncia ou da queixa-crime pelo Juiz ou Tribunal e não o oferecimento dessas iniciais pelo Promotor ou querelante.

- Dúvida quanto à data do recebimento – TACRSP: "Tem-se por interrompido o lapso prescricional da ação penal, quando mesmo que ainda não intimadas as partes, vier a ser entregue em Cartório a sentença condenatória recorrível. Sendo incerta a data do despacho de recebimento da denúncia, tem-se por reiniciado o lapso prescricional da ação penal a partir da entrega dos autos, pelo juiz, em mãos do escrivão" (JTACRIM 34/474-5).
- "Só o recebimento válido, e não o anulado, interrompe" (STF, *RTJ* 608/412).
- "Eventual ratificação do recebimento também não interrompe" (STF, *RTJ* 59/404).
- "A denúncia rejeitada não interrompe a prescrição" (STF, *RTJ* 55/203).

Havendo rejeição da inicial, não ocorre a interrupção. Mas, se houver recurso em sentido estrito, da acusação, contra a decisão de rejeição, e o Tribunal, reformando-a, recebê-la, a interrupção da prescrição irá ocorrer na data da sessão de julgamento do Tribunal.

– Interrupção pelo recebimento da denúncia no Tribunal

- **STF:** "Tanto interrompe o prazo prescricional o despacho do Magistrado de primeiro grau que recebe a denúncia (art. 117, I, do CP), quanto o acórdão que, reformando a decisão do Juiz singular que rejeitara a denúncia, a recebe determinando a instauração da ação penal" (*RT* 559/431 e *JTACrim* 70/466).
- **Súmula 709 do STF:** "Salvo quando nula a decisão de 1º grau, o acórdão que provê o recurso contra a rejeição da denúncia vale, desde logo, pelo recebimento dela".

– Interrupção e aditamento da inicial

No livro de Ney Fayet Júnior, Marcella Fayet e Karina Brack, os autores, depois de ensinarem que "no processo penal, ao contrário do civil, a peça acusatória pode ser modificada até a sentença final, incluindo novos fatos ou agentes, agravando-se ou modificando-se a tipificação", conceituam o aditamento, também chamado de acréscimo à acusação, "como o instrumento pelo qual o Ministério Público ou querelante amplia, retifica, integra a denúncia ou a queixa. Em rigor técnico, sob o aspecto processual penal, o aditamento pode completar a denúncia ou queixa com novos elementos, ou, ainda, acrescentar-lhes sujeitos ou fatos".[18]

Mas será que todo aditamento interromperá o curso do prazo de prescrição?

O aditamento com o objetivo de retificar a inicial, para correção quando referente ao mesmo fato, não interrompe a prescrição.

Havendo, porém, aditamento da inicial para descrição de fato novo, ocorrerá a interrupção, mas esta se restringirá ao fato novo e não atingirá o fato já denunciado.

O aditamento da inicial para inclusão de outro corréu não interrompe a prescrição (art. 117, § 1º, 1ª parte, do CP). Esse parágrafo será objeto de considerações mais adiante.

5.2.2 Segunda causa interruptiva da prescrição da pretensão punitiva

Interrompe-se o prazo prescricional pela decisão de pronúncia.

Decisão de pronúncia é o juízo de admissibilidade do julgamento do réu pelo Tribunal do Júri.

Segundo Guilherme de Souza Nucci, "É a decisão interlocutória mista que julga admissível a acusação, remetendo o caso à apreciação do Tribunal do Júri. Trata-se de decisão de natureza mista, pois encerra a

[18] FAYET, Ney Júnior; FAYET, Marcella; BRACK, Karina. *Prescrição penal*: temas atuais e controvertidos. Porto Alegre: Livraria do Advogado, 2007. p. 52.

fase de formação da culpa, inaugurando a fase de preparação do plenário, que levará ao julgamento de mérito...".[19]

Código Penal

Causas interruptivas da prescrição

Art. 117. O curso da prescrição interrompe-se:

(...)

II – pela pronúncia;

III – pela decisão confirmatória da pronúncia;

(...)

Nos processos de competência do Júri, e só neles, teremos as causas interruptivas dos incisos II e III.

Na primeira delas, a decisão de pronúncia (art. 413 do CPP), que remete o réu a julgamento pelo Tribunal do Júri, a interrupção ocorrerá na data de sua publicação (art. 389 do CPP).

Código de Processo Penal

Art. 413. O juiz, fundamentadamente, pronunciará o acusado, se convencido da materialidade do fato e da existência de indícios suficientes de autoria ou de participação. (*Redação dada pela Lei n. 11.689, de 2008*)

Art. 389. A sentença será publicada em mão do escrivão, que lavrará nos autos o respectivo termo, registrando-a em livro especialmente destinado a esse fim.

Considerações:

Se, ao final da primeira fase do procedimento do Júri, o juiz, em vez de pronunciar o réu, impronunciá-lo, absolvê-lo sumariamente ou desclassificar o crime para outro da competência do juiz singular, não haverá interrupção da prescrição.

Sendo pronunciado nessa fase, mas tendo o juiz desclassificado o crime para outro, também de competência do Júri (de homicídio para infanticídio, por exemplo), há a interrupção.

[19] NUCCI, Guilherme de Souza. *Manual de processo e execução penal.* São Paulo: Revista dos Tribunais, 2005. p. 671.

Se o réu é impronunciado ou absolvido sumariamente, mas, em razão do recurso, há a reforma da decisão de primeiro grau e o réu é pronunciado pelo Tribunal, ocorre a interrupção da prescrição na data do acórdão.

Ocorrendo a desclassificação do crime, pelo Tribunal do Júri (segunda fase do procedimento) ou pela instância superior em razão de recurso também na segunda fase, para outro crime que não seja de sua competência, existe jurisprudência tanto no sentido de reconhecer como de não reconhecer a força interruptiva da anterior pronúncia. A melhor doutrina, todavia, afirma "que a pronúncia, imprópria para o rito processual do crime desclassificado, não tem efeito interruptivo da prescrição",[20] adotando assim, nesses casos, uma posição que favorece o acusado, por prevalecer como termo inicial da contagem do prazo prescricional a data do recebimento da inicial, causa interruptiva anterior.

5.2.3 Terceira causa interruptiva da prescrição da pretensão punitiva

Interrompe-se o curso do lapso prescricional pela decisão do Tribunal que confirma a pronúncia.

Código Penal

Causas interruptivas da prescrição

Art. 117. O curso da prescrição interrompe-se:

(...)

III – pela decisão confirmatória da pronúncia;

(...)

Ao final da primeira fase do procedimento do Júri, o juiz pronuncia o réu. A defesa interpõe recurso em sentido estrito e o Tribunal confirma a decisão de pronúncia. O acórdão confirmatório da pronúncia também tem o efeito de interromper o lapso prescricional na data de sua publicação. Com a confirmação, o prazo de prescrição, por inteiro, passa a ser contado novamente, deslocando-se o termo inicial, da data da publicação da decisão de pronúncia para a data da publicação do acórdão confirmatório da pronúncia.

---

20 JESUS, Damásio E. de. *Prescrição penal*. 6. ed. São Paulo: Saraiva, 1991. p. 85.

Vejamos a incidência dessas duas causas interruptivas, em gráfico, tomando como exemplo o crime do art. 126, *caput*, do Código Penal, de competência do Tribunal do Júri (art. 74, § 1º, do CPP).

Código Penal

Aborto provocado por terceiro

(...)

Art. 126. Provocar aborto com o consentimento da gestante:

Pena – reclusão, de 1 (um) a 4 (quatro) anos.

(...)

Pena máxima privativa de liberdade: 4 anos. Prazo prescricional: 8 anos (art. 109, IV, do CP).

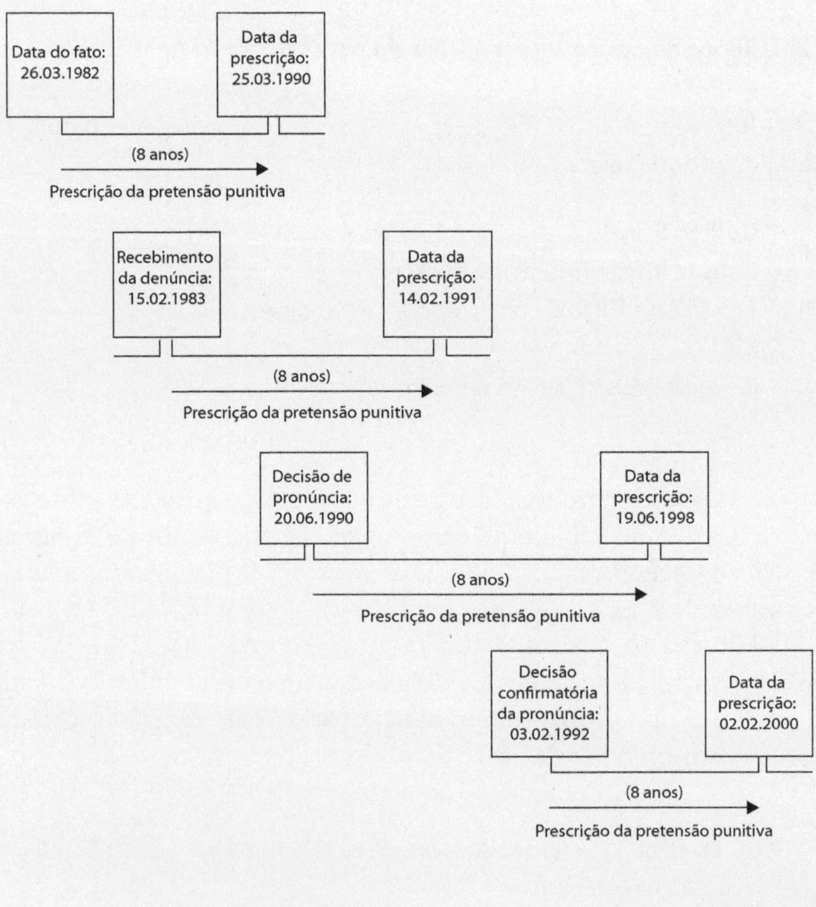

Observe-se que a edição da decisão de pronúncia e a da decisão confirmatória da pronúncia, datadas de 20.06.1990 e 03.02.1992, ocorrem em data anterior ao termo final do prazo de prescrição estabelecido, respectivamente, em 14.02.1991 e 19.06.1998. A superação do prazo em cada um desses momentos determinaria a extinção da punibilidade pela prescrição da pretensão punitiva.

5.2.4 Quarta causa interruptiva da prescrição da pretensão punitiva

Interrompe-se a prescrição pela decisão condenatória recorrível. A decisão será recorrível enquanto não transitar em julgado para as partes.

Código Penal

Causas interruptivas da prescrição

Art. 117. O curso da prescrição interrompe-se:

(...)

IV – pela publicação da sentença ou acórdão condenatórios recorríveis;

(...)

5.2.4.1 Sentença condenatória recorrível

Primeira causa interruptiva do inciso IV: sentença condenatória recorrível.

Ao final da instrução, sobrevindo sentença condenatória recorrível, essa sentença é causa interruptiva do lapso prescricional. Em consequência, todo o prazo é contado, por inteiro, a partir da interrupção (§ 2º do art. 117).

Consideremos o crime de “lesão corporal dolosa”, consumado em 20.04.1993 e cuja inicial tenha sido recebida em 05.12.1994. Em 12.11.1995, sobreveio sentença condenatória.

Código Penal

Lesão corporal

Art. 129. Ofender a integridade corporal ou a saúde de outrem:

Pena – detenção, de 3 (três) meses a 1 (um) ano.

(...)

Prazo prescricional da pretensão punitiva de 4 anos, obtido com base na pena máxima privativa de liberdade *in abstrato*, de 1 ano, cominada ao delito em questão.

A sentença foi condenatória e as partes não recorreram.

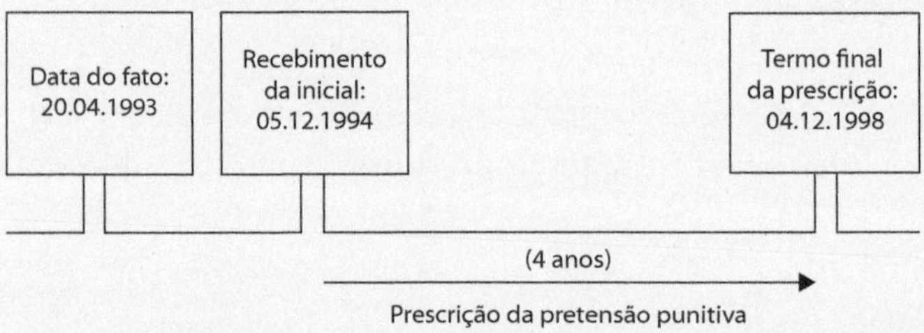

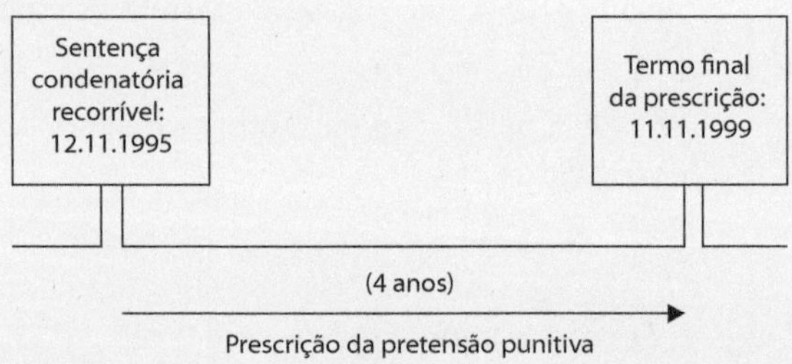

Transitando em julgado a sentença antes de 11.11.1999, termo final do prazo de prescrição, não há que se falar em prescrição da pretensão punitiva.

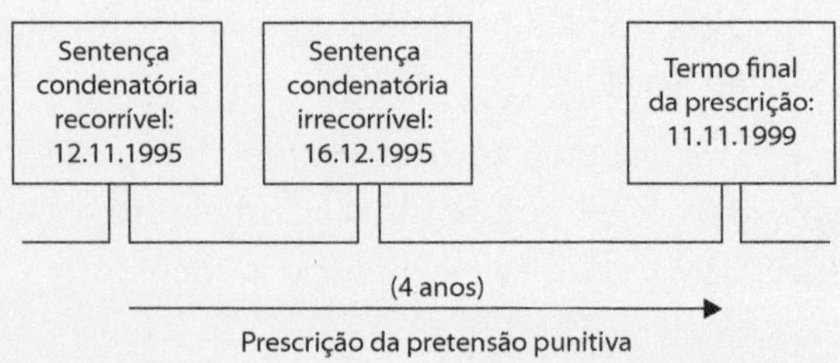

Ultrapassada a data-limite, 11.11.1999, sem que exista uma sentença definitiva, terá ocorrido a prescrição.

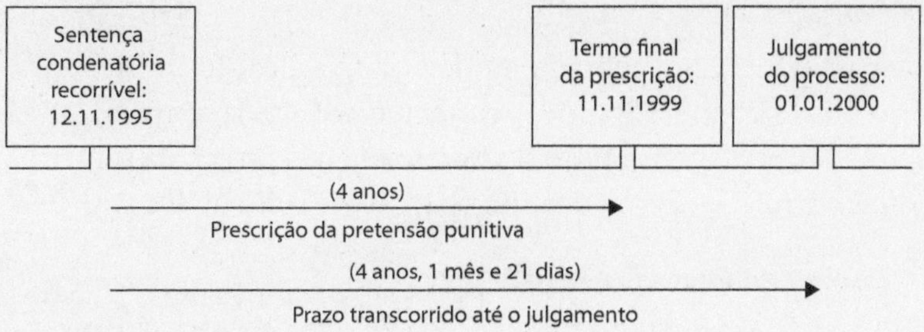

Consideremos agora uma sentença condenatória recorrível em que uma parte, ou ambas, recorrem, o que impede o trânsito em julgado. Houve recurso, mas não sobreveio acórdão recorrível; superado o prazo prescricional de 4 anos (termo final em 11.11.1999), entre a data de publicação da sentença e a data da sessão de julgamento do recurso, ocorrerá a prescrição da pretensão punitiva.

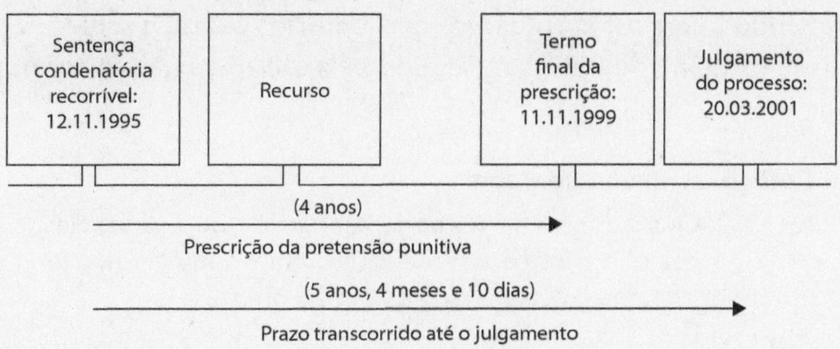

Sobrevindo acórdão condenatório irrecorrível dentro do prazo prescricional, fica afastada a prescrição da pretensão punitiva.

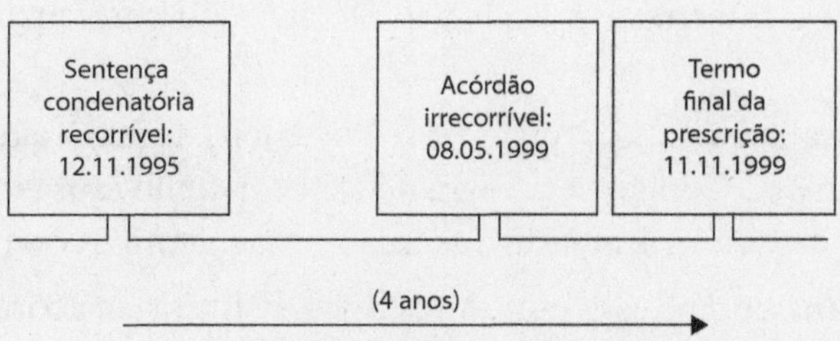

Considerações:

A interrupção é contada da data da publicação da sentença em cartório (art. 389 do CPP), independentemente de registro e outras diligências. Assim, a interrupção ocorre no dia da entrega da sentença em cartório pelo juiz, e não na data da certidão de sua publicação.

Código de Processo Penal

Art. 389. A sentença será publicada em mão do escrivão, que lavrará nos autos o respectivo termo, registrando-a em livro especialmente destinado a esse fim.

Somente a sentença condenatória recorrível interrompe a prescrição.

A sentença absolutória recorrível não interrompe a prescrição (STF, *RT* 504/44): "Na hipótese de réu processado por dois crimes, se a sentença o condena por um e absolve pelo outro, tal sentença só será causa interruptiva quanto àquele e não com relação à infração em que foi absolvido" (TACrimSP, *Julgados* 68/473).

Sendo interpostos embargos declaratórios contra a sentença condenatória (art. 382 do CPP), a decisão que a esclarece não interrompe a marcha prescricional.

Código de Processo Penal

Art. 382. Qualquer das partes poderá, no prazo de 2 (dois) dias, pedir ao juiz que declare a sentença, sempre que nela houver obscuridade, ambiguidade, contradição ou omissão.

Caso a sentença condenatória venha a ser anulada, ela perde o efeito interruptivo.

5.2.4.2 Acórdão condenatório recorrível

Segunda causa interruptiva do inciso IV: acórdão condenatório recorrível.

A já mencionada Lei n. 11.596, de 29 de novembro de 2007, alterou o inciso IV do art. 117 do Código Penal para nele incluir como causa interruptiva da prescrição, além da sentença, o acórdão condenatório recorrível.

Há que se considerar nesse ponto três tipos distintos de acórdãos condenatórios:

a) acórdão condenatório como primeira decisão condenatória no processo;

b) acórdão condenatório em ação penal de competência originária dos tribunais;

c) acórdão confirmatório da decisão condenatória de primeiro grau.

a) Acórdão condenatório como primeira decisão no processo, ou seja, prescrição com base em condenação imposta em 2ª instância

Havendo sentença de absolvição em primeiro grau e reforma da decisão pelo Tribunal condenando o réu, em face de recurso de ofício ou da acusação, será a pena aplicada no acórdão que irá servir de base para apuração do prazo prescricional. Segundo Nucci, "o acórdão condenatório está em contraposição à sentença absolutória de 1ª instância".[21]

A jurisprudência do STF estabeleceu, já há algum tempo, que "A prescrição da ação penal no caso de réu absolvido em 1ª instância e condenado em instância superior, regula-se pela pena concretizada no acórdão, e não pelo máximo da pena cominado *in abstracto*" (*RT* 572/415).

A partir da data do fato até a publicação do acórdão condenatório recorrível tem curso a prescrição da pretensão punitiva arrimada na pena abstrata. A edição do acórdão irá interromper o prazo prescricional da pretensão punitiva na data de sua publicação, e, a partir daí, o prazo será contado por inteiro (regra do § 2º do art. 117 do CP).

Essa edição do acórdão condenatório, como se observa a seguir, deve ocorrer em data anterior ao termo final do período de tempo estabelecido em decorrência do recebimento da inicial (causa interruptiva), sob pena de se operar a prescrição da pretensão punitiva.

Nesse sentido:

- "Interrompe-se a prescrição pela sentença condenatória recorrível, a esta se equiparando o acórdão condenatório que reforma a decisão absolutória de primeiro grau" (STJ, REsp 26.573, *DJU* 29.04.1993, *RBCCrim* 3/257).

---

[21] NUCCI, Guilherme de Souza. *Manual de direito penal*: parte geral – parte especial. 4. ed. São Paulo: RT, 2008. p. 587.

- "O acórdão condenatório é diferente do acórdão confirmatório da condenação. Nele há uma sentença absolutória em primeiro grau e recurso da acusação que, acolhido, reforma a decisão do juízo monocrático para condenar o réu. Como primeira decisão condenatória proferida no processo, ela irá interromper o lapso prescricional independentemente de ser o acórdão unânime ou não, isso porque no caso de serem interpostos embargos infringentes, o acórdão que os julga também não interrompe a prescrição" (*RT* 529/355).

Em visão esquemática geral:

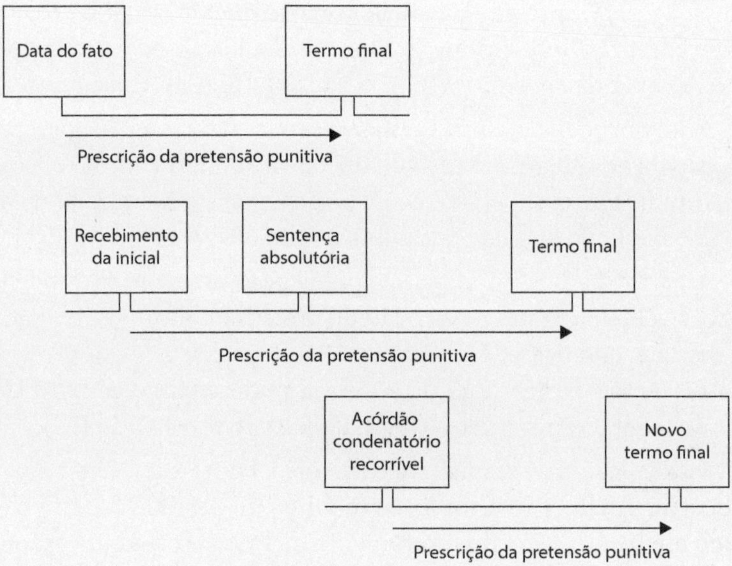

Exemplo:

1. Tomemos o delito de "violação de sepultura", art. 210 do Código Penal.

Código Penal

Violação de sepultura

Art. 210. Violar ou profanar sepultura ou urna funerária:

Pena – reclusão, de 1 (um) a 3 (três) anos, e multa.

Prazo prescricional da pretensão punitiva com base no máximo da pena abstrata: 8 anos (art. 109, IV).

Data do fato: 04.12.2000. Prescrição da pretensão punitiva em 03.12.2008.

Instaurado o processo pelo recebimento da denúncia em 21.04.2001, sobreveio sentença absolutória datada de 07.08.2001.

A acusação apelou. O Tribunal deu provimento ao recurso, aplicando ao réu a pena de 2 anos de reclusão. O acórdão condenatório recorrível foi publicado em 15.06.2003.

Prazo prescricional da prescrição punitiva levando em conta a pena concretizada no acórdão: 4 anos (art. 109, V).

O acórdão terá que transitar em julgado até 14.06.2007, sob pena de ocorrência da prescrição da pretensão punitiva.

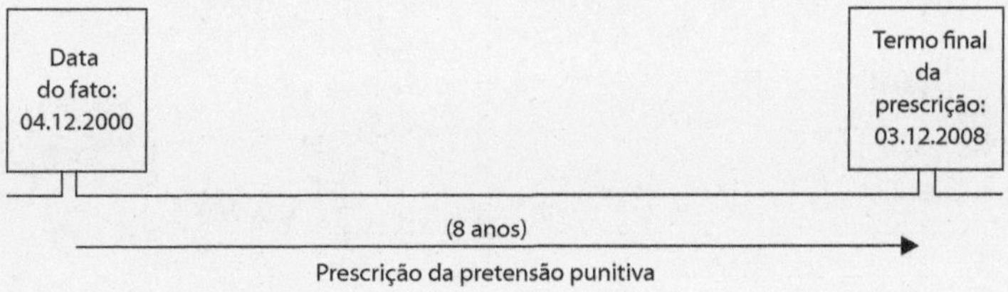

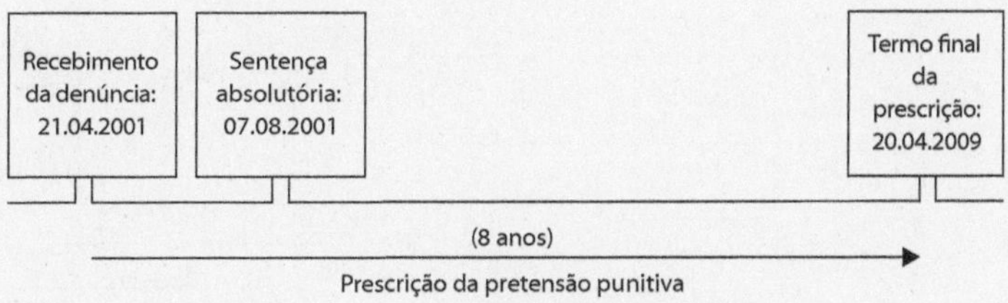

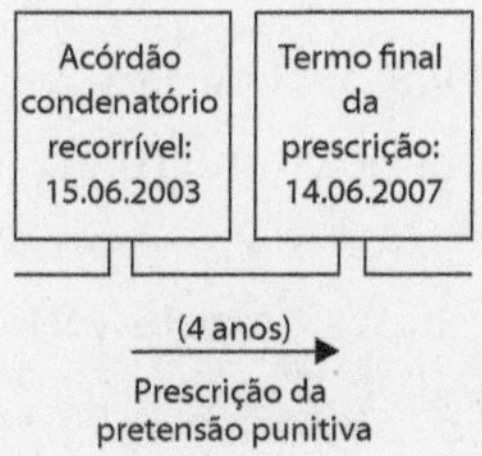

Não alcançado um acórdão condenatório irrecorrível antes do termo final do prazo (14.06.2007), ocorrerá a prescrição da pretensão punitiva.

2. Crime de "atentado ao pudor mediante fraude".

Código Penal

"Art. 216. Induzir mulher honesta, mediante fraude, a praticar ou permitir que com ela se pratique ato libidinoso diverso da conjunção carnal:

Pena – reclusão, de 1 (um) a 2 (dois) anos."

Prazo prescricional da prescrição da pretensão punitiva, levando--se em conta o máximo da pena privativa de liberdade em abstrato: 4 anos (art. 109, V).

O crime se consumou na data de 03.12.2005. A queixa foi recebida em 5.2.2006 e, em 29.11.2006, o processo foi sentenciado e o réu absolvido. A acusação apelou.

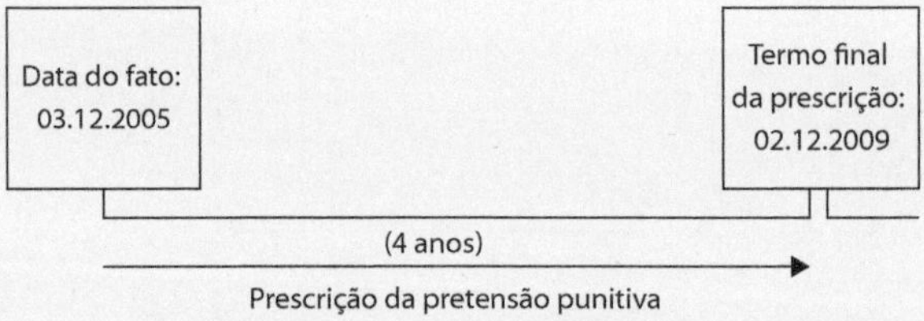

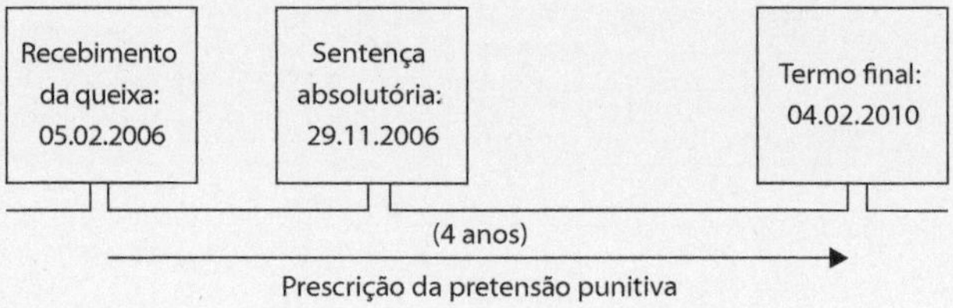

Em 13.07.2008, o acórdão condenatório recorrível reformou a sentença absolutória de primeiro grau, impondo ao réu uma pena de 1 ano e 6 meses de reclusão. Prazo prescricional com base na pena fixada no acórdão condenatório: 4 anos (art. 109, V).

Com a publicação do acórdão em 13.07.2008, interrompeu-se o curso do lapso prescricional. A interrupção estabelece novo termo final desse prazo em 12.07.2012, cujo início é contado por inteiro por força do § 2º do art. 117, do Código Penal.

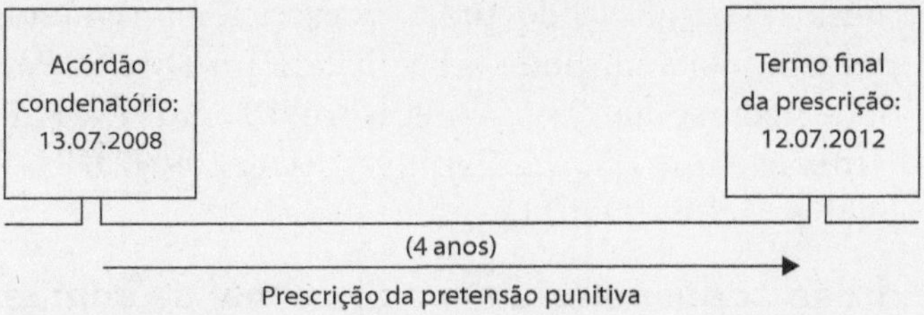

O acórdão condenatório terá que transitar em julgado antes do termo final, em 12.07.2012, sob pena de se operar a prescrição da pretensão punitiva.

Outras decisões:

- "Ementa: USO DE DOCUMENTO FALSO. Carteira Nacional de Habilitação. **Réu** que a obteve sem prestar os exames exigidos e por ela pagou determinada quantia. Ciência inequívoca do documento que usava e exibiu. Crime configurado. PRESCRIÇÃO CRIMINAL. Réu absolvido em primeiro grau e condenado em segundo. Prazo necessário fluído entre a data de recebimento da denúncia e a do acórdão, tendo em vista a pena neste concretizada. Extinção da punibilidade decretada de ofício. Aplicação dos arts. 109, inciso V, e 110, parágrafo 1º, do Código Penal" (TJPR, Apelação Crime ACR 504067/PR).
- "Ementa: Recurso Ordinário em *Habeas Corpus*. Direito Penal Militar. Extinção da punibilidade. Inocorrência. Eficácia interruptiva do a**córdão condenatório** que reforma sentença absolutória. Recurso desprovido. O **acórdão condenatório** que reforma sentença penal absolutória reveste-se de eficácia interruptiva da prescrição penal, posto que equiparado, para tal fim, à sentença condenatória recorrível (HC 70.810/RS, rel. min. Celso de Mello, *DJ* de 01/12/2006). A jurisprudência desta Corte, mesmo antes da alteração introduzida pela Lei n. 11.596/2007, já havia sedimentado o entendimento de que o acórdão negritado de segundo grau que altera a pena aplicada ou impõe preceito condenatório, possui relevância jurídica e deve ser considerado como

causa interruptiva do prazo prescricional, entendimento este que também pode ser aplicado no Direito Penal Militar. Recurso ao qual se nega provimento" (STF, Recurso Ordinário em *Habeas Corpus* - RHC 109.973/RJ, data da publicação 09.12.2011).

b) Acórdão condenatório em ação penal de competência originária dos tribunais

Código de Processo Penal

Art. 84. A competência pela prerrogativa de função é do Supremo Tribunal Federal, do Superior Tribunal de Justiça, dos Tribunais Regionais Federais e Tribunais de Justiça dos Estados e do Distrito Federal, relativamente às pessoas que devam responder perante eles por crimes comuns e de reponsabilidade. (*Redação dada pela Lei n. 10.628, de 2002*)

Mirabete ensina em sua obra:

Trata-se de competência *ratione personae* (em razão da pessoa) ditada pela função da pessoa, bem como a dignidade do cargo exercido e não do indivíduo que a merece. Há pessoas que exercem cargos e funções de especial relevância para o Estado, devendo ser julgadas por órgãos Superiores da Justiça, como medida de utilidade pública...[22]

Esses agentes públicos serão assim processados e julgados não pelas instâncias inferiores, mas pelos Tribunais Superiores.

O prazo prescricional da pretensão punitiva será calculado tendo em conta a pena concreta imposta no acórdão.

O recebimento da inicial acusatória, pelo Tribunal Superior, determinará a interrupção por inteiro do prazo prescricional.

Da data do fato até a edição do acórdão condenatório recorrível transcorre o prazo da prescrição da pretensão punitiva arrimada na pena em abstrato. Editado o acórdão condenatório antes do termo final desse prazo, ocorrerá a interrupção (nova causa interruptiva), e o prazo

[22] MIRABETE, Júlio Fabbrini. *Código de Processo Penal interpretado.* 8. ed. São Paulo: Atlas, 2001. p. 285.

todo passará a ser contado a partir da data de sua publicação (§ 2º do art. 117 do CP).

Entre a publicação do acórdão recorrível (termo inicial) e o trânsito em julgado dele (termo final), será aferida eventual prescrição da pretensão punitiva.

> Ainda que não unânime, e por isso sujeito a embargos declaratórios, também interrompe o prazo prescricional da pretensão punitiva. Isso ocorre quando, tendo sido absolvido em primeiro grau, o réu venha a ser condenado pelo acórdão do tribunal **ou quando se trata de ação penal de competência originária** (g. n.). Trata-se de acórdão recorrível. Nesse sentido: *TACrimSP* 16:100; *RT* 412:118; STJ REsp 9.158, 5ª Turma, *DJU* 10 jun.1991, p. 7857.

Exemplo da prescrição da pretensão punitiva em acórdão condenatório de competência originária dos Tribunais: supondo um crime cuja pena máxima é de 2 anos. Prazo prescricional 4 anos (art. 109, V).

Data do fato: 18.02.2001.

Data do recebimento da inicial: 31.04.2002.

O recebimento da inicial acusatória, pelo **Tribunal**, interrompe o prazo prescricional e determina a fixação de novo termo final em 30.04.2006

Acórdão de 14.07.2003 condenou o réu à pena de 7 meses de detenção. Prazo prescricional de 2 anos (art. 109, VI). Obs.: crime ocorrido anteriormente à Lei n. 12.234/2010.

A publicação do acórdão condenatório recorrível, em 14.07.2003, interrompe o prazo prescricional novamente, estabelecendo novo termo final em 13.07.2005.

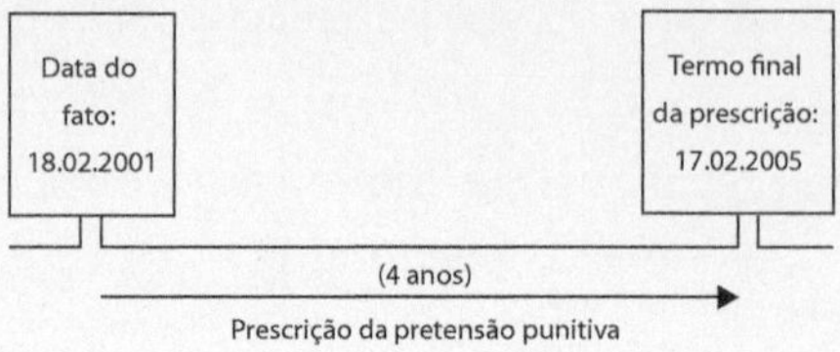

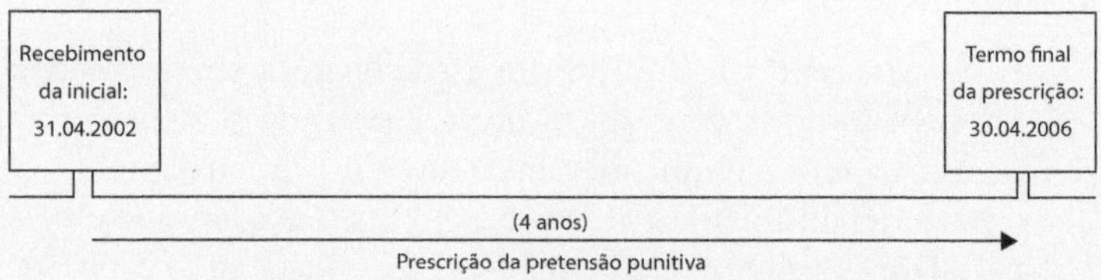

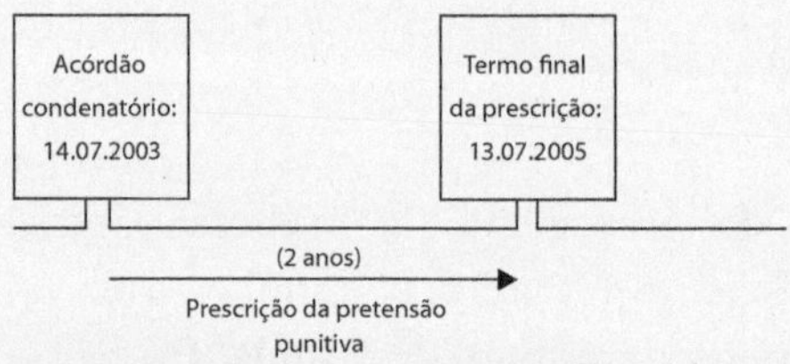

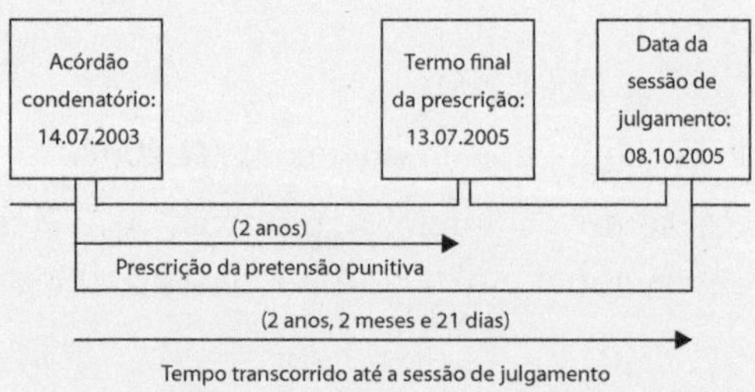

O prazo de prescrição da pretensão punitiva será medido entre a data da publicação do acórdão condenatório recorrível e a data em que o acórdão se torna definitivo, pelo trânsito em julgado.

Tendo sido o acórdão levado a julgamento em 08.10.2005, data posterior ao termo final, em 13.07.2005, ocorreu no nosso exemplo a prescrição da pretensão punitiva.

c) Acórdão confirmatório da decisão condenatória

Trata-se da decisão do Tribunal que confirma a sentença condenatória de primeiro grau.

Esse acórdão confirmatório estaria incluído no inciso IV do art. 117 do CP, como causa interruptiva da prescrição da pretensão punitiva?

Abrangência da decisão "acórdão condenatório", referida no inciso IV: para alguns doutrinadores, limita-se a alcançar o acórdão condenatório que, reformando a sentença de primeiro grau que absolveu o réu, o condena, bem como o acórdão condenatório em ação penal de competência originária dos Tribunais. Com isso, sustentam, a lei estaria somente consagrando entendimento pacífico da jurisprudência e da doutrina, no sentido de considerá-los, e somente a eles, marco interruptivo do lapso prescricional.

Esse é o posicionamento de Guilherme de Souza Nucci, ao afirmar que: "Quanto ao acórdão **confirmatório** da decisão condenatória, não foi compreendido na alteração legislativa trazida pela Lei n. 11.596/2007. Logo, nesse caso, não se pode utilizá-lo para a interrupção da prescrição. Olvidou-se boa oportunidade para tê-lo incluído, também, como causa interruptiva da prescrição...".[23]

Da mesma forma pensa Mauro Otávio Nacif ao afirmar, em relação ao acórdão confirmatório, que ele "não é uma nova condenação, não enseja nova interrupção na contagem do prazo prescricional. Nélson Hungria colocava claramente: 'o acórdão é confirmação, só existe uma condenação'".[24]

A prevalecer tal entendimento, o início do prazo de prescrição, no caso de acórdão confirmatório, continua sendo a data da publicação da sentença condenatória, situação que favorece o réu (e a impunidade), ao impedir que o termo inicial do prazo pudesse ser contado a partir de uma data posterior, a data do acórdão.

De modo diverso, contudo, há os que compreendem que o acórdão condenatório incluído na lei, entendido como "decisão", tem um conteúdo amplo, alcançando assim o **acórdão confirmatório** da anterior decisão.

É o que se observa, desde logo, do exame do projeto de lei de autoria do Senador Magno Malta (PL 401/2003, que culminou na Lei

---

23 NUCCI, Guilherme de Souza. *Manual de direito penal*: parte geral – parte especial. 4. ed. São Paulo: RT, 2008. p. 587.

24 NACIF, Mauro Otávio. Projeto "anticrime" do governo erra feio na prescrição penal. *Conjur*, 27 mar. 2019. Disponível em: https://www.conjur.com.br/2019-mar-27/opiniao-projeto-sergio-moro-erra-feio-prescricao-penal.

n. 11.596/2007) que, na sua justificação, afirma: "Note-se bem que a interrupção da prescrição dar-se-á pela simples condenação em segundo grau, seja confirmando integralmente a decisão monocrática, seja reduzindo ou aumentando a pena anteriormente imposta...".

Essa orientação também foi acolhida pelo Supremo Tribunal Federal, em decisão unânime, proferida em sede de *Habeas Corpus* (n. 93.340-2, do Estado de Santa Catarina, Rel. Min. Ricardo Lewandowski, *DJe* 08.08.2008).

Destacamos do voto do Ministro Marco Aurélio naquela ocasião:

> Quando tínhamos apenas como fator da interrupção a sentença – utilizada essa expressão no inciso IV do art. 117 – já entendíamos, àquela época, que o vocábulo era sinônimo de decisão, como também em várias passagens do Código de Processo Civil, em que não se distingue sentença de acórdão, acórdão como pronunciamento de tribunal, muito embora agora também seja termo a revelar pronunciamento de Turma Recursal de Juizado Especial, quebrado o sistema do Código de Processo Civil.
>
> A meu ver – e peço licença para ir adiante –, a Lei n. 11.596/2007 não apenas consagrou a nossa jurisprudência, mas inseriu, no inciso IV, mais um fator de interrupção, pouco importando sentença condenatória anterior. Basta que o acórdão, confirmando essa sentença, também – e por isso mesmo –, mostre-se condenatório. Passa a existir outro fator de interrupção. Houve uma opção político-legislativa ante a delinquência maior constatada na quadra vivida, ou seja, tem-se nova interrupção, uma vez confirmada a sentença condenatória.

Mais recentemente, esse entendimento foi reafirmado pela 1ª Turma do STF, no julgamento do HC 138.088/RJ, Redator para Acórdão Min. Alexandre de Moraes, *DJe* 06.03.2018, no qual restou consignado que: "1. A ideia de prescrição está vinculada à inércia estatal e o acórdão que confirma a sentença condenatória, justamente por revelar pleno exercício da jurisdição penal, é marco interruptivo do prazo prescricional, nos termos do art. 117, IV, do Código Penal".

Contudo, como ainda restava divergência entre a 1ª e a 2ª Turmas do Pretório Excelso a respeito, a questão foi levada ao Plenário do Supremo, que reafirmou a orientação da 1ª Turma acima, em acórdão prolatado em sessão de julgamento virtual (em razão da pandemia de covid-19) ocorrida em 27.04.2020, no HC 176.473/RR, com a fixação da seguinte tese: "*Nos termos do inciso IV do artigo 117 do Código Penal, o Acórdão condenatório sempre interrompe a prescrição, inclusive quando confirmatório da sentença de 1º grau, seja mantendo, reduzindo ou aumentando a pena anteriormente imposta*", nos termos do voto do Relator, Min. Alexandre de Moraes, vencidos os Mins. Ricardo Lewandowski, Gilmar Mendes e Celso de Mello.

Acredita-se que, com a orientação plenária, as demais cortes passem a adotar uniformemente esse entendimento, pois, conforme mencionado mais abaixo, até então se verificavam decisões em sentido contrário, não só no interior do Supremo mas, sobretudo, no Superior Tribunal de Justiça.

Feita essa introdução, passemos a alguns exemplos.

Num exemplo de lesão corporal dolosa (art. 129, *caput*), vamos supor que a sentença condenatória recorrível, de 12.11.1995, tenha aplicado a pena máxima de 1 ano de detenção (prazo prescricional de 4 anos, art. 109, V). O réu apelou. O Tribunal, em acórdão datado de 28.03.1998, confirmou a sentença condenatória de primeiro grau.

No caso de confirmação da condenação no acórdão, mas com imposição de pena maior ou menor, será essa pena alterada do acórdão (para mais ou para menos) que irá servir de base para a apuração do prazo de prescrição da pretensão punitiva.

Diante da edição do acórdão confirmatório recorrível, ele estaria incluído ou não no inciso IV do art. 117 como causa interruptiva do prazo prescricional?

Para os que não consideram o acórdão confirmatório da condenação como marco interruptivo, o prazo continua sendo medido entre a data da publicação da sentença e a data do julgamento definitivo do recurso no Tribunal.

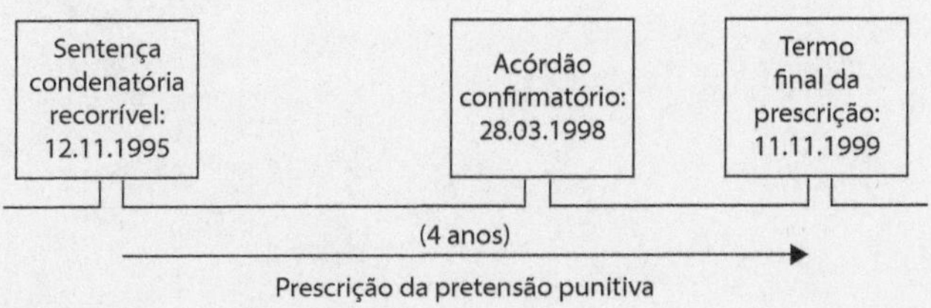

Para os que o admitem, há a interrupção do curso do prazo de prescrição na data da publicação do acórdão confirmatório e todo o prazo passa a ser contado novamente a partir da data da interrupção (§ 2º do art. 117). O início do prazo será a data da publicação do acórdão (e não da sentença), e o termo final, o definitivo trânsito em julgado dessa decisão.

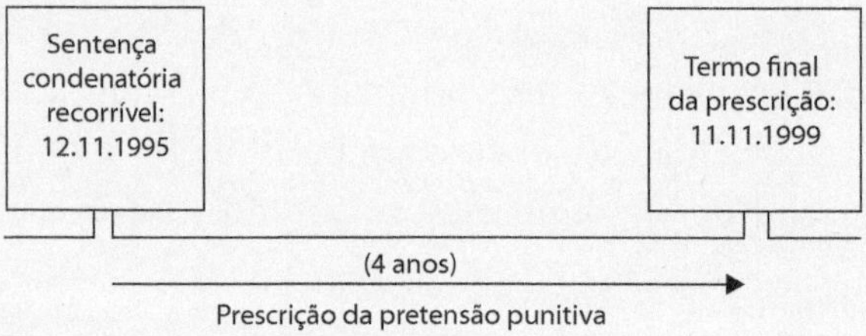

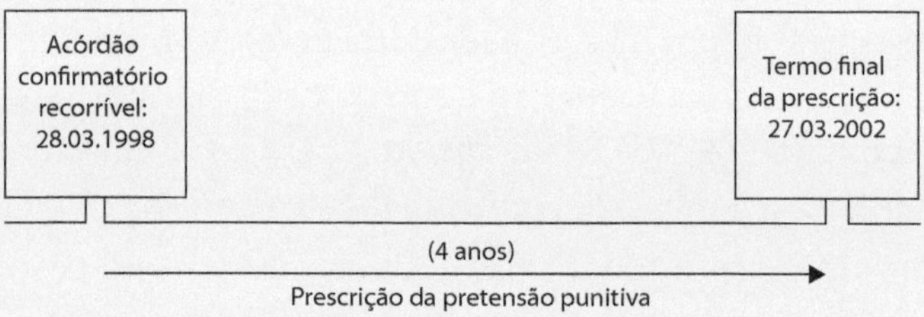

Transitando em julgado o acórdão condenatório antes de 27.03.2002, fica afastada a prescrição da pretensão punitiva.

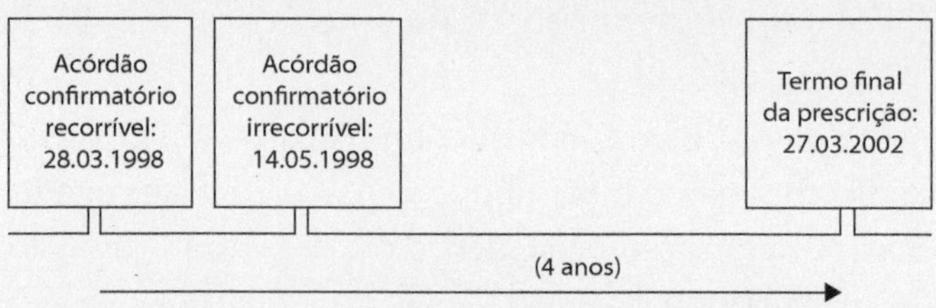

Ultrapassado o termo final sem que se consiga alcançar um acórdão com trânsito em julgado para ambas as partes, ocorre a prescrição da pretensão punitiva, ficando prejudicado o exame do mérito.

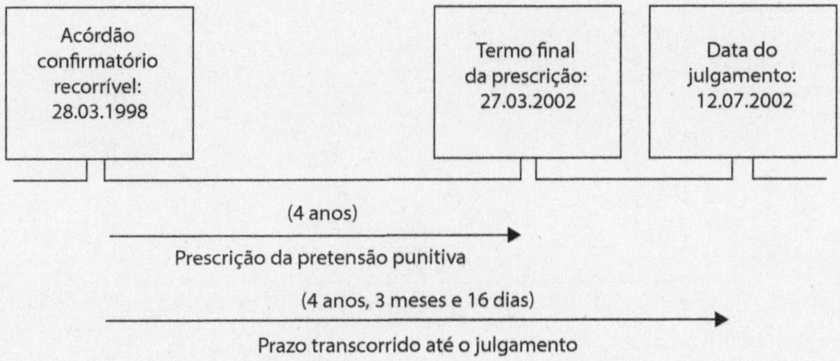

Consideremos agora um exemplo no qual o acórdão condenatório confirmatório não interrompe o curso do prazo prescricional, resultando em razão disso o início da contagem do prazo a partir da data da causa interruptiva anterior, no caso a sentença condenatória recorrível, e supondo que o prazo prescricional seja de 4 anos (art. 109, V).

Data do fato: 03.12.2005. Recebimento da inicial acusatória: 05.02.2006. Sentença condenatória recorrível: 29.11.2006. Acórdão condenatório confirmatório recorrível: 13.07.2008.

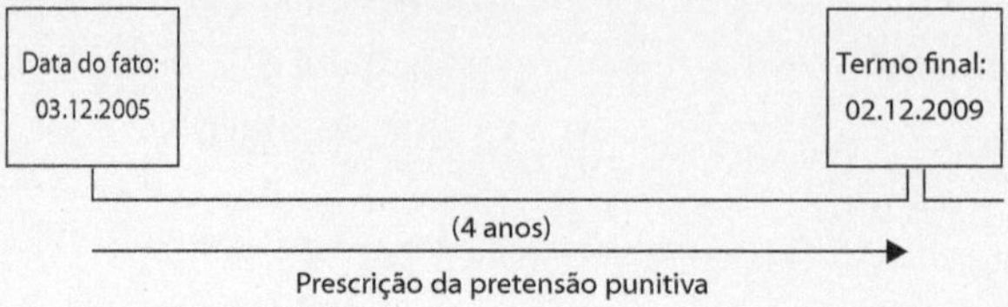

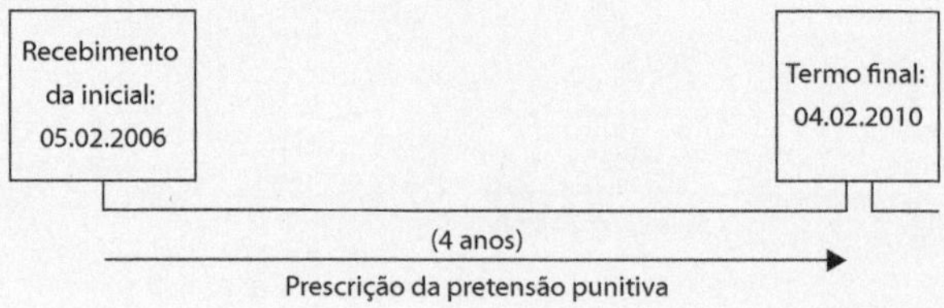

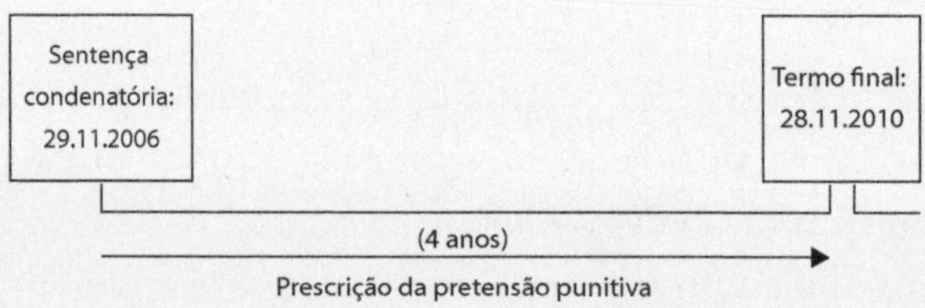

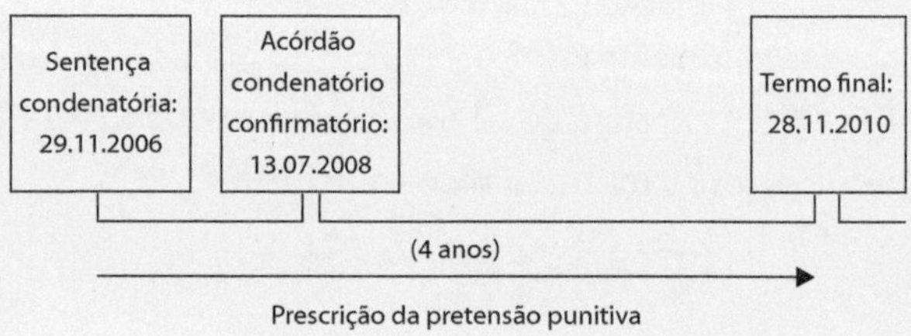

Caso prevalecesse o entendimento de que o acórdão confirmatório recorrível seria causa interruptiva do prazo prescricional, o termo final desse prazo se deslocaria para 12.07.2012.

> *HABEAS CORPUS.* ALEGADA PRESCRIÇÃO DA PRETENSÃO PUNITIVA. INOCORRÊNCIA. ACÓRDÃO CONFIRMATÓRIO DE SENTENÇA CONDENATÓRIA QUE INTERROMPE O CURSO DO PRAZO PRESCRICIONAL. EXECUÇÃO PROVISÓRIA DA PENA. POSSIBILIDADE.
>
> 1. A ideia de prescrição está vinculada à inércia estatal e o acórdão que confirma a sentença condenatória, justamente por revelar pleno

exercício da jurisdição penal, é marco interruptivo do prazo prescricional, nos termos do art. 117, IV, do Código Penal. Acrescente-se que a decisão proferida pelo Tribunal em sede de apelação substitui a sentença recorrida, consoante reiteradamente proclamado em nossa legislação processual (art. 825 do CPC/1939; art. 512 do CPC/1973; art. 1.008 do CPC/2015). Entendimento firmado à unanimidade pela 1ª Turma.

2. Manutenção da posição majoritária do STF. No julgamento do HC 126.292/SP (Tribunal Pleno, Rel. Min. Teori Zavascki, *DJe* de 17/5/2016), o SUPREMO TRIBUNAL FEDERAL concluiu que a execução provisória de condenação penal confirmada em grau de apelação, ainda que sujeita a Recurso Especial ou Extraordinário, não compromete o princípio constitucional da presunção de inocência. Esse entendimento foi confirmado no julgamento das medidas cautelares ADCs 43 e 44 (julgadas em 5/10/2016), oportunidade na qual se decidiu, também, pelo indeferimento do pedido de modulação dos efeitos. No exame do ARE 964.246 (Rel. Min. TEORI ZAVASCKI, *DJe* de 25/11/2016), pelo rito da repercussão geral, essa jurisprudência foi também reafirmada.

3. *Habeas Corpus* denegado (STJ, AgRg no REsp 1245575/DF, 2011/0071462-2, data da publicação 18.06.2014).

ACÓRDÃO CONFIRMATÓRIO DE SENTENÇA CONDENATÓRIA. PRAZO PRESCRICIONAL INTERROMPIDO. EXTINÇÃO DA PUNIBILIDADE. AGRAVO INTERNO NÃO PROVIDO. 1. De acordo com entendimento do STF, a publicação de acórdão condenatório recorrível interrompe a contagem do prazo prescricional (HC 138.088/RJ). 2. A pena da acusada foi fixada em 02 (dois) anos de reclusão e 10 (dez) dias-multa. Em razão da continuidade delitiva a reprimenda foi elevada na fração de 1/4 (um quarto) para 02 (dois) anos e 06 (seis) meses e 12 (doze) dias-multa. Na hipótese, tem-se prazo prescricional de 04 (quatro) anos, descontada a continuidade delitiva (art. 109, V, do CP, c/c a Súmula 497 do STF). 3. Dessa forma, tendo em vista que entre a data da publicação da sentença condenatória (05/08/2014 – fl. 100 e a data da sessão de julgamento em que foi proferido o acórdão confirmatório da condenação) 03/07/2018 – fl. 156), não ocorreu o referido lapso prescricional. 4. Agravo interno não provido (TRF-4, Apelação Criminal).

Como essa decisão do E. TRF-4 forneceu as informações necessárias sobre os eventos relevantes ao cálculo prescricional, é possível traduzi-la no seguinte esquema gráfico:

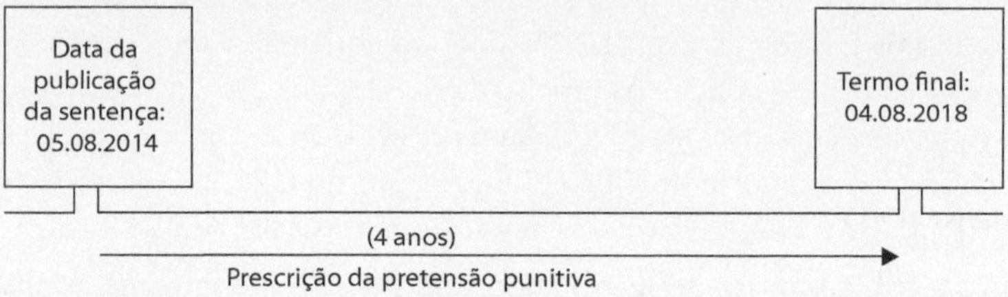

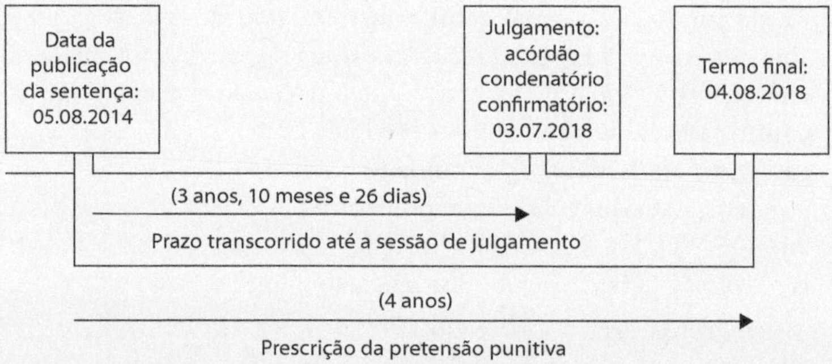

PRESCRIÇÃO DA PRETENSÃO PUNITIVA ESTATAL. ÚLTIMO MARCO INTERRUPTIVO. SENTENÇA CONDENATÓRIA. ART. 117, IV, DO CÓDIGO PENAL. EXTINÇÃO DA PUNIBILIDADE RECONHECIDA. ACÓRDÃO CONFIRMATÓRIO NÃO CONSTITUI CAUSA INTERRUPTIVA. I – O acórdão que, apenas, confirma a condenação não interrompe a prescrição. Precedentes. II – A decisão agravada não merece reparos, porquanto proferida em consonância com a jurisprudência desta Corte, merecendo ser mantida pelos seus próprios fundamentos. III – Agravo Regimental improvido (HC 401.774/SP, Rel. Min. Reynaldo Soares da Fonseca, 03.09.2018).

ACÓRDÃO QUE MANTEVE A SENTENÇA CONDENATÓRIA. CAUSA INTERRUPTIVA. INOCORRÊNCIA. AGRAVO DESPROVIDO. 1. O Superior Tribunal de Justiça entende que nos termos do art. 117 do Código Penal, o prazo prescricional interrompe-se pela publicação da sentença ou acórdão condenatórios recorríveis. O acórdão que confirma a condenação mas majora ou reduz a pena, não constitui novo marco interruptivo da prescrição (AgRg no RE nos EDcl no REsp n. 1.301.820/RJ, Corte Especial, Rel. Min. Humberto Martins, *DJe* de 24/11/2016) (AgRg no AREsp 989.408/SC, Rel. Ministro FELIX FISCHER, QUINTA TURMA, *DJe* 21/3/2018). Agravo regimental desprovido (STJ, EDcl no AgRg nos EDcl no REsp 1666622/PB, 2017/0091368-0, data da publicação 11.02.2019).

O que se infere do posicionamento em admitir, ou não, o acórdão condenatório confirmatório da decisão de primeiro grau como marco interruptivo do curso do prazo prescricional é que, ao admiti-lo, se favorece a acusação, por estabelecer para a frente novo início da contagem desse prazo. Ao não aceitá-lo, se beneficia a defesa ao fixar o início da contagem do prazo a partir de uma data anterior, a data da publicação da sentença condenatória, a data da decisão de pronúncia ou a data de decisão confirmatória da pronúncia.

O Plenário do Supremo, como visto mais acima, firmou posição no primeiro sentido, e se espera que esse entendimento uniformize a orientação das demais cortes brasileiras.

As duas últimas hipóteses de causas interruptivas, incisos V e VI do art. 117 do Código Penal, como já esclarecido, são causas interruptivas da prescrição da pretensão executória e, assim, serão estudadas por ocasião da abordagem desse tipo de prescrição.

5.3 Comunicabilidade das causas interruptivas (§ 1º do art. 117)

Código Penal

Causas interruptivas da prescrição

Art. 117. O curso da prescrição interrompe-se:

I – pelo recebimento da denúncia ou da queixa;

II – pela pronúncia;

III – pela decisão confirmatória da pronúncia;

IV – pela publicação da sentença ou acórdão condenatórios recorríveis;

V – pelo início ou continuação do cumprimento da pena;

VI – pela reincidência.

§ 1º Excetuados os casos dos incisos V e VI deste artigo, a interrupção da prescrição produz efeitos relativamente a todos os autores do crime. Nos crimes conexos, que sejam objeto do mesmo processo, estende-se aos demais a interrupção relativa a qualquer deles.

(...)

5.3.1 Comunicabilidade das causas interruptivas da prescrição da pretensão punitiva aos autores do crime

Código Penal

Causas interruptivas da prescrição

Art. 117. (...)

§ 1° [Primeira parte] (...) a interrupção da prescrição produz efeitos relativamente a todos os autores do crime...

(...)

Após a ressalva ("Excetuados os casos dos incisos V e VI desde artigo..."), estabelece a 1ª parte do § 1º que, no caso de coautoria ou participação (concurso de agentes, art. 29 do CP), as cinco causas de interrupção do prazo da prescrição da pretensão punitiva estendem seu efeito interruptivo a todos os autores do crime. Ou, em outras palavras, ocorrendo a causa interruptiva para um deles, ela se estende (se comunica) aos demais coautores.

A exclusão das causas interruptivas previstas nos incisos V e VI, que incidem sobre o prazo prescricional da pretensão executória, e que não se comunicam, será comentada quando do estudo dessa prescrição.

Código Penal

Art. 29. Quem, de qualquer modo, concorre para o crime incide nas penas a este cominadas, na medida de sua culpabilidade.

§ 1° Se a participação for de menor importância, a pena pode ser diminuída de um sexto a um terço.

§ 2° Se algum dos concorrentes quis participar de crime menos grave, ser-lhe-á aplicada a pena deste; essa pena será aumentada até metade, na hipótese de ter sido previsível o resultado mais grave.

Teoria unitária e culpabilidade: *TACRimSP:* "Apesar de persistir a denominada teoria monista ou igualitária, pela qual incide nas penas cominadas aquele que concorre para o crime, a determinação da resposta penal depende da apuração do efetivo grau de culpabilidade do concorrente. Portanto, de acordo com a nova redação do art. 29 e seus parágrafos, devem ser separadas, para fim de determinação da reprovação, as atuações dos que executam materialmente o crime, daqueles que, sem ter uma atuação que se ajuste a uma conduta penal, colaboram objetiva e subjetivamente para sua consumação, analisando-se, para fins de quantificação da pena, a culpa de cada um" (*RT* 731/602).

A 1ª parte do § 1º do art. 117 do Código Penal cuida, como vimos, da comunicabilidade do efeito interruptivo a todos os autores do crime. Essa comunicação ocorre independentemente de terem eles agido por execução, ajuste, instigação, cumplicidade, auxílio material ou moral, em suma, com maior ou menor participação.

Exemplos:

1º) Dois réus estão sendo processados, em coautoria, por homicídio doloso. Ao final da primeira fase do procedimento, um é pronunciado e o outro, impronunciado. A pronúncia, causa interruptiva da prescrição, não limita seu efeito ao réu pronunciado, mas comunica-se, para interromper também o prazo prescricional em relação ao réu impronunciado. Para ele, havendo recurso (em sentido estrito) da acusação e provimento pelo Tribunal pronunciando-o, o início do prazo prescricional, por inteiro, será contado não da data do recebimento da denúncia, mas da data da decisão de pronúncia do corréu.

2º) Supondo uma situação em que os réus foram pronunciados por homicídio em coautoria e um só deles recorreu. No Tribunal, a decisão de pronúncia foi confirmada. O acórdão confirmatório da pronúncia estende seu efeito interruptivo para o réu que não recorreu, prevalecendo para ambos, como início do prazo prescricional, a data da decisão confirmatória da pronúncia.

3º) Um réu está sendo processado por roubo. No curso do processo, portanto com a denúncia já recebida, o Promotor oferece aditamento à denúncia para inclusão de um coautor (ou partícipe). O recebimento da denúncia contra o primeiro coautor, que já interrompeu o prazo prescricional para ele, estende também seu efeito interruptivo ao segundo coautor, incluído posteriormente na relação processual por força do aditamento. Dessa forma, o prazo prescricional, para ambos os coautores, passa a correr a partir da data do recebimento da denúncia contra o primeiro, não tendo, assim, o recebimento do aditamento, para inclusão de coautor, efeito interruptivo (nesse sentido a orientação do STF, HC 67.888, *RT* 655/384).

4º) No mesmo exemplo acima, e de acordo com a norma trazida pela 1ª parte do § 1º, vamos supor que um dos réus seja condenado e o outro absolvido. A sentença condenatória, causa interruptiva da prescrição para um deles, vai fazer incidir o efeito interruptivo do prazo prescricional em relação ao réu absolvido, deslocando, também para ele, o início da contagem, de todo o prazo, da data do recebimento da denúncia para a data da sentença condenatória recorrível.

Quanto à comunicabilidade em hipótese de coautoria já se pronunciou o C. STJ:

> *Habeas corpus* originário. Estelionato. Fraude na obtenção de benefício previdenciário. Prescrição. O estelionato contra a previdência consistente no recebimento de benefício mediante fraude, em prestações mensais é crime eventualmente permanente, cessando a permanência com a suspensão do pagamento, quando se inicia a contagem do prazo prescricional (CP, art. 111, III). Precedentes do STF e STJ. Em se tratando de coautoria, não é possível adotar para um dos corréus causa de interrupção da prescrição que não se comunique aos demais. Ordem denegada (STJ, HC 35.746-RS, 5ª Turma, Rel. Min. José Arnaldo da Fonseca, j. 03.08.2004, v. u.).

5.3.2 Comunicabilidade das causas interruptivas da prescrição da pretensão punitiva aos crimes conexos objeto do mesmo processo

A 2ª parte do § 1º do art. 117 do Código Penal se refere, por sua vez, à comunicabilidade nos crimes conexos.

> **Código Penal**
>
> **Causas interruptivas da prescrição**
>
> Art. 117. O curso da prescrição interrompe-se:
>
> I – pelo recebimento da denúncia ou da queixa;
>
> II – pela pronúncia;
>
> III – pela decisão confirmatória da pronúncia;
>
> IV – pela publicação da sentença ou acórdão condenatórios recorríveis;
>
> V – pelo início ou continuação do cumprimento da pena;
>
> VI – pela reincidência.

§ 1º Excetuados os casos dos incisos V e VI deste artigo, a interrupção da prescrição produz efeitos relativamente a todos os autores do crime. **Nos crimes conexos, que sejam objeto do mesmo processo, estende-se aos demais a interrupção relativa a qualquer deles** (grifo nosso).

(...)

Como se verifica, as causas interruptivas da prescrição punitiva (I a IV do art. 117) se estendem de um a outro delito em conexão.

Mas é indispensável, para essa consequência estabelecida no dispositivo, que se trate de conexão material. Não alcança, portanto, a conexão formal ou circunstancial (de direito processual penal), que é facultativa e pode ser determinada para facilitar o julgamento dos crimes com a reunião das provas.

A interrupção só se estende aos casos de conexão real ou substancial, e não aos casos de conexão formal (TACrimSP, *RT* 616/322, 609/342, *Julgados* 92/239).

Portanto, de natureza obrigatória, a conexão material (real, substancial ou lógica) se revela quando o crime é praticado para facilitar a execução de outro, ocultar ou garantir a manutenção de sua vantagem, como acontece com as agravantes do art. 61, II, *b*, e com o homicídio qualificado do art. 121, § 2º, V, do Código Penal.

Código Penal

Circunstâncias agravantes

Art. 61. São circunstâncias que sempre agravam a pena, quando não constituem ou qualificam o crime:

(...)

II – ter o agente cometido o crime:

(...)

b) para facilitar ou assegurar a execução, a ocultação, a impunidade ou vantagem de outro crime;

(...)

Homicídio simples

Art. 121. Matar alguém:

Pena – reclusão, de 6 (seis) a 20 (vinte) anos.

(...)

Homicídio qualificado

§ 2° Se o homicídio é cometido:

(...)

V – para assegurar a execução, a ocultação, a impunidade ou vantagem de outro crime:

Pena – reclusão, de 12 (doze) a 30 (trinta) anos.

(...)

a) No exemplo do Professor Damásio, já citado, segundo o qual, para estuprar a jovem, o agente mata a pessoa responsável por sua guarda, existe conexão material entre esses dois crimes (homicídio qualificado e estupro), comunicando-se o efeito interruptivo do prazo prescricional de um crime ao outro e vice-versa.

b) Processado por homicídio e por lesão corporal, em conexão material, o réu é pronunciado pelo homicídio e impronunciado pela lesão. A decisão de pronúncia interrompe o lapso prescricional do crime de homicídio e se comunica ao prazo relativo à lesão corporal. Assim, por força da conexão, a contagem do prazo, para ambos os crimes, tem início na data da decisão de pronúncia.

c) O réu foi processado por uso de documento falso e por dirigir sem habilitação, em conexão. Sobrevindo sentença, foi condenado pelo primeiro delito e absolvido do segundo. A sentença condenatória recorrível, além de interromper o prazo prescricional do delito de uso de documento falso, estende seu efeito interruptivo ao prazo do delito pelo qual o réu foi absolvido.

Quanto à comunicabilidade em hipótese de conexão, o E. STF também já se manifestou:

> Recurso de *habeas corpus*. Prescrição. Crime de lesão corporal. Conexo a homicídio, de competência do júri. A lei, ao dispor que a sentença de pronúncia interrompe a prescrição, não ressalva os crimes de competência do júri, em razão da conexão. Recurso de *habeas corpus* improvido.

(...) O paciente, autor de crime de lesão corporal leve, foi denunciado num processo onde o réu principal havia cometido o delito de homicídio.

Os dois foram, em razão do "princípio da conexão", pronunciados, e tendo sido o homicida submetido sozinho a julgamento perante o Tribunal do Júri, foi absolvido. Diante desse resultado, os impetrantes entendem que desaparecia o princípio da conexão, e, por isso, o crime cometido pelo paciente é agora da competência do juiz singular. Entendem mais os requerentes, que, no caso, operou-se a prescrição. E é exatamente a declaração da prescrição da punibilidade o que o *habeas corpus* está buscando.

(...) Segundo regra contida no § 1º, do art. 117, do Código Penal, quando há crime conexo, objeto do mesmo processo, a interrupção da prescrição, relativa a qualquer deles, estende-se aos demais. A pronúncia, como sabemos, interrompe o prazo prescricional. Logo, e atendendo ao princípio instituído pelo mencionado parágrafo, foi a partir da data dessa decisão de pronúncia, e, portanto, a 19.10.1983, que começou a ter curso o prazo prescricional.

A pena máxima para o crime de lesão corporal leve está fixada em 01 ano de detenção. O Código Penal, art. 109, inc. V, prevê que em tais hipóteses a prescrição se opera em 04 anos. Sendo assim, extinta não se encontra a prescrição... (STF, RHC 64.321-PE, 1ª Turma Rel. Min. Oscar Correa, j. 09.09.1986, v. u.).

6. CAUSAS SUSPENSIVAS DA PRESCRIÇÃO DA PRETENSÃO PUNITIVA

O curso do prazo prescricional da pretensão punitiva se suspende em virtude de qualquer das causas suspensivas (ou impeditivas) previstas em lei (o rol é taxativo), recomeçando a correr depois de cessar essa causa. Na apuração do prazo de prescrição, o lapso de tempo em que ficou suspenso repercute na verificação do prazo prescricional anteriormente calculado, a este se somando, computando-se nele, também, o período de tempo decorrido antes da suspensão.

Previsão legal das causas suspensivas: Código Penal, art. 116, I a IV; Código de Processo Penal, arts. 366 e 368; Lei n. 9.099/1995, art. 89; Constituição Federal, art. 53, §§ 2º a 5º.

Lei n. 13.964/2019 (Lei Anticrime)

A referida lei trouxe alteração no inciso II do art. 116 do Código Penal, para considerar o cumprimento da pena no **exterior** (e não no estrangeiro, como constava anteriormente), e fez a inclusão de duas novas causas suspensivas ou impeditivas do prazo prescricional (incisos III e IV).

Por força do art. 20 da referida lei, tais dispositivos só se aplicam aos crimes praticados a partir de 23 de janeiro de 2020.

Código Penal

Causas impeditivas da prescrição

Art. 116. Antes de passar em julgado a sentença final, a prescrição não corre:

I – enquanto não resolvida em outro processo, questão de que dependa o reconhecimento da existência do crime;

II – enquanto o agente cumpre pena no exterior;

III – na pendência de embargos de declaração ou de recursos aos Tribunais Superiores, quando inadmissíveis; e

IV – enquanto não cumprido ou não rescindido o acordo de não persecução penal.

(...)

6.1 Primeira causa suspensiva da prescrição da pretensão punitiva

Código Penal

Causas impeditivas da prescrição

Art. 116. Antes de passar em julgado a sentença final, a prescrição não corre:

I – enquanto não resolvida, em outro processo, questão de que dependa o reconhecimento da existência do crime.

(...)

A primeira causa suspensiva do prazo prescricional da pretensão punitiva se refere à superveniência de uma questão prejudicial no curso do prazo prescricional.

Questão prejudicial, segundo o Professor Paulo José da Costa Jr., "é aquela tão intimamente ligada com o delito que sua decisão em outro juízo importa no reconhecimento ou não daquele. Se não for ela previamente julgada, não será possível concluir pela inocência ou culpabilidade do acusado".[25]

[25] COSTA JÚNIOR, Paulo José da. *Direito penal*: curso completo. 8. ed. São Paulo: Saraiva, 2000. p. 239.

– Suspensão obrigatória e suspensão facultativa

As questões prejudiciais estão disciplinadas nos arts. 92 e 93 do Código de Processo Penal.

Nos casos do art. 92, quando relacionadas com o estado civil das pessoas, a suspensão do prazo prescricional será obrigatória. É o que ocorre, por exemplo, nos crimes de bigamia e adultério, em que a tipificação deles depende de decisão no juízo cível, na qual se decide a validade do casamento anterior.

Código de Processo Penal

Art. 92. Se a decisão sobre a existência da infração depender da solução de controvérsia, que o juiz repute séria e fundada, sobre o estado civil das pessoas, o curso da ação penal ficará suspenso até que no juízo cível seja a controvérsia dirimida por sentença passada em julgado, sem prejuízo, entretanto, da inquirição das testemunhas e de outras provas de natureza urgente.

(...)

Dependendo o processo penal de questões diversas do estado das pessoas, como propriedade, posse, relações trabalhistas e comerciais etc., a suspensão será facultativa (art. 93).

Código de Processo Penal

Art. 93. Se o reconhecimento da existência da infração penal depender de decisão sobre questão diversa da prevista no artigo anterior, da competência do juízo cível, e se neste houver sido proposta ação para resolvê-la, o juiz criminal poderá, desde que essa questão seja de difícil solução e não verse sobre direito cuja prova a lei civil limite, suspender o curso do processo, após a inquirição das testemunhas e realização das outras provas de natureza urgente.

(...)

– Termo inicial e termo final da suspensão em razão do reconhecimento de questão prejudicial

O início da suspensão do curso da prescrição, tanto a obrigatória como a facultativa, dar-se-á a partir da data do despacho do juiz criminal que ordenar a suspensão do processo.

O término da suspensão, quando obrigatória, será o da data do trânsito em julgado da sentença no processo civil.

Já no caso de suspensão facultativa, o termo final ocorrerá na data do despacho do juiz criminal que determinar o prosseguimento do feito. Assim, o reinício do processo-crime (e do curso do prazo de prescrição), que determina o termo final da suspensão facultativa, fica na dependência da iniciativa do juiz criminal (art. 93, § 1º, do CPP).

> **Código de Processo Penal**
>
> Art. 93. (...)
>
> § 1º O juiz marcará o prazo da suspensão, que poderá ser razoavelmente prorrogado, se a demora não for imputável à parte. Expirado o prazo, sem que o juiz cível tenha proferido decisão, o juiz criminal fará prosseguir o processo, retomando sua competência para resolver, de fato e de direito, toda a matéria da acusação ou da defesa.
>
> (...)

Observações:

1ª) As questões prejudiciais são de direito material relacionadas com o mérito da ação e não se confundem com as chamadas questões preliminares, de natureza processual e que precedem o julgamento do mérito.

2ª) O prazo da suspensão facultativa poderá ser prorrogado (art. 93, § 1º, do CPP).

3ª) "Não há suspensão na pendência de processo administrativo ou de ação penal em que foi arguida a exceção da verdade, mero meio de defesa do acusado. Também não há causa impeditiva do curso da prescrição quando se instaura o incidente de insanidade mental" (Júlio F. Mirabete[26]).

- **Inexistência de suspensão em exceção da verdade:**
  - **TACRSP:** "A exceção da verdade, nos processos por calúnia e difamação, não constitui questão prejudicial suspensiva

[26] MIRABETE, Júlio Fabbrini. *Código Penal interpretado*. São Paulo: Atlas, 1999. p. 615.

do prazo prescricional, mas meio de defesa, de que dispõe o acusado, para provar a veracidade da imputação por ele feita ao acusador, que se sente ofendido em sua honra" (*RJTDACRim* 8/80-1).

- **Inexistência de suspensão em incidente de insanidade mental – TACRimSP:** "Suspenso o processo, para ser o réu submetido a exame de sanidade mental, pode ocorrer a prescrição, já que o incidente, que não é prejudicial (CP, art. 116), não suspende seu curso" (*RT* 575/399).

4ª) As questões prejudiciais só determinam a suspensão do processo e não do inquérito policial.

- **Inquérito policial e questão prejudicial – STF:** "CPP, arts. 92 a 94. Questão prejudicial que deva ser dirimida no juízo cível e que prejudica o andamento do processo criminal. Necessário é que haja ação penal em curso e sobre ela incida questão que lhe prejudique o seguimento. Inquérito policial não comporta a incidência de questão prejudicial, como preveem as normas acima citadas, por não passar de mera investigação" (*RTJ* 71/46).

6.2 Segunda causa suspensiva da prescrição da pretensão punitiva

Código Penal

Causas impeditivas da prescrição

Art. 116. Antes de passar em julgado a sentença final, a prescrição não corre:

(...)

II – enquanto o agente cumpre pena no exterior;

(...)

Outra causa suspensiva expressamente autorizada em lei ocorre no caso de o réu estar cumprindo pena no exterior. Nessa circunstância, não podendo ser ele extraditado, é compreensível deixar de correr o prazo prescricional da pretensão punitiva nesse período. Com isso, o Estado é favorecido no exercício de seu poder-dever de punir e, também, o réu, que terá meios de exercer amplamente o seu direito de defesa. Quando o réu é solto, o processo é retomado e o prazo prescricional volta a correr.

Estando o réu cumprindo pena no Brasil, resultante de condenação em outro processo, esta não terá força para suspender o curso da prescrição da pretensão punitiva, já que o dispositivo, de modo restritivo, só se refere ao acusado que cumpre pena no exterior. Mas a prisão no Brasil terá força suspensiva da **prescrição da pretensão executória**, nos termos do parágrafo único do art. 116 do Código Penal, matéria tratada em capítulo próprio.

6.3 Terceira causa suspensiva da prescrição da pretensão punitiva

Código Penal

Causas impeditivas da prescrição

Art. 116. Antes de passar em julgado a sentença final, a prescrição não corre:

(...)

III – na pendência de embargos de declaração ou de recursos aos Tribunais Superiores, quando inadmissíveis;

(...)

A inclusão, pela Lei Anticrime (Lei n. 13.964/2019), da suspensão do prazo prescricional procurou evitar a interposição de recursos meramente protelatórios com o interesse de provocar a extinção da punibilidade por intermédio da prescrição. Criou-se uma causa suspensiva condicionada à apreciação da admissibilidade dos recursos interpostos para efeito de considerar ou não a suspensão do prazo prescricional.

6.4 Quarta causa suspensiva da prescrição da pretensão punitiva

Código Penal

Causas impeditivas da prescrição

Art. 116. Antes de passar em julgado a sentença final, a prescrição não corre:

(...)

> IV – enquanto não cumprido ou não rescindido o acordo de não persecução penal.
>
> (...)

A Lei Anticrime também estabeleceu, no art. 28-A do Código de Processo Penal, o "acordo de não persecução penal", já previsto na Resolução n. 181 do Conselho Nacional do Ministério Público.

Por sua vez, o inciso IV do art. 116 do Código Penal passou a prever a suspensão do prazo prescricional enquanto estiver sendo cumprido ou não for rescindido o referido acordo. Não cumpridas as condições do acordo, este será rescindido, e voltará a ter curso o prazo de prescrição.

Por outro lado, cumprido integralmente o acordo, esgota-se o prazo de suspensão, extingue-se a punibilidade do agente e se encerra a persecução penal.

O termo inicial da suspensão em razão da transação penal será a data da homologação judicial do acordo e o termo final, a data do término do prazo de suspensão pelo cumprimento das condições nele previstas.

> **Código de Processo Penal**
>
> Art. 28-A. Não sendo caso de arquivamento e tendo o investigado confessado formal e circunstancialmente a prática de infração penal sem violência ou grave ameaça e com pena mínima inferior a 4 (quatro) anos, o Ministério Público poderá propor acordo de não persecução penal, desde que necessário e suficiente para reprovação e prevenção do crime, mediante as seguintes condições ajustadas cumulativa e alternativamente:
>
> (...)

6.5 Quinta causa suspensiva da prescrição da pretensão punitiva

Se o réu, citado por edital, não comparece, nem constitui advogado, suspende-se o curso do prazo prescricional. Essa a disposição do art. 366 do Código de Processo Penal, "estendendo-se a suspensão até que intervenha ele ou seu procurador nos autos do processo".[27]

27 MIRABETE, Júlio Fabbrini. *Código Penal interpretado*. São Paulo: Atlas, 1999. p. 616.

Código de Processo Penal

Art. 366. Se o acusado, citado por edital, não comparecer, nem constituir advogado, ficarão suspensos o processo e o curso do prazo prescricional, podendo o juiz determinar a produção antecipada das provas consideradas urgentes e, se for o caso, decretar prisão preventiva, nos termos do disposto no art. 312. (*Redação dada pela Lei n. 9.271, de 1996*)

O termo inicial da suspensão será a data da decisão do juiz que a determinou e o termo final, a data do comparecimento do réu, espontaneamente ou não, ou do seu procurador, dependendo o reinício do curso do prazo de decisão judicial que levante o sobrestamento do feito.

Exemplo: o acusado responde por um delito cuja pena máxima cominada é de 2 anos, prazo prescricional 4 anos (art. 109, V). Recebida a inicial acusatória em 30.03.1998, instaurou-se a ação penal, interrompendo o curso da prescrição da pretensão punitiva. Frustradas as tentativas de citar o réu pessoalmente, procedeu-se à citação por edital, não sendo atendida nenhuma das alternativas do art. 366 do Código de Processo Penal: não compareceu e não constituiu advogado para defendê-lo. Despacho do juiz, de 01.11.1998, determinou a suspensão do processo. Envolvido em outro fato criminoso, o réu foi preso em 16.12.1999. Foi citado pessoalmente e o processo retomou o seu curso.

Código de Processo Penal

"Art. 366. (...)

§ 2° Comparecendo o acusado, ter-se-á por citado pessoalmente, prosseguindo o processo em seus ulteriores atos."

Ao prazo prescricional de 4 anos somamos o período de tempo em que o processo (e a prescrição) ficou suspenso (1 ano, 1 mês e 16 dias), e no cômputo total do prazo de prescrição consideramos o lapso temporal transcorrido antes da suspensão (de 7 meses), estabelecendo, assim, novo termo final da prescrição em 15.05.2003 (5 anos, 1 mês e 16 dias após o recebimento da inicial).

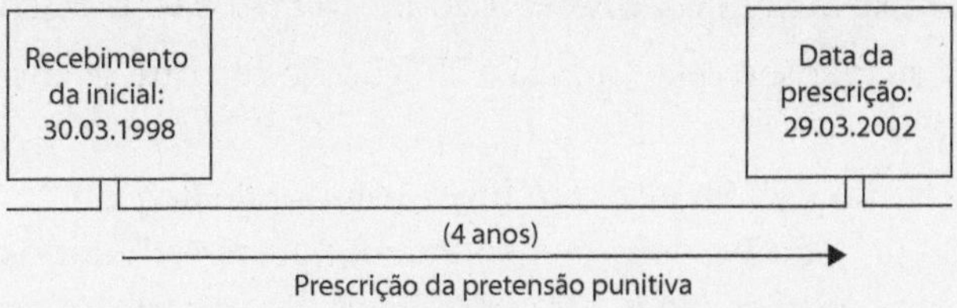

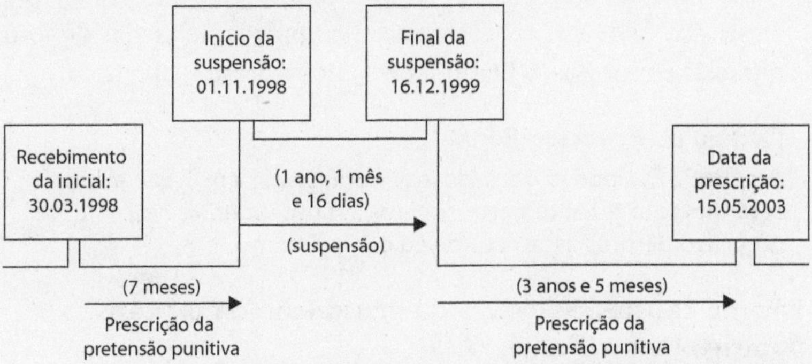

E se não se conseguir citar o réu?

O prazo máximo de suspensão do prazo prescricional, no caso de não se lograr a citação do réu, vem disciplinado pela Súmula 415 do STJ, que estabelece: "O período de suspensão do prazo prescricional é regulado pelo máximo da pena cominada".

Dessa forma, esgotado esse prazo, que tem como parâmetro o máximo da pena abstrata, do art. 109 do Código Penal, cominada ao delito, restabelece-se o curso do prazo prescricional.

> PROCESSUAL PENAL. AGRAVO REGIMENTAL NO RECURSO ESPECIAL. ART. 366 DO CPP. PRAZO PRESCRICIONAL. SUSPENSÃO PELO MÁXIMO DA PENA APLICADA EM ABSTRATO. ART. 109 DO CP. AGRAVO IMPROVIDO. 1. Consoante orientação pacífica do Superior Tribunal de Justiça, o prazo máximo de suspensão do lapso prescricional, na hipótese do art. 366 do CPP, não pode ultrapassar aquele previsto no art. 109 do Código Penal, considerada a pena máxima cominada ao delito denunciado, sob pena de ter-se como permanente o sobrestamento, tornando imprescritível a infração penal apurada. Precedentes. 2. Agravo regimental improvido (AGREsp 200900924910) (STJ, 5ª Turma, *DJE* 03.05.2010).

6.6 Sexta causa suspensiva da prescrição da pretensão punitiva

Cuida-se da suspensão relacionada à citação do réu que se encontra no estrangeiro.

Estando o réu no estrangeiro, em lugar sabido, de acordo com a redação do art. 368 do Código de Processo Penal, deverá ser citado por carta rogatória, ficando suspenso o curso do prazo de prescrição, desde a expedição da carta rogatória até o seu cumprimento.

Nesses casos, a carta rogatória será cumprida pelas vias diplomáticas, complexas e morosas, a justificar essa nova causa suspensiva.

Código de Processo Penal

Art. 368. Estando o acusado no estrangeiro, em lugar sabido, será citado mediante carta rogatória, suspendendo-se o curso do prazo de prescrição até o seu cumprimento.

6.7 Sétima causa suspensiva da prescrição da pretensão punitiva (Lei n. 9.099/1995)

Outra causa legal de suspensão do prazo prescricional foi estabelecida pelo art. 89, § 6º, da Lei n. 9.099/1995, que dispõe sobre os Juizados Especiais Cíveis e Criminais.

Dispõe o art. 89 da referida lei que, nos crimes cuja pena mínima cominada for igual ou inferior a 1 ano, preenchendo o acusado os requisitos legais e submetendo-se a determinadas condições, o processo poderá ser suspenso pelo prazo de 2 a 4 anos. Suspende-se, também, no período em que o processo não corre, o curso do lapso prescricional (§ 6º do art. 89). Assim, durante o período de prova, suspende-se o curso do processo e também o prazo prescricional.

Com efeito, ao oferecer a denúncia, o Promotor de Justiça proporá a suspensão do processo, que deverá ser aceita pelo acusado. De acordo com Marino Pazzaglini Filho, Alexandre de Moraes, Gianpaolo Poggio Smanio e Luiz Fernando Vaggione, "A lei somente permite a suspensão consensual do processo, ou seja, o afastamento do processo, através de oferecimento do Ministério Público e aceitação do acusado, homologados pelo Poder Judiciário, como forma de transação processual...".[28]

---

[28] PAZZAGLINI FILHO, Marino. *Juizado Especial Criminal*: aspectos práticos da Lei n. 9.099/95. São Paulo: Atlas, 1996. p. 93.

Havendo aceitação, o juiz receberá a denúncia e suspenderá o processo, estabelecendo no período de prova (com duração, como vimos, entre 2 e 4 anos) as condições previstas no art. 89, § 1º.

6.8 Termo inicial e termo final da suspensão do processo

O início do prazo de suspensão será o da data da decisão que concedeu a suspensão do processo. O seu término, não havendo revogação, será na data final do período de prova (art. 89, § 5º). No caso de revogação, o termo final ocorrerá na data da revogação do benefício.

6.9 Cálculo do prazo de prescrição

Segundo as normas que se aplicam às causas suspensivas ou impeditivas, ao prazo prescricional, calculado com base na pena máxima privativa de liberdade cominada ao delito, somamos o período de tempo em que a prescrição ficou suspensa, computando-se nesse prazo o lapso de tempo transcorrido entre a causa interruptiva da prescrição (recebimento da denúncia) e a suspensão do processo.

Caso o acusado, por não haver revogação, cumpra integralmente o período de prova, ao final dele o juiz declarará extinta a punibilidade, encerrando o processo. Nessa situação, não há que se falar em curso ou continuação do prazo prescricional, visto que, cumprido o período de prova sem incidentes, extingue-se a punibilidade do agente.

Contudo, se o benefício é revogado, o prazo prescricional, que estava suspenso, volta a correr, pois que o processo prossegue nos seus ulteriores termos, submetendo-se às regras do Código de Processo Penal. O reinício desse prazo de prescrição, aqui, será deslocado para a frente, ou seja, na data da decisão revocatória.

Exemplo: cometido, em 12.04.1990, o crime de lesão corporal dolosa (art. 129, *caput*, do CP), e preenchidos os requisitos legais, foi concedido ao acusado o benefício da suspensão condicional do processo. A inicial foi recebida em 10.01.1991. A suspensão do processo ocorreu em 15.03.1991, pelo prazo de 2 anos.

Pena máxima privativa de liberdade cominada ao delito: detenção de 1 ano. Prazo prescricional: 4 anos (art. 109, V, do CP).

Com o recebimento da denúncia em 10.01.1991, interrompe-se o curso do prazo de prescrição (art. 117, I, do CP) e todo o prazo começa a correr novamente a partir da data do recebimento da inicial (art. 117, § 2º, do CP), estabelecendo-se, em consequência, um novo termo final, em 09.01.1995.

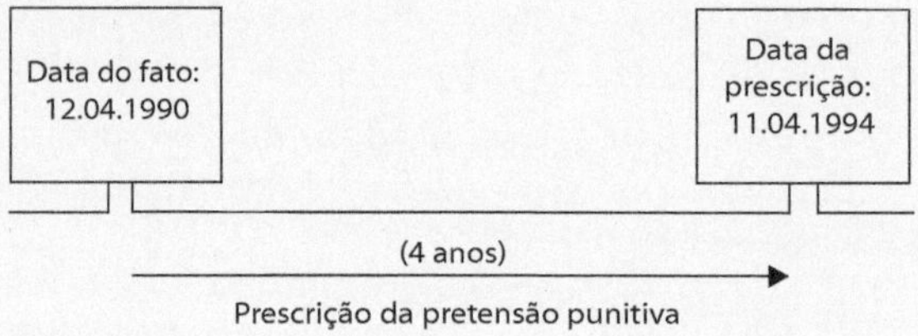

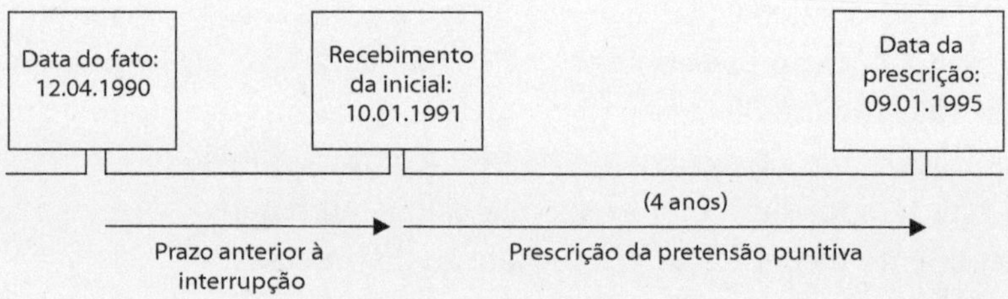

No nosso exemplo, tendo ocorrido a suspensão do processo por 2 anos em 15.03.1991, ao prazo prescricional já calculado (4 anos) somamos esses 2 anos do período de suspensão. O novo termo final do prazo prescricional ocorrerá em 09.01.1997, 6 anos depois da causa interruptiva, computando-se nele o lapso de tempo transcorrido antes da suspensão (10.01.1991 a 15.03.1991).

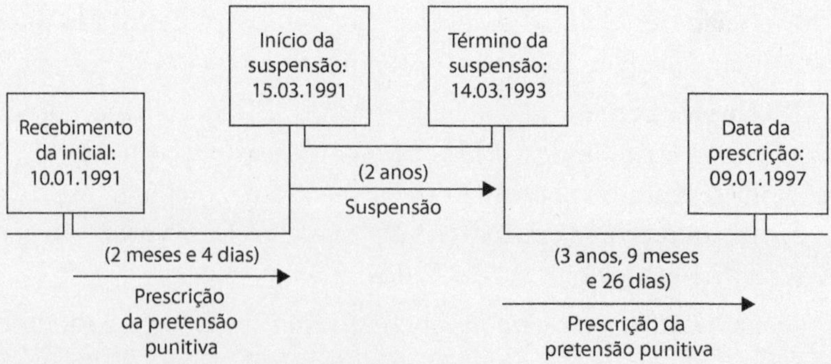

Cumprido o prazo de suspensão sem revogação, compete ao juiz declarar extinta a punibilidade, em 14.03.1993, termo final do período de prova, pondo fim ao processo.

Contudo, havendo revogação do benefício da suspensão condicional do processo, o prazo prescricional recomeça a correr. O reinício do prazo será então contado a partir da data da revogação do benefício, estabelecendo consequentemente uma nova data para o termo final da prescrição da pretensão punitiva.

6.10 Oitava causa suspensiva da prescrição da pretensão punitiva

A Constituição Federal prevê mais uma causa suspensiva da prescrição, ao estabelecer, nos §§ 2º, 3º, 4º e 5º do art. 53, a chamada imunidade parlamentar formal.

No *caput* do referido artigo, cuida-se da imunidade material, que assegura a inviolabilidade, civil e penal, de senadores e deputados por suas opiniões, palavras e votos relacionados ao exercício do mandato.

> **Constituição Federal de 1988**
>
> Art. 53. Os Deputados e Senadores são invioláveis, civil e penalmente, por quaisquer de suas opiniões, palavras e votos.
>
> (...)

A inviolabilidade é, assim, na lição de José Afonso da Silva, "a exclusão de cometimento de crime por parte de deputados e senadores por suas opiniões, palavras e votos (...). (...) o fato típico deixa de constituir crime, porque a norma constitucional afasta, para a hipótese, a incidência da norma penal".[29]

Nas demais infrações penais, que não aquelas protegidas pela imunidade material, os parlamentares responderão normalmente por suas condutas criminosas. Estarão, contudo, ao abrigo da imunidade formal.

Imunidade formal (§§ 2º, 3º, 4º e 5º do art. 53 da CF)

---

[29] SILVA, José Afonso da. *Comentário contextual à Constituição*. 3. ed. São Paulo: Malheiros, 2007. p. 420.

Imunidade parlamentar formal (processual) é o instituto que permite a possibilidade de sustação, pela Casa respectiva (Câmara ou Senado), de processo-crime instaurado contra parlamentar no exercício do mandato eletivo, atribuindo-lhe o poder de decidir sobre eventual prisão que lhe tenha sido imposta.

De acordo com Alexandre de Moraes, nos

> ... crimes praticados após a diplomação: o parlamentar poderá ser processado e julgado pelo Supremo Tribunal Federal enquanto durar o mandato, sem necessidade de qualquer autorização; porém, a pedido de partido político com representação na Casa Legislativa respectiva, esta poderá sustar o andamento da ação penal pelo voto ostensivo e nominal da maioria absoluta de seus membros.[30]

Recorde-se, neste ponto, que é garantida ao congressista a prerrogativa constitucional de foro em razão da função por ele exercida.

Constituição Federal de 1988

Art. 53. (...)

§ 1° Os Deputados e Senadores, desde a expedição do diploma, serão submetidos a julgamento perante o Supremo Tribunal Federal.

(...)

Assim, no caso de cometimento de crime pelo parlamentar, já no exercício de seu mandato, e decidindo o STF pelo recebimento da denúncia ou queixa para instaurar a ação penal, essa Corte dará ciência do ato à Casa respectiva para que possa, querendo, propor a sustação do processo, obstando dessa forma seu livre desenvolvimento. A iniciativa do procedimento para análise da Casa caberá exclusivamente ao partido político e, sendo ela tomada, a suspensão exigirá quórum qualificado, ou seja, a maioria absoluta dos votos de seus membros. A qualquer tempo, antes da decisão final (de mérito), a Casa poderá decidir pela sustação da ação penal.

[30] MORAES, Alexandre de. *Constituição do Brasil interpretada e legislação constitucional*. São Paulo: Atlas, 2002. p. 1028.

Constituição Federal de 1988

Art. 53. (...)

(...)

§ 3° Recebida a denúncia contra o Senador ou Deputado por crime ocorrido após a diplomação, o Supremo Tribunal Federal dará ciência à Casa respectiva, que, por iniciativa de partido político nela representado e pelo voto da maioria de seus membros, poderá, até a decisão final, sustar o andamento da ação.

(...)

Durante o tempo em que o processo permanecer suspenso, não terá curso também o prazo de prescrição da pretensão punitiva.

Constituição Federal de 1988

Art. 53. (...)

(...)

§ 5° A sustação do processo suspende a prescrição, enquanto durar o mandato.

(...)

Encerrado o mandato pelo seu término, ou por outro motivo, quando cessam todas as imunidades, o processo e o prazo prescricional retomam seu andamento.

O termo inicial da suspensão será a data em que a Casa Legislativa decidir pela sustação da ação penal, e o termo final, a data do término do mandato.

7. EFEITOS DA PRESCRIÇÃO DA PRETENSÃO PUNITIVA

O Estado detém o direito de punir eventuais infratores da lei penal. Enquanto esta não é violada, esse direito é apenas abstrato. Com a prática do delito, o direito de punir torna-se concreto, nascendo, assim, a possibilidade de o Estado impor uma sanção ao infrator da lei penal. Essa possibilidade de impor a sanção penal é chamada punibilidade.

Ocorrendo a prescrição do art. 109 do Código Penal antes do trânsito em julgado da sentença final para ambas as partes, ela tem o efeito de extinguir a pretensão punitiva estatal, ou seja, de extinguir o direito de invocar o Poder Judiciário para a aplicação do direito penal objetivo ao caso concreto.

Daí por que se diz que a prescrição da pretensão punitiva implica a perda do direito de ação.

Nessa condição, sendo reconhecida e decretada, essa prescrição surte os seguintes efeitos penais e extrapenais:

a) É causa da extinção da punibilidade do agente (art. 107, IV, 1ª figura, do CP).

b) Rescinde a ação penal e impede, assim, a apreciação do exame do mérito da imputação, ou seja, de se apreciar a procedência ou improcedência da acusação. Assim, não havendo ainda inquérito policial, este não poderá ser instaurado. Se já instaurado, não poderá prosseguir. Se não houver ainda ação penal, não poderá ser iniciada. No caso de oferecimento de denúncia ou queixa, caberá ao juiz rejeitá-las. Iniciada a ação penal, esta não poderá ter prosseguimento, cabendo ao juiz decretar, de ofício, a extinção da punibilidade (art. 61, *caput*, do CPP)

Código de Processo Penal

Art. 61. Em qualquer fase do processo, o juiz, se reconhecer extinta a punibilidade, deverá declará-lo de ofício.

(...)

c) Impede a imposição das penas principais ao réu: reclusão, detenção, prisão simples e multa, ou da medida de segurança, a qual, se já imposta, não subsiste (art. 96, parágrafo único, do CP).

d) Não subsistem também para o réu os efeitos secundários da condenação: não tem seu nome lançado no rol dos culpados, não lhe marcam os antecedentes, não gera futura reincidência no caso de cometer novo delito, fica desobrigado do pagamento das custas e a ele deve ser restituído o valor da fiança (art. 337 do CPP).

Código de Processo Penal

Art. 337. Se a fiança for declarada sem efeito ou passar em julgado a sentença que houver absolvido o réu ou **declarado extinta a ação penal**, o valor que a constituir, atualizado, será restituído sem desconto, salvo o disposto no parágrafo único do art. 336 deste Código. (*Redação dada pela Lei n. 12.403, de 2011*) (grifo nosso).

- **STF:** "... a prescrição punitiva não implica responsabilidade do acusado, não desabona seus antecedentes, nem induz futura reincidência. Assim, a extinção da punibilidade pela prescrição da pretensão punitiva do Estado não deixa sequelas jurídicas na vida do acusado" (HC 72.844, *DJ* 11.04.1997).

e) Não havendo sentença condenatória irrecorrível, ou seja, com trânsito em julgado para ambas as partes, ficam a vítima ou seus herdeiros impedidos de exercer a faculdade prevista no art. 63 do Código de Processo Penal (execução, no juízo cível, da sentença condenatória irrecorrível para efeito de reparação do dano pelo autor do fato).

Nessa conformidade, não subsistem quaisquer consequências de natureza penal para o autor do delito. Eventual discussão sobre a responsabilidade civil dele em razão daquele ato dependerá, portanto, da propositura de ação de conhecimento perante o juízo cível, nos termos do art. 67, II, do Código de Processo Penal.

– III –
PRESCRIÇÃO INTERCORRENTE E PRESCRIÇÃO RETROATIVA

1. CONSIDERAÇÕES GERAIS

Basicamente, como visto, duas são as espécies principais de prescrição:

a) a prescrição da pretensão punitiva, que ocorre antes do trânsito em julgado da sentença final e cujo prazo tem por base de cálculo o máximo da pena cominada ao crime;

b) a prescrição da pretensão executória, que ocorre após o trânsito em julgado da sentença condenatória e cujo prazo tem por base de cálculo a pena aplicada.

Contudo, no transcurso do prazo de prescrição da pretensão punitiva, haverá a possibilidade do surgimento de duas outras prescrições, a intercorrente e a retroativa, quando, prolatada a sentença condenatória (ou o acórdão), ela venha a ser combatida por recurso, impedindo o trânsito em julgado.

Ocorre que, não havendo trânsito em julgado da sentença, impedido pelo recurso de uma das partes, ou de ambas, de acordo com a regra do art. 109 do Código Penal, o cálculo do prazo prescricional deveria levar em consideração o máximo da pena abstrata. Mas o referido art. 109, excepcionando a regra, estabelece que os prazos da prescrição intercorrente e da prescrição retroativa sejam calculados levando em conta a pena concreta aplicada na sentença.

O fato é que, tendo seu campo de ocorrência antes do trânsito em julgado da sentença condenatória para ambas as partes, a prescrição intercorrente e a prescrição retroativa têm natureza, para todos os efeitos, de prescrição da pretensão punitiva, da qual, como já se disse, são subespécies. Não obstante, mas sem que isso altere a sua natureza, deixam de observar a regra, e, ao invés da pena abstrata, vai-se usar a pena concreta na apuração de seus prazos prescricionais.

> **Código Penal**
>
> **Prescrição depois de transitar em julgado sentença final condenatória**
>
> Art. 110. (...)
>
> (...)
>
> § 1° A prescrição, depois da sentença condenatória com trânsito em julgado para a acusação ou depois de improvido seu recurso, regula-se pela pena aplicada, não podendo, em nenhuma hipótese, ter por termo inicial data anterior à da denúncia ou queixa. (*Redação dada pela Lei n. 12.234, de 2010*)
>
> (...)

Súmula 146 do STF: "A prescrição da ação penal regula-se pela pena concretizada na sentença, quando não há recurso da acusação".

Tais prescrições ocorrerão quando presentes as condições estipuladas nas hipóteses do § 1° do art. 110.

Hipóteses em que ocorrerão as prescrições intercorrente e retroativa:

1ª) depois da sentença condenatória com trânsito em julgado para a acusação;

2ª) depois de improvido o recurso da acusação.

Fundamento legal: art. 110, § 1°.

Referindo-se à prescrição intercorrente, ensina Celso Delmanto:

> Neste § 1° está inscrita outra forma de prescrição, denominada subsequente (ou superveniente) à sentença condenatória. Por expressa ressalva e remissão do precedente art. 109 do CP, trata-se, ainda aqui, da espécie prescrição da pretensão punitiva (ou "da ação"). Isto porque a referida forma prescricional ocorre ainda "antes de transitar em julgado a sentença final". Embora a sentença tenha sido condenatória, ela não chegou a se tornar definitiva, pois lhe cabe recurso, isto é, ela ainda não passou em julgado para a acusação e defesa...[1]

---

[1] DELMANTO, Celso. *Código Penal comentado*. 3. ed. Rio de Janeiro: Renovar, 1991. p. 209-210.

A prescrição retroativa merece do mesmo autor o seguinte comentário:

> A chamada prescrição retroativa tem seu fundamento legal na remissão do art. 109, *caput*, combinado com os §§ 1º e 2º deste art. 110. É semelhante, em alguns pontos, à prescrição subsequente do § 1º, pois também concerne à pretensão punitiva ("da ação"), e se baseia na mesma pena fixada em concreto pela sentença condenatória. No entanto, a prescrição retroativa tem uma diferença fundamental: seu prazo não é contado para frente (como na prescrição subsequente) mas é contado para trás, para o passado (regressivamente), razão pela qual se chama "retroativa" ...

A prescrição intercorrente poderá ocorrer a partir da publicação da sentença condenatória, daí por que também ser chamada de prescrição subsequente, ou superveniente, à sentença condenatória. Portanto, ocorre para a frente (*ex nunc*), depois da sentença ou do acórdão. Ou, como diz Führer: "A prescrição superveniente dirige-se para diante, para período posterior à sentença condenatória recorrível".[2]

Já a prescrição retroativa dirige-se para trás e, partindo da sentença condenatória, será aferida em momento anterior à sua edição.

2. FORMAS DE APURAÇÃO DO PRAZO DAS PRESCRIÇÕES INTERCORRENTE E RETROATIVA

2.1 Se a pena fixada pela sentença foi privativa de liberdade

Será essa pena em concreto, final, que regulará o prazo das prescrições intercorrente e retroativa, de acordo com os prazos estabelecidos nos incisos I a VI do art. 109 CP.

2.2 Se a pena foi restritiva de direitos

O lapso prescricional das penas restritivas de direitos serão os mesmos da pena privativa de liberdade nos termos do parágrafo único do art. 109 do CP.

Código Penal

Prescrição antes de transitar em julgado a sentença

Art. 109. (...)

---

2 FÜHRER, Maximilianus Claudio Américo. *Resumo de direito penal:* parte geral. 5. ed. São Paulo: Malheiros, 1993. p. 139.

> **Prescrição das penas restritivas de direito**
>
> Parágrafo único. Aplicam-se às penas restritivas de direitos os mesmos prazos previstos para as privativas de liberdade.

2.3 Se a pena foi só de multa (original ou substitutiva, art. 44 do CP)

Os prazos das prescrições intercorrente e retroativa serão de 2 anos (art. 114, I, do CP).

2.4 Fixação da pena que serve de base à apuração do prazo prescricional na tentativa e nas causas de aumento e de diminuição de pena (Partes Geral e Especial do Código Penal)

Essas causas de aumento e de diminuição, reconhecidas na sentença condenatória, interferindo na pena-base para formação da pena final, serão consideradas para cálculo do prazo prescricional das prescrições intercorrente e retroativa.

Essa pena alterada, para mais ou para menos, como se vê, será utilizada para o cálculo do prazo de prescrição.

Vejamos os seguintes exemplos:

Na tentativa: parágrafo único do art. 14 do Código Penal: "... pune-se a tentativa com a pena correspondente ao crime consumado, diminuída de 1/3 a 2/3".

Estupro na forma tentada:

> **Código Penal**
>
> Art. 213. Constranger alguém, mediante violência ou grave ameaça, a ter conjunção carnal ou a praticar ou permitir que com ele se pratique outro ato libidinoso.
>
> Pena – reclusão, de 6 (seis) a 10 (dez) anos.

Pelo delito acima, na forma tentada, o réu foi condenado à pena-base de 6 anos de reclusão. Dessa pena foram deduzidos 2 anos, na proporção de 1/3, em razão da tentativa. A pena diminuída, 4 anos, pautará o cálculo do prazo prescricional da pretensão intercorrente (e também da retroativa), que será de 8 anos (art. 109, IV).

Em uma causa de aumento de pena: "incêndio".

Código Penal

Incêndio

Art. 250. Causar incêndio, expondo a perigo a vida, a integridade física ou o patrimônio de outrem:

Pena – reclusão, de 3 (três) a 6 (seis) anos, e multa.

Aumento de pena

§ 1° As penas aumentam-se de um terço:

I – se o crime é cometido com intuito de obter vantagem pecuniária em proveito próprio ou alheio;

(...)

Condenado o réu, foi fixada a pena-base de 3 anos de reclusão. Reconhecida na sentença condenatória a qualificadora do inciso I, houve um aumento de 1/3, resultando uma pena final de 4 anos.

O cálculo do prazo prescricional retroativo (e também o intercorrente) levará em conta essa causa de aumento reconhecida, resultando o prazo prescricional de 8 anos (art. 109, IV).

2.5 Fixação da pena que serve de base à apuração do prazo prescricional nas circunstâncias agravantes e atenuantes (arts. 61, 62, 65 e 66 do CP)

Essas circunstâncias, como igualmente integram a pena final a ser fixada na sentença, também interferirão na apuração do prazo prescricional das prescrições intercorrente e retroativa.

Exemplo de circunstância agravante por inobservância de regra técnica de profissão.

Código Penal

Homicídio simples

Art. 121. Matar alguém.

(...)

Homicídio culposo

§ 3° Se o crime é culposo:

Pena – detenção, de 1 (um) a 3 (três) anos.

Aumento de pena

§ 4° No homicídio culposo, a pena é aumentada de um terço, se o crime resulta de inobservância de regra técnica de profissão, arte ou ofício...

(...)

Pelo homicídio culposo, o réu foi condenado à pena-base de 3 anos de detenção. Sendo reconhecido na sentença não ter observado regra técnica de profissão, sua pena foi aumentada de 1/3, ou seja, 1 ano, resultando uma pena final de 4 anos, prazo prescricional de 8 anos (art. 109, IV).

Exemplo de circunstância atenuante por ter o réu confessado espontaneamente, perante a autoridade, a autoria do crime:

Código Penal

Violação de domicílio

Art. 150. Entrar ou permanecer, clandestina ou astuciosamente, ou contra a vontade expressa ou tácita de quem de direito, em casa alheia ou em suas dependências:

Pena – detenção, de 1 (um) a 3 (três) meses ou multa.

(...)

Por ter confessado espontaneamente a autoria (circunstância atenuante do art. 65, III, *d*), sua pena de 3 meses foi diminuída de 1/6, ou seja, 15 dias, resultando a pena final em 2 meses e 15 dias, prazo prescricional de 3 anos (art. 109, VI, do CP).

2.6 Fixação da pena que serve de base à apuração do prazo prescricional no concurso de crimes

2.6.1 Concurso material (art. 69 do CP)

No caso de concurso material, reconhecido na sentença condenatória, para efeito de apuração do prazo prescricional intercorrente e retroativo, tem aplicação a norma do art. 119 do Código Penal. Assim, as penas dos crimes concorrentes não são somadas e sim consideradas isoladamente, estabelecendo-se tantos prazos quantos forem os delitos.

Conforme Mirabete: "Diante do disposto no artigo, no caso de concurso de crimes, a extinção da punibilidade, inclusive quanto à prescrição da pretensão punitiva com base na pena em abstrato, incide sobre a pena de cada um, isoladamente. Assim, no concurso material, não há que se fazer o cálculo sobre a soma das penas aplicáveis mas com base em cada crime, isoladamente. O mesmo deve ser dito com relação ao concurso formal e ao crime continuado, devendo se calcular o prazo da prescrição de cada delito."[3]

Em face do critério adotado, cumpre que, na sentença, o juiz especifique a pena de cada delito concorrente.

2.6.2 Concurso formal e crime continuado (arts. 70 e 71 do CP)

No **concurso formal** e no **crime continuado**, reconhecidos na sentença, o prazo extintivo da prescrição intercorrente e da prescrição retroativa será regulado pela pena de cada crime isoladamente, excluindo-se o acréscimo legal previsto nos respectivos dispositivos.

Esse prazo, tomado individualmente, será "medido" para a frente na prescrição intercorrente, entre a sentença e o acórdão; e para trás, na prescrição retroativa, entre o acórdão e a sentença (quando for o caso), entre a sentença e o recebimento da inicial, e entre esse recebimento e a data do fato. Este último período, fase investigatória, somente em relação aos fatos ocorridos anteriormente à vigência da Lei n. 12.234, de 5 de maio de 2010.

Ilustrativa a abordagem feita pelo Procurador de Justiça Antônio Lopes Monteiro na Apelação Criminal n. 469.480.3/1-00, ao opinar pelo reconhecimento da prescrição retroativa para parte dos crimes praticados em continuidade delitiva:

> Tratando-se de crime continuado, nos termos do art. 119 do Código Penal, a extinção da punibilidade incidirá sobre a pena de cada um, isoladamente. Nesse sentido a Súmula n. 497 do STF: "Quando se tratar de crime continuado, a prescrição regula-se pela pena imposta na sentença, não se computando o acréscimo decorrente da continuação".

3 MIRABETE, Julio Fabbrini, op. cit., p. 638-639.

Pois bem, de acordo com a r. sentença a fls. 369, a pena aplicada para cada crime desprezando-se o acréscimo, foi de 2 (dois) anos. A prescrição, nesses casos é de 4 (quatro) anos (art. 109, inciso V do CP). A ver-se, pois, que para as condutas praticadas nos anos de 1997 e 1998 (denúncia a fls. 2), verificou-se a prescrição na subespécie retroativa, eis que entre a consumação do delito e o recebimento da denúncia (fls. 273 - 28.11.2002) passaram-se mais de 4 (quatro) anos.

Parcial razão, pois para os crimes praticados no ano de 1999, não houve prescrição. Mesmo com a pena aplicada em dois anos (pena mínima cominada em abstrato), a prescrição ocorrendo em quatro, verifica-se que não houve esse lapso prescricional entre nenhuma das causas interruptivas (fatos - abril de 1999; recebimento da denúncia 28.11.2002 - fls. 273; publicação da sentença condenatória 2.3.2004 - fls. 372). A prescrição intercorrente apenas ocorrerá em 1º de março de 2008...

Ementa: *HABEAS CORPUS*. APROPRIAÇÃO INDÉBITA DE CONTRIBUIÇÃO PREVIDENCIÁRIA. CONTINUIDADE DELITIVA. PRESCRIÇÃO SUPERVENIENTE. REDUÇÃO DA PENA EM GRAU DE APELAÇÃO. TRÂNSITO EM JUJLGADO PARA A ACUSAÇÃO. Prescrição com base na pena efetivamente aplicada, desconsiderando o acréscimo pela continuidade delitiva (Súmula 497/STF) (2 anos). Transcurso de 7 anos entre a prolação da sentença recorrível e o trânsito em julgado para a defesa. Prescrição da pretensão punitiva. Ocorrência. Ordem concedida.

1. Dispõe o art. 110, § 1º do CPB que a prescrição depois de sentença condenatória com trânsito em julgado para a acusação, ou depois de improvido seu recurso, regula-se pela pena aplicada.

2. Ausente recurso de apelação do Ministério Público, para o cálculo da prescrição, deve ser considerada a redução da pena operada em 2º Grau, que fixou a pena em 2 anos, prescrevendo, dessa forma, em 4 anos (art. 109, V do CPB), afastado o percentual de elevação de 1/6, nos termos da Súmula 497 STF, segundo a qual, quando se tratar de crime continuado, a prescrição regula-se pela pena imposta na sentença, não se computando o acréscimo decorrente da continuação; assim sendo, na hipótese, impõe-se o reconhecimento da prescrição da pretensão punitiva estatal, uma vez decorridos mais de 7 anos entre a sentença recorrível e o trânsito em julgado para a defesa.

3. Cuida-se, neste caso, da prescrição denominada intercorrente, superveniente ou subsequente, modalidade de prescrição da pretensão punitiva do Estado com base na pena efetivamente aplicada, após o trânsito em julgado para a acusação.

4. Ordem concedida para declarar a extinção da punibilidade, em virtude do reconhecimento da prescrição da pretensão punitiva, atingindo tal

declaração a pena de multa, consoante o parecer ministerial (HC 62933/MT – *HABEAS CORPUS* 2006/0155486-9, 5ª Turma, Rel. Min. Napoleão Nunes Maia Filho (1133), j. 20.11.2007, *DJ* 10.12.2007, p. 402).

3. REDUÇÃO DO PRAZO PRESCRICIONAL

Os prazos prescricionais das prescrições intercorrente e retroativa, depois de calculados, estão sujeitos à redução etária, pela metade, por força da disposição contida no art. 115, que se estende aos quatro tipos de prescrição. E esse benefício da redução do prazo irá alcançar tanto o réu não reincidente como o reincidente.

4. AUMENTO DO PRAZO PRESCRICIONAL

A reincidência reconhecida na sentença não implica aumento do prazo prescricional da prescrição intercorrente e da prescrição retroativa, visto que a disposição contida na parte final do art. 110 incide, exclusivamente, na prescrição da pretensão executória.

Súmula 220 do STJ: "A reincidência não influi no prazo da prescrição da pretensão punitiva".

5. EFEITOS DAS PRESCRIÇÕES INTERCORRENTE E RETROATIVA

Tendo a natureza de prescrição da pretensão punitiva, os efeitos dessas duas outras prescrições serão, como os daquela, amplíssimos no sentido de alcançar todas as consequências principais e secundárias da condenação. O reconhecimento delas, portanto, faz também com que desapareçam quaisquer resquícios do fato no campo do direito penal em relação à pessoa do acusado, visto que, rescindindo a decisão condenatória, não subsistem seus efeitos principais e secundários (penais e extrapenais). Implica a perda do direito de ação ao extinguir a pretensão punitiva do Estado.

- **Prescrição da pretensão punitiva intercorrente – STF:** "Tratando-se de prescrição superveniente à sentença condenatória, seu reconhecimento alcança e rescinde não só a decisão, mas também toda a ação penal, retornando o acusado à condição de primário, excluído seu nome do rol dos culpados" (*RT* 644/377).

- "Consumada a modalidade de prescrição, dá-se a rescisão da sentença condenatória, que não mais pode fazer coisa julgada material e apenas produz o efeito de reger, pela pena que aplicou, o prazo prescricional" (TACrimSP, Rec. 418.917-6, 3ª Câm., Rel. Dante Busana, 18.02.1986, v. u., *RT,* 607/322).

– IV –
PRESCRIÇÃO INTERCORRENTE

A **prescrição intercorrente**, também denominada **prescrição subsequente à condenação ou superveniente à condenação,** vem prevista no § 1º do art. 110 do Código Penal.

> **Código Penal**
>
> **Prescrição depois de transitar em julgado sentença final condenatória**
>
> Art. 110. (...)
>
> § 1º A prescrição, depois da sentença condenatória com trânsito em julgado para a acusação ou depois de improvido seu recurso, regula-se pela pena aplicada, não podendo, em nenhuma hipótese, ter por termo inicial data anterior à da denúncia ou queixa. (*Redação dada pela Lei n. 12.234, de 2010*)

A expressão "sentença condenatória" (referida no § 1º do art. 110) é empregada no sentido de "decisão", não havendo diferença entre aquela e o "acórdão condenatório" (*RT* 580/431).

Na prescrição intercorrente, o prazo prescricional será estabelecido levando-se em consideração a pena concreta, ou seja, o *quantum* da pena detentiva aplicada ao acusado, na sentença ou no acórdão.

Nessa conformidade, é imprescindível a essa prescrição a existência de uma decisão condenatória contendo a quantidade de pena sobre a qual se calculará o prazo de prescrição.

O prazo, a partir da sentença condenatória recorrível, é contado para a frente, e eventual ocorrência da prescrição é aferida entre a data da publicação da sentença ou do acórdão e o definitivo trânsito em julgado dessas decisões.

O reconhecimento da prescrição intercorrente rescinde a sentença e a própria ação penal, readquirindo o acusado sua condição de primário.

- "Prescrição criminal. Intercorrente. Ocorrência. Fluência de tempo suficiente, em face da pena imposta, entre a data da publicação da sentença e o julgamento da apelação. Art. 110, §§ 1º e 2º, do Código Penal. Extinção da punibilidade decretada. Art. 107, inciso IV, do mesmo Código" (*JTJ* 182/302-3).
- **TJSP:** "Se da data da publicação da sentença ao dia do julgamento da apelação exclusiva da defesa ou se improvido o recurso do Ministério Público, decorre o lapso prescricional, diante do *quantum* da pena, decreta-se, desde logo e de ofício, em 2º grau, a extinção da punibilidade, pela prescrição da pretensão punitiva" (*RT* 616/277).

1. PRAZO E FORMA DE APURAÇÃO DA PRESCRIÇÃO INTERCORRENTE

1.1 Se a pena fixada pela sentença foi privativa de liberdade

Será essa pena em concreto que regulará a prescrição intercorrente, de acordo com os prazos estabelecidos nos incisos I a VI do art. 109 do Código Penal.

1.2 Se a pena foi restritiva de direitos

Serão observados os mesmos prazos indicados nos incisos do art. 109, levando em conta a pena privativa de liberdade aplicada e substituída pela pena restritiva de direitos, *ex vi* do parágrafo único do art. 109.

> **Código Penal**
>
> **Prescrição antes de transitar em julgado a sentença**
>
> Art. 109. (...)
>
> (...)
>
> **Prescrição das penas restritivas de direito**
>
> Parágrafo único. Aplicam-se às penas restritivas de direitos os mesmos prazos previstos para as privativas de liberdade.

As penas restritivas de direitos estão previstas no art. 43 do Código Penal. Têm natureza substitutiva. Assim, substituem, atendidos os requisitos legais (art. 44 do CP), as penas privativas de liberdade. As penas detentivas substituídas é que servirão de parâmetro para a fixação do prazo prescricional da prescrição intercorrente.

Código Penal

Penas restritivas de direitos

Art. 43. As penas restritivas de direitos são:

I – prestação pecuniária;

II – perda de bens e valores;

III – (*vetado*);

IV – prestação de serviço à comunidade ou a entidades públicas;

V – interdição temporária de direitos;

VI – limitação de fim de semana.

Observação: *a pena pecuniária* (inciso I do art. 43) não se confunde com a *pena de multa*, conforme exposto neste livro.

1.3 Se a pena foi só de multa (original ou substitutiva, art. 44 do CP)

O prazo da prescrição intercorrente será de 2 anos (art. 114, I, do CP).

Inocorrência da prescrição intercorrente na pena de multa – TJSP: "Prescrição. Réu condenado à pena de multa. Contagem entre a data da sentença e a data da sessão do julgamento em Segunda Instância. Prazo de dois anos não exaurido. Recurso a que se nega provimento. O julgamento foi realizado em sessão pública, da qual as partes tiveram conhecimento por regular publicação. A extinção da punibilidade somente poderia ser reconhecida se o termo final da prescrição houvesse ocorrido até a sessão de julgamento da apelação interposta pelo réu" (*RT* 726/644).

1.4 Na hipótese de aplicação de medida de segurança

1.4.1 Ao inimputável (art. 26, caput, do CP)

Reconhecida a inimputabilidade do agente, ele será absolvido (absolvição imprópria) e submetido a medida de segurança. Havendo absolvição, e não condenação, inexiste pena em que se balizaria a apuração do prazo prescricional da prescrição intercorrente ou subsequente à condenação. Em face disso, o entendimento mais aceito é o de que, nesse caso, o prazo tome por base o máximo da pena abstrata correspondente ao delito cometido.

1.4.2 *Ao semi-imputável (parágrafo único do art. 26)*

Podem ocorrer três situações:

1. Concluindo pela responsabilidade diminuída do agente, o juiz condena e impõe pena privativa de liberdade, obrigatoriamente reduzida na proporção de 1 a 2/3. Essa pena concreta (reduzida) é que servirá de base para a apuração do prazo prescricional.
2. Há condenação do semi-imputável, imposição de pena privativa de liberdade reduzida e substituição desta por medida de segurança (internação ou tratamento ambulatorial), nos termos do art. 98 do Código Penal. Balizará o prazo prescricional a pena detentiva substituída ou convertida em medida de segurança.
3. Pode o juiz aplicar diretamente a medida de segurança (o que não é recomendável), sem anterior fixação da pena privativa de liberdade e sua redução. Nesses casos, o prazo da prescrição intercorrente será regido pela pena mínima abstrata cominada ao delito.

2. TERMO INICIAL E TERMO FINAL

O **início da contagem** do prazo da prescrição intercorrente se dá na data da publicação da sentença condenatória recorrível ou na data da publicação do acórdão condenatório recorrível.

O **final** do curso desse prazo, por sua vez, ocorre quando do trânsito em julgado da decisão, tornando-a definitiva para ambas as partes (acusação e defesa) por não mais caber recurso, como veremos mais adiante.

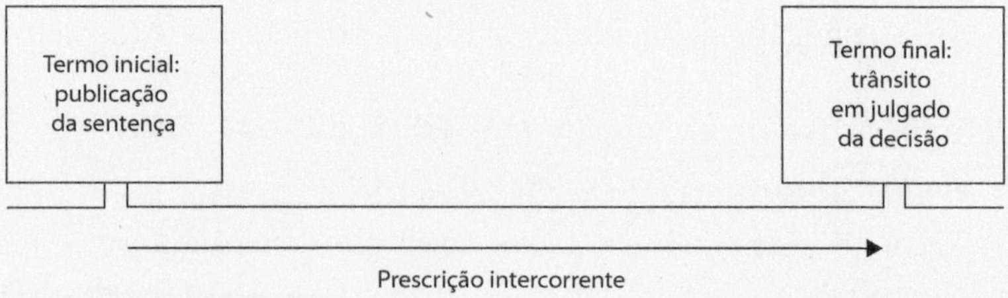

Assim, presentes as condições exigidas por essa prescrição, e não havendo decisão definitiva antes de expirado o prazo prescricional (calculado com base na pena detentiva concreta ou no prazo fixo de 2 anos no caso de multa aplicada na sentença ou no acórdão), ocorre a prescrição intercorrente ou superveniente à sentença condenatória.

3. HIPÓTESES DE OCORRÊNCIA

1ª hipótese: prescrição intercorrente ou subsequente à condenação na primeira hipótese (art. 110, § 1º, 1ª parte): sentença condenatória (ou acórdão condenatório) com trânsito em julgado somente para a acusação.

Ensina Mirabete: "De acordo com o § 1º do art. 110, que teve origem remota na Súmula 146 do STF, aplicada pena privativa de liberdade e não havendo recurso da acusação, o prazo da prescrição passa a ser estabelecido de acordo com a sanção imposta e não mais com fundamento no máximo da pena cominada ao crime".[1]

A condição para a ocorrência da prescrição intercorrente (e também da retroativa), nessa primeira hipótese, é a existência de uma sentença condenatória que tenha transitado em julgado para o órgão acusador, oficial ou particular. Conformando-se com o *quantum* da pena detentiva aplicada na sentença, a acusação não recorre, transitando em julgado a decisão para ela. Mas a sentença não se tornou definitiva, pois falta transitar em julgado também para a defesa (acusado).

Assim, no curso do prazo da prescrição da pretensão punitiva, com o trânsito em julgado da decisão condenatória para a acusação, abre-se a possibilidade da ocorrência da prescrição intercorrente. E ela ocorrerá caso seja superado o prazo prescricional sem que se obtenha uma sentença irrecorrível, ou seja, com trânsito em julgado para a defesa também. O prazo prescricional será apurado levando-se em conta a pena privativa de liberdade concreta, ou seja, aquela imposta na sentença pelo juízo *a quo*, pena detentiva máxima a que pode ser submetido o réu, em face do conformismo da acusação com a pena fixada na decisão de primeiro grau.

A prescrição intercorrente ocorrerá geralmente na pendência de julgamento do recurso da defesa.

---

1 MIRABETE, Júlio Fabbrini. *Código Penal interpretado*. São Paulo: Atlas, 1999. p. 584.

Nada impede, todavia, que eventual recurso da defesa consiga uma diminuição da pena detentiva. Então, será essa pena reduzida pelo acórdão que irá balizar o prazo prescricional.

O termo inicial do prazo será a data da publicação da sentença (ou do acórdão) condenatória recorrível, e o termo final, a data em que a decisão tornou-se definitiva para ambas as partes, por não mais caber recurso de nenhuma espécie, e em que cessa o curso do prazo da prescrição intercorrente.

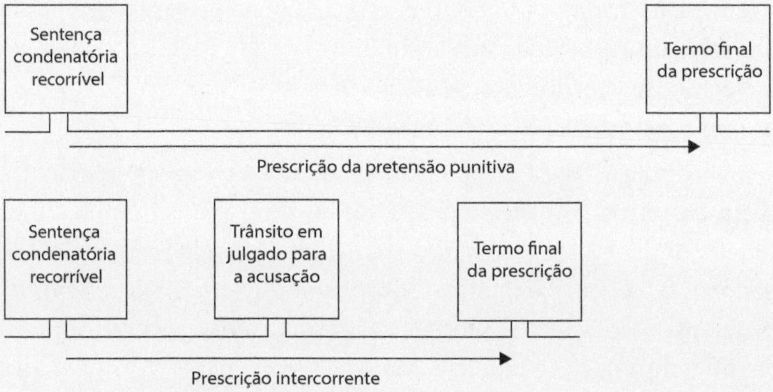

Antes do termo final deverá ocorrer o trânsito em julgado da sentença para ambas as partes (sentença condenatória irrecorrível). Não alcançada, a prescrição que poderá ocorrer é a prescrição intercorrente ou prescrição subsequente à condenação.

Nota: nem sempre haverá a diminuição do prazo prescricional (o prazo poderá permanecer o mesmo) ao se considerar a pena aplicada na sentença em relação à pena abstrata detentiva máxima cominada. E isso ocorre em face do sistema escalonado adotado pelo art. 109.

Tomemos o seguinte exemplo:

Código Penal

Fuga de pessoa presa ou submetida a medida de segurança

Art. 351. Promover ou facilitar a fuga de pessoa legalmente presa ou submetida a medida de segurança detentiva:

Pena – detenção, de 6 (seis) meses a 2 (dois) anos.

(...)

Pena detentiva máxima *in abstrato*: 2 anos. Prazo prescricional da pretensão punitiva: 4 anos, art. 109, V.

Pelo delito de "fuga de pessoa presa ou submetida a medida de segurança", o réu foi condenado a uma pena de 9 meses de detenção.

Data da sentença condenatória recorrível: 13.08.2004.

A acusação, conformando-se com a pena aplicada, não recorreu, transitando em julgado a sentença para ela.

O réu, não obstante o tempo transcorrido, não havia sido intimado da decisão.

Assim, no curso do prazo da prescrição da pretensão punitiva (primeiro gráfico), preenchida a condição estabelecida na 1ª parte do § 1º, a saber, sentença condenatória com trânsito em julgado para a acusação, a prescrição que se tem é a prescrição intercorrente.

O prazo dessa prescrição passa a ser estabelecido de acordo com a sanção imposta e não mais com fundamento no máximo da pena cominada ao crime, e será de 2 anos e não de 3 anos (art. 109, VI), pois o fato ocorreu em data anterior à Lei n. 12.234, de 5 de maio de 2010.

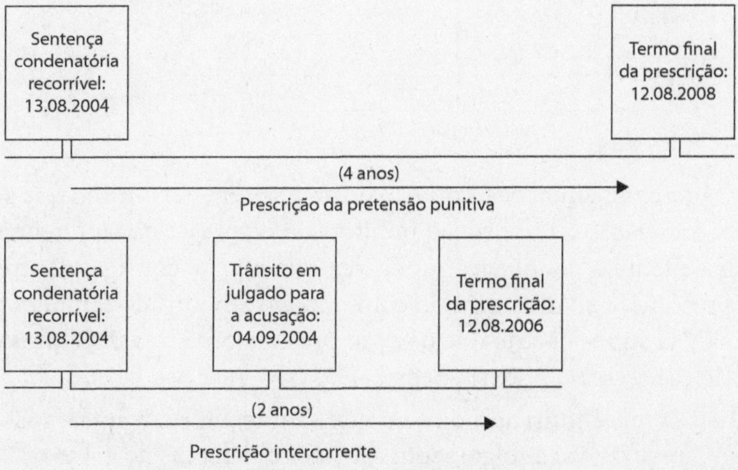

Não se obtendo, a partir da publicação da sentença condenatória recorrível até o termo final, 12.08.2006, o definitivo trânsito em julgado dessa sentença, terá ocorrido a prescrição intercorrente.

Nesse mesmo exemplo em que a acusação não recorreu, suponhamos agora que a defesa, intimada, apela, pretendendo a absolvição, e a sentença condenatória é confirmada (acórdão confirmatório) no Tribunal.

O termo inicial do prazo prescricional da prescrição intercorrente será estabelecido (ver gráfico em seguida) conforme se entenda que o acórdão confirmatório recorrível interrompe (causa interruptiva) ou não o curso do prazo de prescrição. Interrompendo, a partir da data da publicação do acórdão será contado o prazo prescricional de 2 anos. Não interrompendo, esse prazo continuará sendo contado a partir da data da publicação da sentença condenatória recorrível.

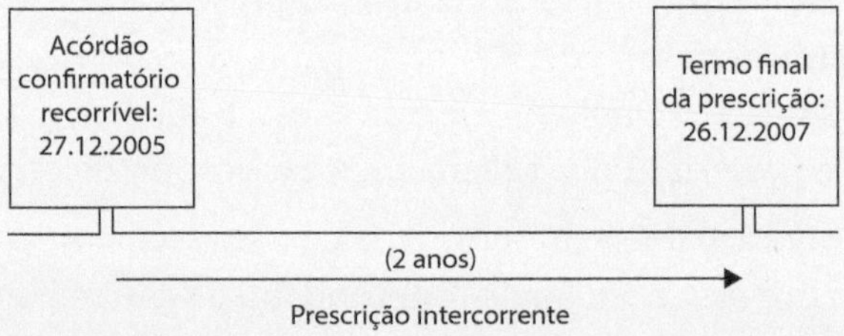

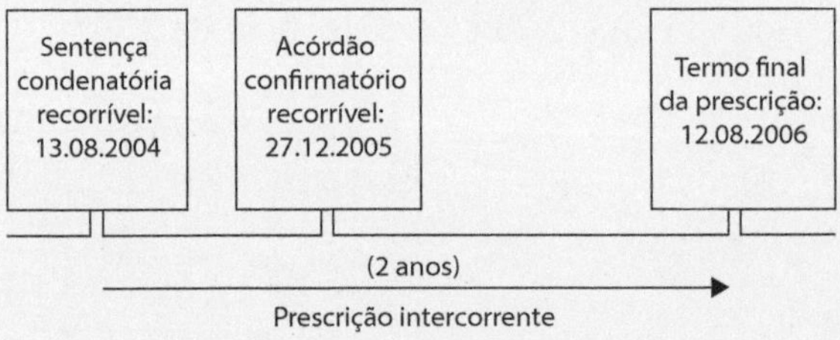

Diferentes situações, como exposto a seguir, permitirão que se alcance a prescrição da pretensão punitiva ou da prescrição intercorrente ou subsequente à condenação toda vez que não se consiga, dentro do lapso prescricional, uma decisão com trânsito em julgado também para a defesa. Na suposição de que o prazo prescricional seja de 4 anos e de que a defesa recorra, poderia ocorrer:

a) O réu é intimado da sentença condenatória e apela, mas seu recurso vai a julgamento no Tribunal depois de 4 anos.

b) A apelação do réu (da defesa) é julgada pelo Tribunal dentro do prazo e confirma a condenação imposta pelo juízo monocrático. A defesa recorre e o julgamento do recurso vem a ocorrer após a data-limite estabelecida pelo prazo prescricional.

c) O Tribunal julga o recurso antes dos 4 anos e nega provimento. Mas o acórdão confirmatório da condenação não é unânime e os embargos infringentes opostos vão a julgamento após os 4 anos.

d) O Tribunal nega provimento ao apelo da defesa dentro do prazo prescricional. A defesa, contudo, interpõe recurso especial, ou extraordinário, ou agravo de instrumento do despacho denegatório destes, sem que se tenha obtido um acórdão definitivo dentro do prazo de prescrição.

Reconhecimento da prescrição intercorrente na tramitação de recurso especial - STJ: "Consumado o lapso prescricional no curso da pendência do recurso especial, cabe declarar-se, preliminarmente, a extinção da punibilidade, com prejuízo do mérito do recurso" (*RSTJ* 22/312).

Suponha-se, em outro exemplo, que pelo crime de "uso de gás tóxico ou asfixiante", art. 252 do Código Penal, o réu tenha sido condenado à pena de 2 anos e 3 meses de reclusão. Data da sentença: 02.11.2003.

Código Penal

Uso de gás tóxico ou asfixiante

Art. 252. Expor a perigo a vida, a integridade física ou o patrimônio de outrem, usando de gás tóxico ou asfixiante:

Pena – reclusão, de 1 (um) a 4 (quatro) anos, e multa.

Prazo prescricional levando em conta a pena abstrata (de 4 anos): **8 anos** (art. 109, IV).

A acusação não recorreu e a decisão transitou em julgado para ela.

A defesa apelou, pretendendo uma diminuição da pena detentiva para 1 ano, e seu recurso foi improvido, mantendo-se a pena imposta no juízo monocrático. Data da publicação do acórdão confirmatório recorrível: 20.01.2006.

Prazo prescricional com base na pena concreta (de 2 anos e 3 meses): **8 anos**, art. 109, IV (não houve alteração em relação ao prazo prescricional obtido com base na pena em abstrato).

Em consequência, a pena concreta da sentença, 2 anos e 3 meses, continuará sendo utilizada, no Tribunal, na aferição do prazo prescricional da prescrição intercorrente, que permanece sendo de 8 anos.

Nesse exemplo se está considerando o acórdão confirmatório da condenação como causa interruptiva do prazo prescricional.

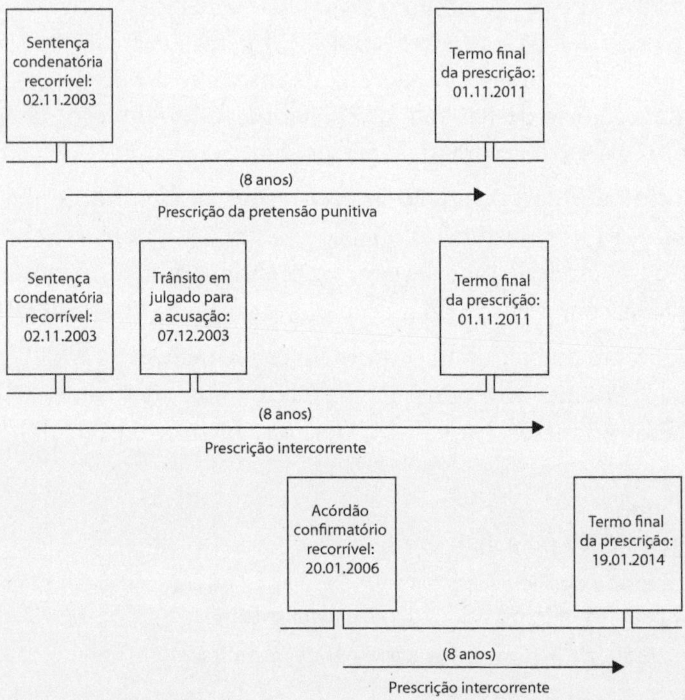

Não se logrando obter um acórdão definitivo antes de 19.01.2014, ocorrerá a prescrição intercorrente ou superveniente à decisão condenatória.

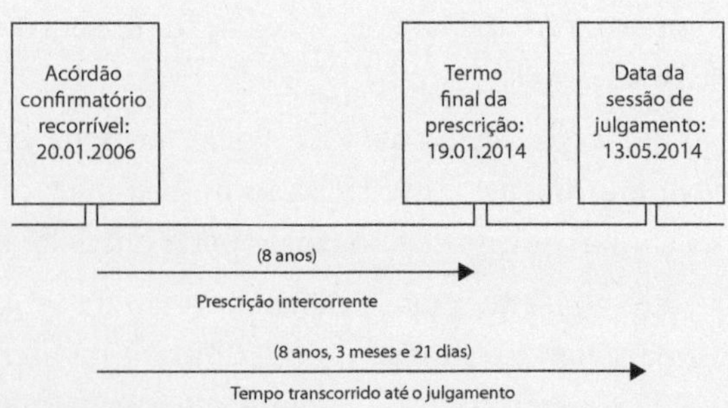

Recurso da defesa: cuidando-se de recurso exclusivo da defesa, o Tribunal estará impossibilitado de agravar a pena privativa de liberdade concretizada na sentença, em razão do princípio da proibição da *reformatio in pejus*. Esse princípio se extrai do art. 617 do Código de Processo Penal, que diz: "O Tribunal, Câmara ou Turma atenderá nas suas decisões ao disposto nos arts. 383, 386 e 387, no que for aplicável, **não podendo, porém, ser agravada a pena, quando somente o réu houver apelado da sentença**" (grifo nosso).

Nada impede, contudo, que, atendendo ao apelo da defesa, o Tribunal venha a reduzir a pena. Nesse caso, será essa pena diminuída na instância superior que irá balizar o prazo prescricional da prescrição intercorrente.

No nosso exemplo, acolhida a pretensão da defesa, e impondo o acórdão a pena de 1 ano de reclusão, o prazo de prescrição será de 4 anos (art. 109, V).

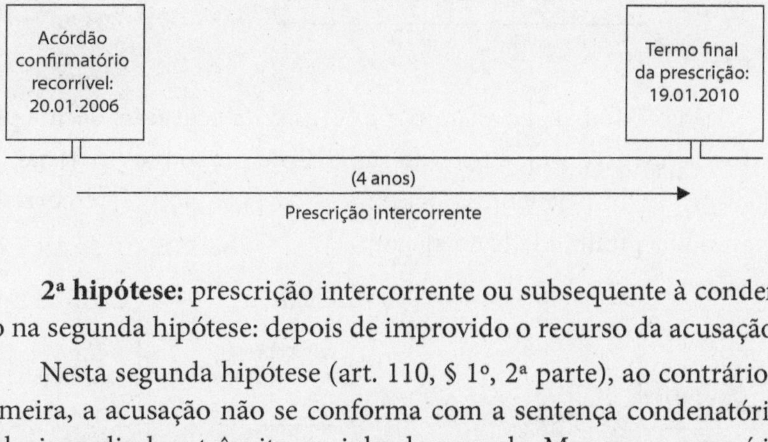

2ª hipótese: prescrição intercorrente ou subsequente à condenação na segunda hipótese: depois de improvido o recurso da acusação.

Nesta segunda hipótese (art. 110, § 1º, 2ª parte), ao contrário da primeira, a acusação não se conforma com a sentença condenatória e apela, impedindo o trânsito em julgado para ela. Mas seu recurso é improvido pelo Tribunal, que confirma o acerto da sanção imposta pelo Juízo monocrático.

O prazo prescricional será balizado por aquela sanção concretizada na sentença e confirmada na instância superior.

Com base nessa pena, a partir da data da sentença condenatória recorrível (ou do acórdão recorrível) será fixado o termo final do prazo prescricional da prescrição intercorrente.

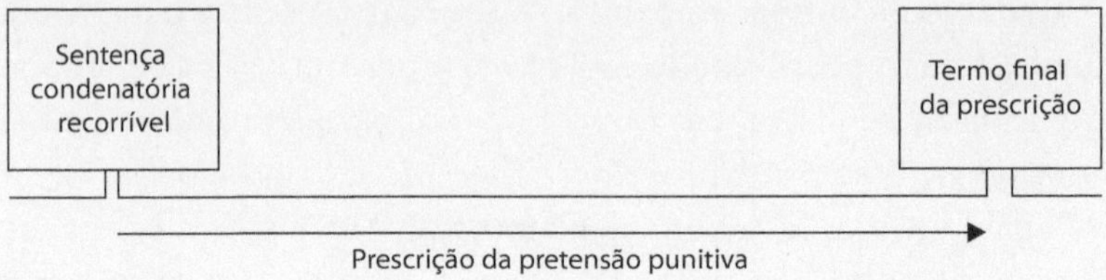

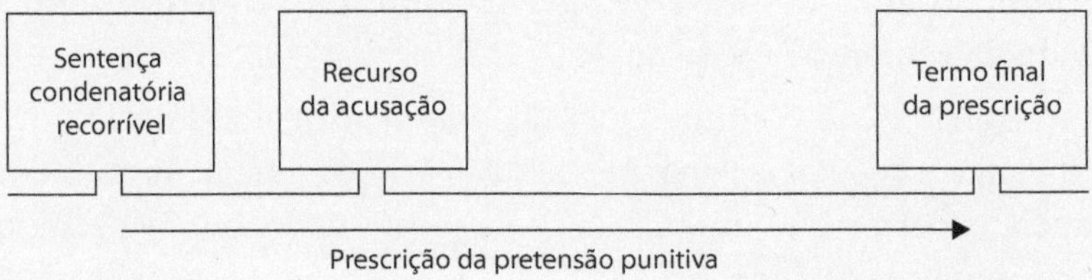

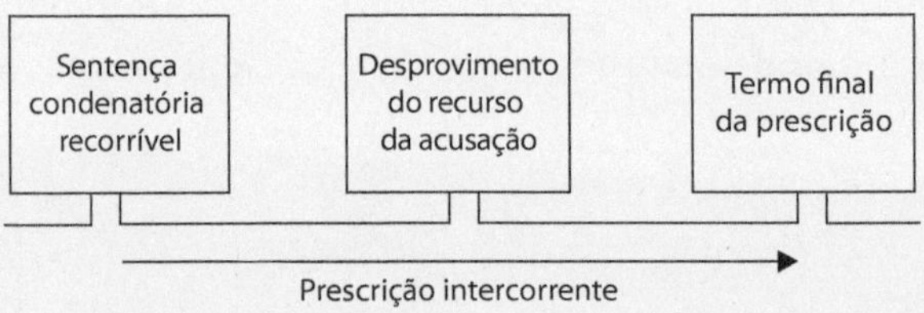

Caso o Tribunal, ao examinar o recurso da acusação, decida pelo desprovimento e verifique ter sido superado o prazo prescricional, reconhecerá preliminarmente a ocorrência da prescrição intercorrente, extinguindo a punibilidade do agente.

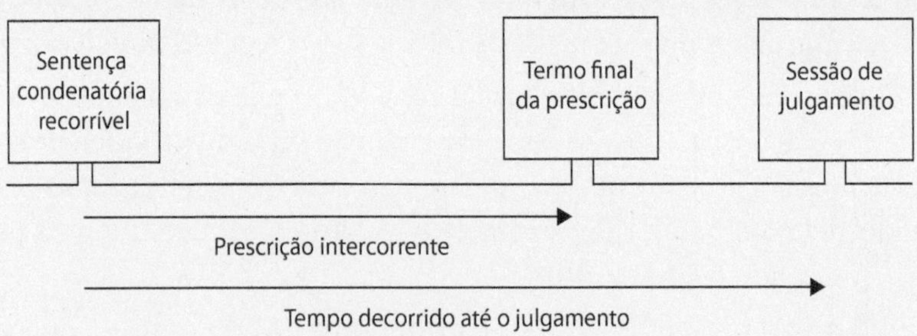

Tomemos o seguinte exemplo:

Pelo delito do art. 156 do Código Penal, "furto de coisa comum", o réu foi condenado à pena de 10 meses de detenção, por sentença datada de 03.07.2002. A acusação apelou pleiteando a agravação da pena privativa de liberdade, pretendendo a pena máxima de 2 anos. O Tribunal não deu provimento ao recurso. Data do acórdão recorrível: 15.05.2003.

Código Penal

Furto de coisa comum

Art. 156. Subtrair o condômino, co-herdeiro ou sócio, para si ou para outrem, a quem legitimamente a detém, a coisa comum:

Pena – detenção, de 6 (seis) meses a 2 (dois) anos, ou multa.

(...)

Pena privativa de liberdade máxima cominada ao crime: 2 anos. Prazo prescricional da prescrição da pretensão punitiva: 4 anos (art. 109, V).

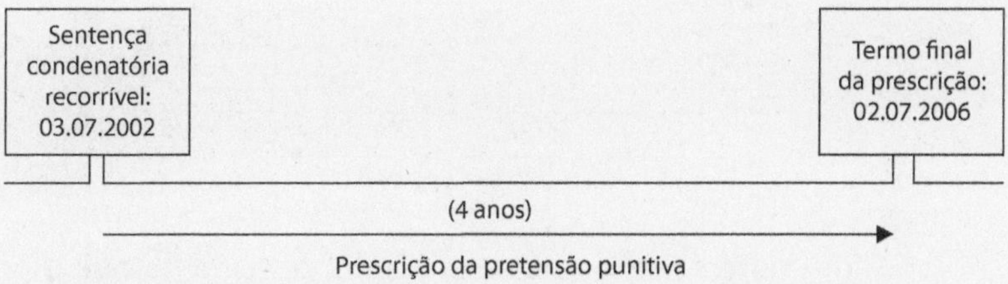

Pena concreta imposta na sentença e confirmada no Tribunal, que servirá de base para a apuração do prazo de prescrição: 10 meses.

Prazo prescricional da pretensão intercorrente ou superveniente à condenação: 2 anos, art. 109, VI, em razão de a infração penal ter ocorrido em data anterior à Lei n. 12.234, de 5 de maio de 2010.

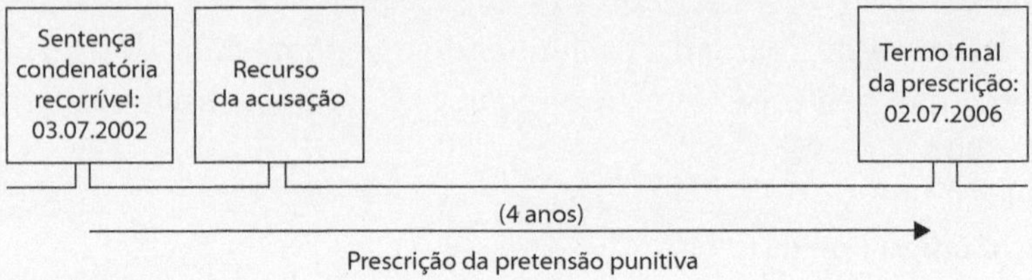

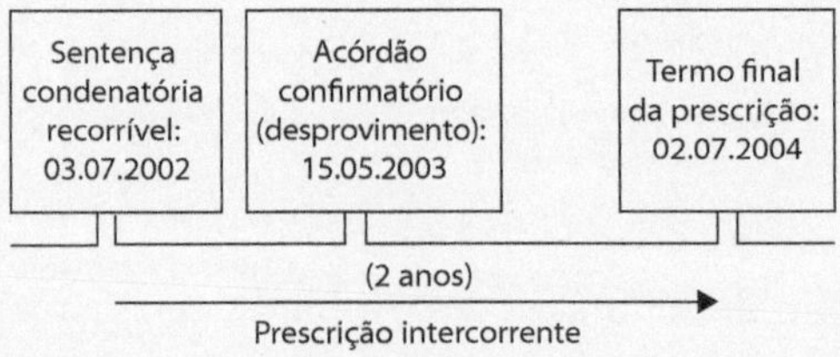

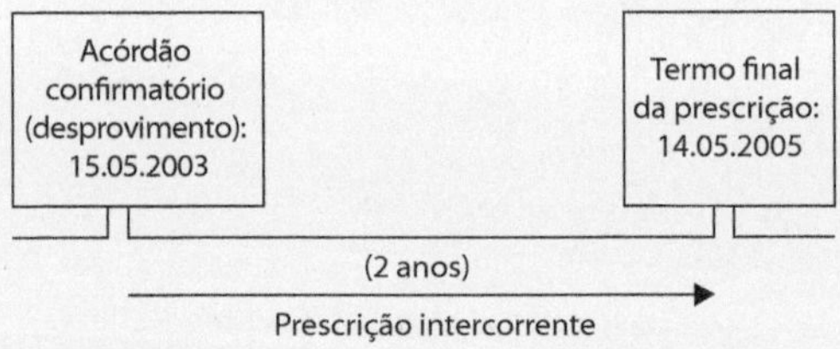

Nota: no gráfico tratado nesse exemplo, observa-se que a pena aplicada na sentença determinou uma redução do prazo prescricional em relação à pena abstrata cominada ao delito em questão, o que nem sempre acontece.

Caso se entenda que o acórdão confirmatório da sentença não interrompe o prazo prescricional, o termo inicial parte da data da publicação da sentença condenatória recorrível, em 03.07.2002, e o termo final se fixa em 02.07.2004. Não havendo acórdão definitivo até essa data (02.07.2004), concretiza-se a prescrição intercorrente.

Aceito como interruptivo o acórdão confirmatório, o prazo tem início na data de sua publicação, 15.05.2003, e o termo final ocorrerá em 14.05.2005.

4. RECURSO DA ACUSAÇÃO

O recurso da acusação, que contém um pedido de agravação da pena privativa de liberdade, impede, em princípio, a ocorrência da prescrição intercorrente (e também da prescrição retroativa) enquanto não houver uma definição do recurso na instância superior. Dessa forma, o apelo da acusação que vise expressamente à majoração da pena detentiva faz com que o prazo prescricional continue sendo regulado, a partir da publicação da sentença ou do acórdão condenatórios recorríveis (art. 117, IV), pelo máximo da pena privativa de liberdade em abstrato. Sendo dado **provimento** ao recurso, a pena a ser aplicada ao réu será aquela majorada no acórdão, quando este transitar em julgado. A prescrição que poderá ocorrer é a prescrição da pretensão punitiva, que, como se sabe, tem por parâmetro o máximo da pena abstrata. Mas, ao contrário, se o apelo da acusação é **improvido** (art. 110, § 1º, 2ª parte), abre-se a oportunidade para eventual ocorrência das prescrições intercorrente ou retroativa, levando-se em conta a pena concreta aplicada na sentença e não modificada na superior instância.

Pode acontecer, por outro lado, de a acusação, no apelo, se conformar (ou silenciar) com relação à quantidade da pena privativa de liberdade e, nele, pretender fins diversos, como a cassação do *sursis*, a inclusão de multa cumulativa, a agravação da pena de multa, a mudança do regime prisional etc. Nesses casos, se a acusação não se insurgir contra a quantidade da pena detentiva, aquela pena imposta na sentença se torna o máximo a que pode ser submetido o réu, e será ela que irá vigorar, não obstante o recurso, como parâmetro para a determinação do prazo de prescrição.

Segundo observa Sidio Rosa:

> Tais recursos não interferem na contagem da prescrição subsequente à condenação, porque não terão como resultado o aumento da pena (...).
>
> Dessa forma, o recurso do MP que não poderá resultar no aumento da pena não deverá ser considerado no momento da análise da prescrição superveniente, já que a irresignação do órgão ministerial não poderá provocar a dilação do prazo.

Para esse autor, portanto, o recurso "não poderá gerar nenhuma espécie de aumento e, consequentemente, vedada será sua interferência no prazo da prescrição".[2]

---

[2] MESQUITA JÚNIOR, Sidio Rosa de. *Prescrição penal*. São Paulo: Atlas, 1997. p. 34.

Assim, nessa situação em que o recurso da acusação vise a fim diverso que a agravação da pena detentiva, não há qualquer impedimento a que, desde logo, se afira eventual ocorrência da prescrição intercorrente (e também da prescrição retroativa), tomando como base, para apuração do lapso prescricional, a pena concreta privativa de liberdade aplicada na sentença condenatória de primeiro grau.

Finalmente, ainda que tenha sido dado provimento ao recurso da acusação (e não improvimento, como consta do § 1º do art. 110), Delmanto e Damásio entendem ser possível o reconhecimento das prescrições intercorrente e retroativa desde que, quando do julgamento do recurso, já tenha transcorrido o lapso prescricional e a pena elevada pelo Tribunal não seja suficiente para operar a transposição de um para outro inciso (superior) do art. 109, com o consequente aumento do prazo de prescrição. Assim, por exemplo, alterada a pena de 5 meses de detenção para 11 meses, sendo ambas inferiores a 1 ano, o prazo de prescrição permanece o mesmo, 2 anos ou 3 anos dependendo da data do fato, art. 109, VI.[3-4]

Damásio cita precedente jurisprudencial, do STF (RECrim 103.842-0, 1ª Turma, Rel. Min. Sydney Sanches, em 10.2.1987, v. u., *DJU* 13.03.1987, p. 3883; *RTJ*, 121/212):

> Mesmo provendo o recurso do Ministério Público, para elevação da pena imposta na sentença, pode e deve o Tribunal, na oportunidade, declarar a extinção da punibilidade, pela prescrição da pretensão punitiva, segundo a pena em concreto, se a majoração não implicar em aumento do prazo prescricional e se este houver decorrido entre a publicação da sentença e o julgamento da apelação.

Deles discorda Paulo José da Costa Júnior:

> A primeira hipótese, de prescrição intercorrente, cuida da prescrição da pretensão punitiva de que somente o réu tenha recorrido, incidindo sobre o lapso temporal entre a sentença e a decisão de segunda instância. Ou então quando, mesmo havendo recurso do órgão acusatório, tenha sido ele improvido. Ao revés, não haverá prescrição intercorrente se o

---

3 DELMANTO, Celso. *Código Penal comentado*. 3. ed. Rio de Janeiro: Renovar, 1991. p. 209-210.

4 JESUS, Damásio E. de. *Prescrição penal*. 6. ed. São Paulo: Saraiva, 1991. p. 52.

recurso for provido, qualquer que seja o aumento da pena imposta pela instância superior.[5]

De tal orientação se afasta o próprio STF, no RECrim 108.424, São Paulo, 2ª Turma, Rel. Min. Francisco Rezek, 14.3.1986, v.u., *RTJ*, 120.398: "provido o recurso do Ministério Público, ainda que não alterando o prazo extintivo, fica impedida a prescrição retroativa".

No nosso entendimento, nesses casos, não há como admitir possam ser reconhecidas as prescrições intercorrente ou retroativa. Com efeito, a prescrição que pode ocorrer mesmo é a prescrição da pretensão punitiva, arrimada no máximo da pena abstrata.

> EMENTA: EMBARGOS DE DECLARAÇÃO COM PEDIDO DE EFEITOS INFRINGENTES – APELAÇÃO CRIMINAL – INEXISTÊNCIA DE PLEITO DE PRESCRIÇÃO – OMISSÃO NÃO CONFIGURADA – Manutenção da decisão guerreada pelos seus próprios fundamentos – Prescrição da pretensão punitiva intercorrente configurada – Reconhecimento de ofício – Transcurso de mais de 04 (quatro) anos entre a publicação da sentença condenatória (14/10/2009) e a publicação do acórdão mantendo a condenação (14/05/2014) – Inteligência do art. 109, V, do Código Penal. Extinção da punibilidade do apelante nos termos do art. 107, IV do Código repressor. 1 – É de se rejeitar o recurso de embargos de declaração quando inexistente a omissão, contradição ou obscuridade no Acórdão embargado, haja vista serem estes os requisitos e pressupostos exigidos pelo art. 619 do CPP para interposição com êxito do aludido recurso; 2 – Acórdão alvejado não apresenta a omissão alegada pelo causídico; 3 – Embargos conhecidos e improvidos. Reconhecida, de ofício, a prescrição da pretensão punitiva. Decisão unânime (TJSE, Embargos de Declaração (Crime) n. 201400311057, n. único 0000062-69.209.8.25.0061, Câmara Criminal, Rel. Iolanda Santos Guimarães, j. 17.06.2014) (TJSE, Embargos de Declaração (Crime) ED 00000626920098250061, data de publicação 17.06.2014).

Representando graficamente a situação descrita no acórdão:

---

[5] COSTA JÚNIOR, Paulo José da. *Comentários ao Código Penal*: parte geral. São Paulo: Saraiva, 1986. v. 1. p. 487.

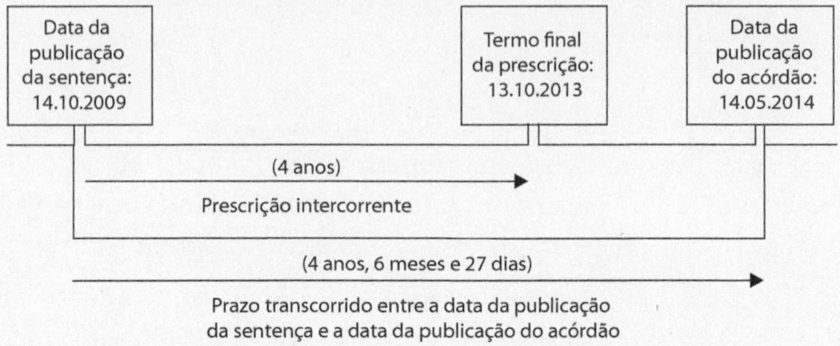

EMENTA: EMBARGOS DECLARATÓRIOS - FURTO QUALIFICADO - MENORIDADE PENAL RELATIVA - ATENUANTE CONFIGURADA - PRESCRIÇÃO DA PRETENSÃO PUNITIVA NA MODALIDADE INTERCORRENTE - POSSIBILIDADE - EMBARGOS ACOLHIDOS. I - Constatando-se que na data dos fatos o embargante possuía idade superior a 18 anos, porém inferior a 21 anos. Imperativo torna-se o reconhecimento da atenuante da menoridade penal relativa. II - Na prescrição intercorrente (ou superveniente) contam-se os prazos com base na pena aplicada *in concreto.* Na hipótese dos autos, o embargante foi condenado à pena de 02 anos de reclusão e ostenta a menoridade penal relativa, de modo que o prazo prescricional corresponde a 02 anos, em conformidade com a regra do art. 109, inc. V c.c. art. 115, ambos do Código Penal. Assim, observando que entre a publicação da sentença e o acórdão transcorreu lapso superior ao prazo prescricional, deve ser decretada a extinção da punibilidade do agente, nos moldes do artigo 107, inciso IV, do Código Penal. III - Embargos acolhidos para reconhecer a atenuante da menoridade penal relativa e declarar extinta a punibilidade do réu, ante o advento da prescrição da pretensão punitiva estatal na modalidade intercorrente (TJMS, Embargos de Declaração - ED 00014873620128120014/MS 301487-36.2012.8.12.0014, data de publicação 14.09.2017).

EMENTA: *HABEAS CORPUS*. APROPRIAÇÃO INDÉBITA DE CONTRIBUIÇÃO PREVIDENCIÁRIA. CONTINUIDADE DELITIVA. PRESCRIÇÃO SUPERVENIENTE. REDUÇÃO DA PENA EM GRAU DE APELAÇÃO. Trânsito em julgado para a acusação. Prescrição com base na pena efetivamente aplicada, desconsiderado o acréscimo pela continuidade delitiva (Súmula 497/STF) (2 anos). Transcurso de sete anos entre a prolação da sentença recorrível e o trânsito em julgado para a defesa. Prescrição da pretensão punitiva. Ocorrência. Ordem concedida.

1. Dispõe o art. 110, § 1º do CPB que a prescrição, depois da sentença condenatória com trânsito em julgado para a acusação, ou depois de improvido seu recurso, regula-se pela pena aplicada. 2. Ausente recurso de Apelação do Ministério Público, para o cálculo da prescrição, deve ser considerada a redução da pena operada em 2º Grau, que a fixou em 2 anos, prescrevendo, dessa forma, em 4 anos (Art. 109, V do CPB), afastado o percentual de elevação de 1/6, nos termos da Súmula 497/STF, segundo a qual, quando se tratar de crime continuado, a prescrição regula-se pela pena imposta na sentença, não de computando o acréscimo decorrente da continuação; assim sendo, na hipótese, impõe-se o reconhecimento da prescrição da pretensão punitiva estatal, uma vez decorridos mais de 7 anos entre a sentença recorrível e o trânsito em julgado para a defesa. 3. Cuida-se, neste caso, da prescrição denominada intercorrente, superveniente ou subsequente, modalidade de prescrição da pretensão punitiva do Estado com base na pena efetivamente aplicada, após o trânsito em julgado para a acusação. 4. Ordem concedida, para declarar a extinção da punibilidade, em virtude do reconhecimento da prescrição da pretensão punitiva, atingindo tal declaração a pena de multa, consoante o parecer ministerial (HC 62933/MT - *HABEAS CORPUS* 2006/0155486-9, 5ª Turma, Rel. Min. Napoleão Nunes Maia Filho (1133), j. 20.11.2007, *DJ* 10.12.2007, p. 402).

5. COMPETÊNCIA PARA O RECONHECIMENTO DA PRESCRIÇÃO INTERCORRENTE

Com a sentença publicada, o juiz de primeiro grau esgota seu poder jurisdicional, afastando-se da relação processual. Assim, não mais poderá, reconhecendo a prescrição intercorrente, declarar extinta a punibilidade do réu. Em consequência, caso tenha ocorrido, caberá, a nosso ver, ao Tribunal declará-la preliminarmente no acórdão, ficando prejudicado o exame do mérito.

Segundo Damásio, citando o livro de Rodrigues Porto (*Da prescrição penal*): "Não pode o juiz, esgotada sua jurisdição, reconhecer que ao tempo da condenação, na verdade, não havia mais a pretensão punitiva do Estado. Se assim o fizer estará reformando a própria decisão, o que é proibido".[6]

A competência, por outro lado, não seria também do juiz da execução. Ao prever, no art. 66 da LEP, a competência do juiz da execução

[6] JESUS, Damásio E. de. *Prescrição penal*. 6. ed. São Paulo: Saraiva, 1991. p. 157.

para declarar a extinção da punibilidade, o que se tem entendido é que esta, quando decorre da prescrição, restringe-se ao reconhecimento da prescrição da pretensão executória, não estendendo sua atribuição à declaração da prescrição da pretensão punitiva intercorrente, pois que, nesse caso, estaria desconstituindo a sentença do juiz do mesmo grau de jurisdição.

6. EFEITOS DA PRESCRIÇÃO INTERCORRENTE OU SUBSEQUENTE À SENTENÇA CONDENATÓRIA

Tendo a natureza de prescrição da pretensão punitiva, da qual é uma modalidade, a prescrição intercorrente, que ocorre antes do trânsito em julgado da decisão condenatória para ambas as partes (art. 109 do CP), tem o efeito de extinguir a pretensão punitiva estatal, ao rescindir a sentença condenatória e anular seus efeitos principais e secundários.

- Prescrição da pretensão punitiva intercorrente – STF: "Tratando-se de prescrição superveniente à sentença condenatória, seu reconhecimento alcança e rescinde não só a decisão, mas também toda a ação penal, retornando o acusado à sua condição de primário, excluído seu nome do rol dos culpados" (*RT* 644/377).
- "Consumada a modalidade de prescrição, dá-se a rescisão da sentença condenatória, que não mais pode fazer coisa julgada material e apenas produz o efeito de reger, pela pena que aplicou, o prazo prescricional" (TACrimSP, Rec. 418.917-6, 3ª Câm., Rel. Dante Busana, 18.02.1986, v. u., *RT*, 607/322).

Seus efeitos, portanto, como os da prescrição da pretensão punitiva, são amplíssimos e, em face de seu reconhecimento, temos:

a) é causa da extinção da punibilidade do agente (art. 107, IV, 1ª figura);
b) impede a apreciação do exame do mérito da imputação, ou seja, impede que se aprecie a procedência ou improcedência da acusação;
c) impede a imposição das penas principais ao réu: reclusão, detenção, prisão simples e multa, ou da medida de segurança, a qual, se já imposta, não subsiste (art. 96, parágrafo único, do CP);

d) não subsistem também para o réu os efeitos secundários da condenação: não tem seu nome lançado no rol dos culpados, não lhe marca os antecedentes, não gera futura reincidência no caso de cometer novo delito, fica desobrigado do pagamento das custas e a ele deve ser restituído o valor da fiança (art. 337 do CPP);

e) não havendo sentença condenatória irrecorrível, ou seja, com trânsito em julgado para ambas as partes, ficam a vítima ou seus herdeiros impedidos de exercer a faculdade prevista no art. 63 do Código de Processo Penal (execução, no juízo cível, da sentença penal condenatória irrecorrível para efeito de reparação do dano pelo autor do fato).

Observações:

1ª) Quando a lei fala em recurso da acusação ou em improvimento de seu recurso, refere-se à acusação oficial (Ministério Público), ao assistente deste ou à acusação particular (querelante).

2ª) Na segunda hipótese (art. 110, § 1º, 2ª parte, do CP), havendo apelo da defesa também, improvido o apelo da acusação e superado o prazo prescricional, o Tribunal reconhece a configuração da prescrição intercorrente (ou retroativa) e declara extinta a punibilidade, ficando prejudicado o apelo concomitante da defesa.

3ª) A prescrição ocorre na data real em que ela se verificou e não na data em que foi declarada. Assim, se ela efetivamente ocorreu, não há diferença em declará-la no próprio instante processual ou depois, mesmo que a sentença se tenha tornado definitiva sem que se percebesse a ocorrência da prescrição, pois esta constitui matéria de direito material (e não processual), inexistindo preclusão a seu respeito. A sentença, por sua vez, não subsistirá, e, com o reconhecimento, extingue-se a punibilidade.

4ª) Para que incidam as prescrições intercorrente e retroativa, é imprescindível a existência de uma decisão condenatória que tenha fixado pena, sobre a qual se calculará o prazo prescricional. Como consequência, delas não se cogitará tratando-se de decisão absolutória ou meramente declaratória, como acontece quando da extinção da punibilidade. Nesses casos, a prescrição que poderá ocorrer é a prescrição da pretensão punitiva, com base na pena abstrata, se não se lograr obter, dentro do prazo prescricional, sentença irrecorrível para ambas as partes.

– V –
PRESCRIÇÃO RETROATIVA

Como ensina Celso Delmanto, a prescrição retroativa

> É semelhante, em alguns pontos, à prescrição subsequente do § 1º, pois também concerne à pretensão punitiva ("da ação"), e se baseia na mesma pena fixada em concreto pela sentença condenatória. No entanto, a prescrição retroativa tem uma diferença fundamental: seu prazo não é contado para frente (como na prescrição subsequente), mas é contado para trás, para o passado (regressivamente), razão pela qual se chama "retroativa".[1]

Assim, a partir da decisão condenatória para trás, abre-se a oportunidade de aferir eventual ocorrência de outra prescrição, a retroativa, tomando como limites as causas interruptivas firmadas anteriormente.

A edição da Lei n. 12.234/2010 introduziu, contudo, importante limitação à configuração dessa prescrição, como veremos a seguir.

1. LEI N. 12.234, DE 5 DE MAIO DE 2010

> **Lei n. 12.234, de 5 de maio de 2010**
>
> *Altera os arts. 109 e 110 do Decreto-Lei n. 2.848, de 7 de dezembro de 1940 – Código Penal.*
>
> O PRESIDENTE DA REPÚBLICA. Faço saber que o Congresso Nacional decreta e eu sanciono a seguinte Lei:
>
> Art. 1º Esta Lei altera os arts. 109 e 110 do Decreto-Lei n. 2.848, de 7 de dezembro de 1940 – Código Penal, para excluir a prescrição retroativa.

---

1 DELMANTO, Celso. *Código Penal comentado*. 3. ed. Rio de Janeiro: Renovar, 1991. p. 182.

Art. 2º Os arts. 109 e 110 do Decreto-Lei n. 2.848, de 7 de dezembro de 1940 – Código Penal, passam a vigorar com as seguintes alterações:

> "Art. 109. A prescrição, antes de transitar em julgado a sentença final, salvo o disposto no § 1º do art. 110 deste Código, regula-se pelo máximo da pena privativa de liberdade cominada ao crime, verificando-se:
>
> (...)
>
> VI – em 3 (três) anos, se o máximo da pena é inferior a 1 (um) ano.
>
> (...)" (NR)
>
> "Art. 110. (...)
>
> § 1º A prescrição, depois da sentença condenatória com trânsito em julgado para a acusação ou depois de improvido seu recurso, regula-se pela pena aplicada, não podendo, em nenhuma hipótese, ter por termo inicial data anterior à da denúncia ou queixa.
>
> § 2º (*Revogado*)." (NR)

Art. 3º Esta Lei entra em vigor na data de sua publicação.

Art. 4º Revoga-se o § 2º do art. 110 do Código Penal.

Brasília, 5 de maio de 2010; 189º da Independência e 122º da República.

LUIZ INÁCIO LULA DA SILVA

Até a Lei n. 12.234, de 5 de maio de 2010, partindo da sentença (decisão) condenatória para trás, a prescrição retroativa era calculada em 2 períodos de tempo: entre a data da publicação da sentença condenatória e a data do recebimento da inicial e entre a data desse recebimento e a data do fato. Encontrava suporte legal no *caput* do art. 109 c/c os §§ 1º e 2º do art. 110.

A referida lei, contudo, modificou parcialmente a prescrição retroativa ao impedir que ela fosse declarada na fase investigatória policial, ou seja, no transcurso do tempo entre a data do recebimento da denúncia ou queixa e a data do fato. Tal proibição vem traduzida na nova redação do § 1º do art. 110, segundo a qual "A prescrição depois da sentença condenatória com trânsito em julgado para a acusação ou depois de improvido seu recurso, regula-se pela pena aplicada, **não podendo, em nenhuma hipótese, ter por termo inicial data anterior à denúncia ou queixa**" (grifo nosso).

Pela nova lei, subsiste assim a apuração de eventual ocorrência da prescrição retroativa apenas no período processual, situado entre a data da sentença condenatória e a data do recebimento da inicial acusatória (ou, sobrevindo acórdão, entre a data da publicação do acórdão condenatório recorrível e a data da publicação da sentença condenatória recorrível, como veremos mais adiante).

Para o período anterior, correspondente à fase investigatória, em que não se admite mais a prescrição retroativa, continua tendo vigência a prescrição da pretensão punitiva, calculada levando-se em conta a pena máxima cominada ao crime (pena máxima em abstrato).

1.1 Prescrição virtual ou antecipada e a Lei n. 12.234, de 5 de maio de 2010

Por sua vez, a prescrição virtual ou antecipada, atrelada à prescrição retroativa, teve igualmente limitada ao primeiro período de tempo (entre a data da publicação da sentença condenatória e a data do recebimento da inicial) sua abrangência com a lei nova. Criação doutrinária e jurisprudencial que não encontra previsão na lei, a prescrição virtual permite ao juiz reconhecer a prescrição retroativa antecipadamente, ao se deparar com circunstâncias judiciais favoráveis do acusado que levariam eventual pena que lhe fosse imposta a ser extinta pela prescrição.

1.2 Irretroatividade da alteração trazida pela Lei n. 12.234/2010

Configurando a alteração *novatio legis in pejus* (desfavorável ao réu, por eliminar um período de tempo em que a prescrição retroativa eventualmente poderia correr), ela não retroage para alcançar fatos ocorridos antes de sua entrada em vigor (06.05.2010).

Em decorrência disso, passamos a ter dois regimes aplicáveis à prescrição retroativa:

1º) Os crimes consumados até 05.05.2010 (antes da vigência da lei) serão regidos pela redação anterior do § 2º do art. 110: "A prescrição, de que trata o parágrafo anterior, pode ter por termo inicial data anterior à do recebimento da denúncia ou queixa", o que vale dizer, admite-se a declaração da prescrição retroativa, para esses casos, entre o recebimento da inicial e a data do fato.

2º) Aqueles delitos ocorridos a partir de 06.05.2010, data de vigência da lei nova, observarão o impedimento ao reconhecimento da prescrição retroativa no período investigatório.

Assim, tendo ocorrido o fato até 05.05.2010, não alcançada a prescrição intercorrente (pela não superação do prazo prescricional), mister se faz que tal prazo prescricional, que é o mesmo, seja aferido entre os polos que limitam os períodos de tempo em que se apura a prescrição retroativa, para a constatação, ou não, de sua ocorrência.

Nesses casos, exceto os processos de competência do Júri, todos os demais terão o prazo da prescrição retroativa submetido a dois períodos de tempo, compreendidos, respectivamente, entre a data da publicação da sentença e a data do recebimento da denúncia ou queixa, e entre a data desse recebimento da denúncia ou queixa e a data em que o crime se consumou.

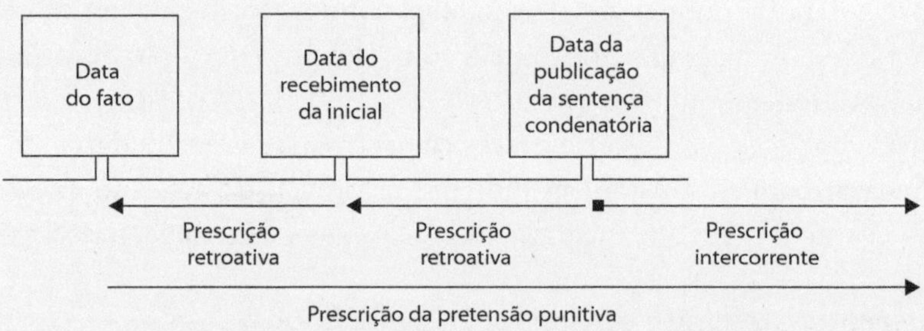

Ocorrendo a infração penal na vigência da lei nova, a declaração de eventual prescrição retroativa só será possível no transcurso de tempo entre a decisão condenatória e o recebimento da inicial, conforme demonstra o gráfico a seguir.

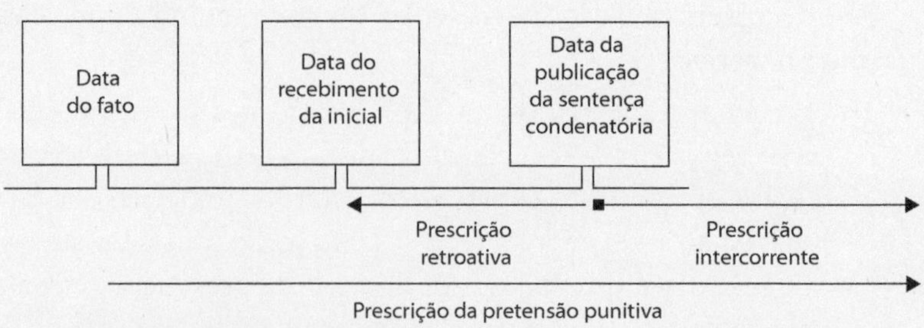

Cuidando-se de crime de competência do Tribunal do Júri, o prazo prescricional retroativo deve ser considerado entre a data da condenação pelo Tribunal do Júri e a decisão confirmatória da pronúncia (se houver essa causa interruptiva da prescrição), e entre essa data da confirmação da pronúncia e a data da decisão de pronúncia. Mas nada impede venha ele a ser contado, ainda, entre a data da decisão de pronúncia e a data do recebimento da denúncia e entre essa data do recebimento da inicial e a data do fato (TJSP, *RT* 599/316).

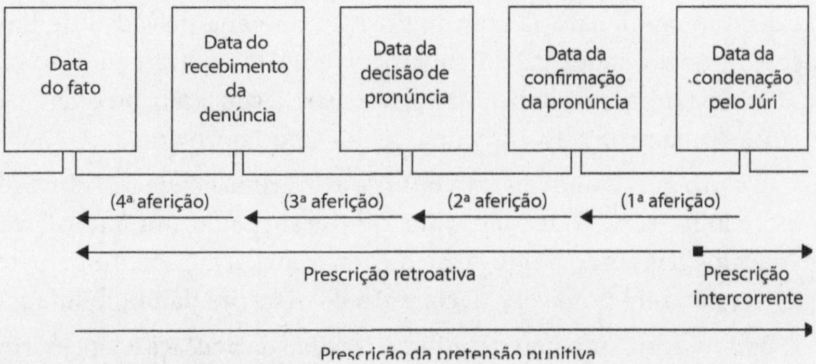

Com o advento da Lei n. 12.234/2010, o gráfico se altera, conforme se vê a seguir, para excluir a possibilidade da prescrição retroativa entre a data do recebimento da inicial e a data do fato:

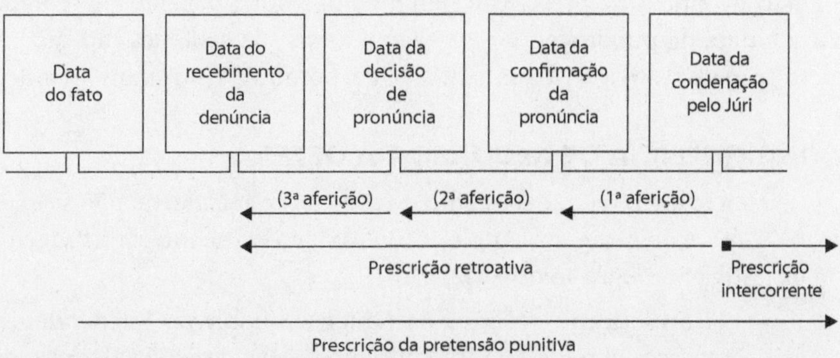

Como se observa, impedida a apuração de eventual prescrição da pretensão retroativa no período investigatório, a prescrição que continua tendo curso é a prescrição da pretensão punitiva.

Entendida a repercussão da Lei n. 12.234/2010, voltamos ao tema central da configuração da prescrição retroativa.

Ainda no curso do prazo prescricional, com base no máximo da pena cominada (prescrição da pretensão punitiva, primeiro tipo de prescrição), pode ser reconhecida a prescrição retroativa, em que o prazo é calculado levando-se em conta, não mais a pena abstrata, mas a sanção concreta aplicada na decisão condenatória. Ela irá retroagir a partir da sentença ou do acórdão, e para a configuração da prescrição retroativa (e também da prescrição intercorrente) é imprescindível a existência de uma decisão condenatória com imposição de pena privativa de liberdade. Contudo, a lei exige, ainda, a ocorrência de outra condição: que essa decisão tenha transitado em julgado para a acusação, ou que, caso a acusação tenha recorrido, o recurso tenha sido improvido.

É claro que, como observa o Professor Damásio em sua obra, "enquanto couber recurso da acusação, ou durante sua tramitação, desde que interposto visando à agravação da pena, conforme veremos em item posterior, não será possível a declaração da extinção da punibilidade".[2]

Então, enquanto não definido o recurso da acusação, a prescrição que persiste é a prescrição da pretensão punitiva arrimada na pena em abstrato.

No caso de recurso, sobrevindo acórdão condenatório (confirmatório da condenação anterior), caso se entenda que ele interrompe o curso do prazo de prescrição, teremos um novo período de tempo, entre a data da publicação do acórdão e a data da sentença, no qual a prescrição retroativa será também aferida, como veremos mais adiante.

2. INEXIGÊNCIA DE RECURSO DA DEFESA

Hoje, para o reconhecimento da prescrição retroativa, não se exige mais apelação obrigatória do réu (defesa), como acontecia na vigência da antiga Súmula 146 do STF.

- "A prescrição retroativa da pretensão punitiva independe de recurso do réu e do momento processual em que é declarada. Decorrido o prazo respectivo entre a consumação do crime e

[2] JESUS, Damásio E. de. *Prescrição penal*. 17. ed. São Paulo: Saraiva, 2008. p. 139.

o recebimento da denúncia, ou entre este ato e o decreto condenatório recorrível, opera-se a extinção da punibilidade pela pena concretizada, desde que a sentença fique irrecorrida pela acusação ou seja improvido seu recurso..." (TACrimSP, Rec. 418.917-6, 3ª Câm., Rel. Dante Busana, 18.02.1986, v. u., *RT*, 607/322).

- **Inexigência de recurso da defesa para o reconhecimento da prescrição – STF:** "Prescrição da ação penal com base na Súmula 146 do STF. A falta de recurso da defesa contra a sentença condenatória não impede, por si só, o reconhecimento da prescrição da ação penal com base na pena concretizada, conforme reiteradamente decidido pelo STF" (*RT* 558/398).
- TACRSP: "A prescrição retroativa da pretensão punitiva independe de recurso do réu e do momento processual em que é declarada" (*RT* 607/322).

Portanto, viabilizará eventual reconhecimento da prescrição retroativa a existência de sentença condenatória com trânsito em julgado para a acusação ou recurso da acusação que tenha sido improvido, dispensável, destarte, o recurso da defesa.

Por outro lado, nada impede o réu de apelar, pretendendo uma diminuição da pena imposta na sentença. Provido o recurso, e sendo ele exclusivo da defesa (e a acusação deixou de apelar transitando em julgado para ela a sentença condenatória), abre-se a oportunidade para nova aferição da prescrição retroativa, cujo prazo prescricional será apurado com base na pena reduzida no acórdão.

3. PRAZO E TERMO INICIAL E TERMO FINAL DA PRESCRIÇÃO RETROATIVA

O prazo prescricional será apurado submetendo-se a pena final da sentença (ou do acórdão) aos incisos do art. 109 do CP.

Como ressalva o Professor Antonio Lopes Baltazar, há que se observar primeiramente se não ocorreu a prescrição da pretensão punitiva pela pena em abstrato: "Antes de analisar a possibilidade da ocorrência da prescrição retroativa, faz-se necessário verificar se já decorreu ou não prazo suficiente para alcançar a prescrição abstrata. Se isto aconteceu, estará impedido o reconhecimento da retroativa, pois a punibilidade já se extinguiu".[3]

Prazo da prescrição retroativa – TJSP: "Não havendo recurso da acusação, a pena concretizada na sentença (ou no acórdão, caso venha ela a ser reduzida) tem efeito de regular a prescrição da pretensão punitiva, a partir de seus termos iniciais. Esse prazo é regulado retroativamente..." (*RT* 546/347).

O início da contagem do prazo (**termo inicial**) da prescrição retroativa se dá na data da publicação da sentença condenatória, desde que transitada em julgado para a acusação ou improvido o seu recurso.

O **termo final** do prazo ocorre quando do trânsito em julgado definitivo da decisão para ambas as partes, momento em que cessa o curso do prazo de prescrição.

Sempre retroativamente, nos processos comuns, a contagem do prazo será medida: (i) entre a sentença condenatória e o recebimento da inicial acusatória; (ii) entre esse recebimento e a data do fato. Como já se observou anteriormente, esse segundo período só é considerado para os delitos cometidos até 5 de maio de 2010 (Lei n. 12.234/2010).

Nos processos do Júri, será medida: (i) entre a sentença condenatória e a decisão confirmatória da pronúncia (quando houver); (ii) entre essa decisão confirmatória da pronúncia e a decisão de pronúncia; (iii) entre a decisão de pronúncia e o recebimento da inicial; (iv) entre esse recebimento e a data em que o crime se consumou (art. 117, I a IV). Este último período só é considerado para os delitos ocorridos até 5 de maio de 2010 (Lei n. 12.234/2010).

Havendo recurso e sobrevindo acórdão condenatório (confirmatório) recorrível, para aqueles que consideram o acórdão como causa interruptiva, o curso do lapso prescricional se interrompe (art. 117, IV) e surge um novo período aferidor da prescrição, no qual o termo inicial é a data da publicação do acórdão condenatório recorrível e o termo final a data da publicação da sentença condenatória recorrível.

3 BALTAZAR, Antonio Lopes. *Prescrição penal*. São Paulo: Edipro, 2003. p. 81.

Antes da Lei n. 12.234/2010

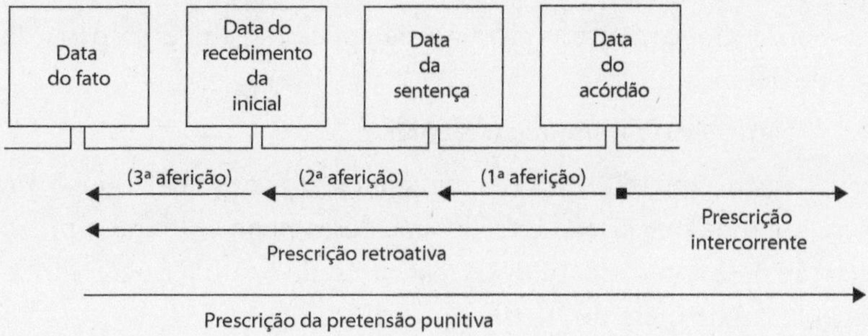

Depois da Lei n. 12.234/2010

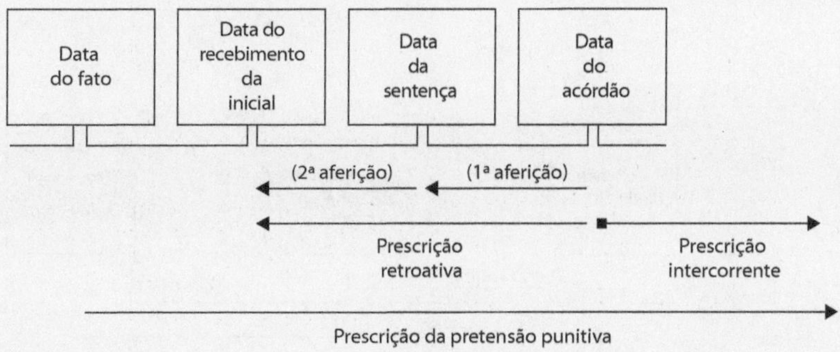

Fixa-se o prazo prescricional ao submeter a pena concreta imposta na sentença ou no acórdão à tabela do art. 109 do Código Penal, e, uma vez excedido tal prazo em algum dos períodos de tempo delimitados pelas causas interruptivas, como acima exposto, terá ocorrido a prescrição retroativa.

Exemplo: supondo que um médico esteja sendo processado pelo crime de "omissão de notificação de doença" (art. 269 do CP).

Código Penal

Omissão de notificação de doença

Art. 269. Deixar o médico de denunciar à autoridade pública doença cuja notificação é compulsória:

Pena – detenção, de 6 (seis) meses a 2 (dois) anos, e multa.

Pena privativa máxima em abstrato: 2 anos. Prazo prescricional: 4 anos (art. 109, V).

Sobreveio sentença condenatória aplicando-lhe uma pena de 11 meses de detenção.

O Ministério Público não recorreu.

A pena concreta imposta na sentença é que irá reger o prazo prescricional da prescrição retroativa, e dessa pena se extrai o prazo de prescrição de 2 anos (art. 109, VI), em razão de o fato ter ocorrido anteriormente a 6 de maio de 2010.

Levando em conta esses dados, façamos as seguintes simulações:

1ª situação: a denúncia foi recebida em 03.09.1995, e em 15.08.1996 foi publicada a sentença condenatória.

1º período

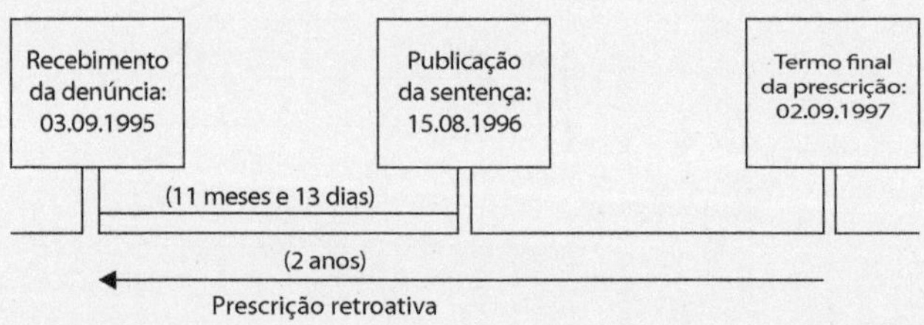

2º período

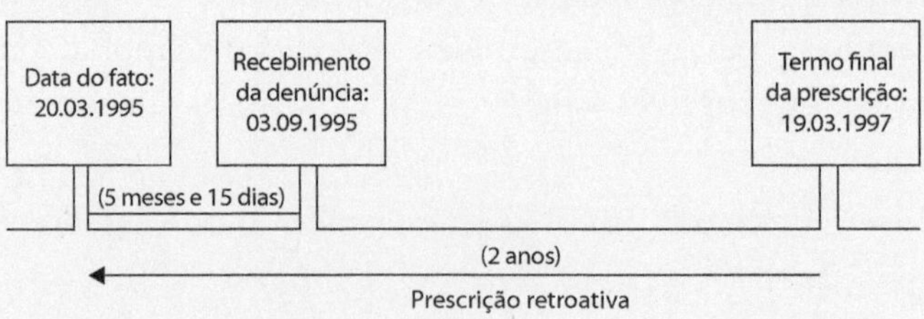

Não aconteceu a prescrição retroativa, pois, como se observa, o prazo prescricional de 2 anos não foi superado nos dois períodos de tempo em que a prescrição foi aferida. No primeiro, a publicação da sentença ocorreu em 15.08.1996, antes do termo final em 02.09.1997. No segundo, a denúncia foi recebida em 03.09.1995 (5 meses e 15 dias depois da data do fato), antes do termo final, em 19.03.1997.

2ª situação: a denúncia foi recebida em 03.09.1995, e em 17.10.1997 foi publicada a sentença condenatória.

1º período

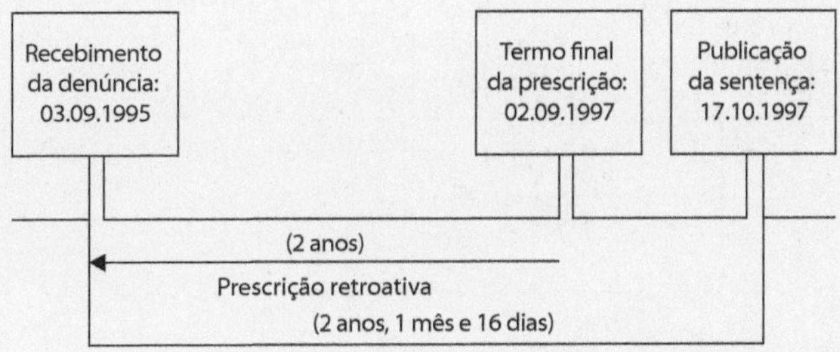

2º período

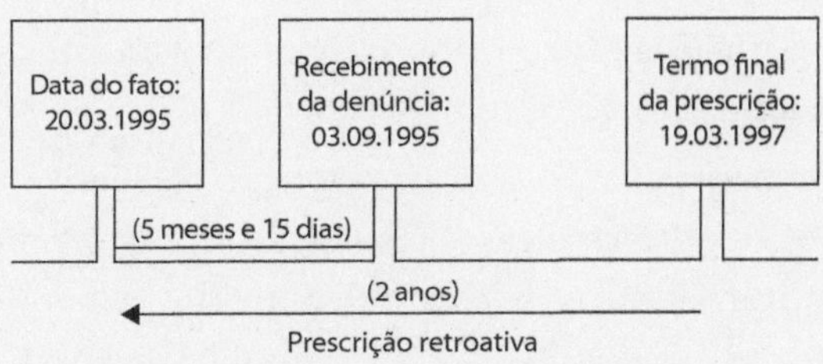

Tendo a publicação da sentença se dado posteriormente a 02.09.1997, data em que expirou o prazo prescricional de 2 anos, ocorreu, no primeiro período de aferição, a prescrição retroativa.

No segundo período não, pois o recebimento da denúncia, em 03.09.1995, deu-se antes do termo final da prescrição retroativa, em 19.03.1997.

3ª situação: a denúncia foi recebida em 04.04.1997 e a sentença foi publicada em 01.12.1998.

1º período

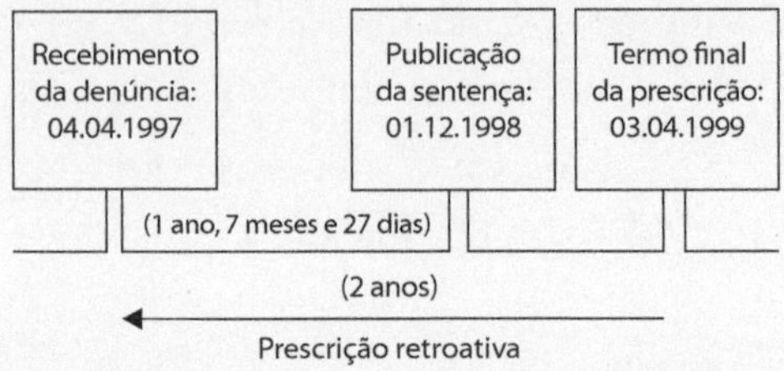

2º período

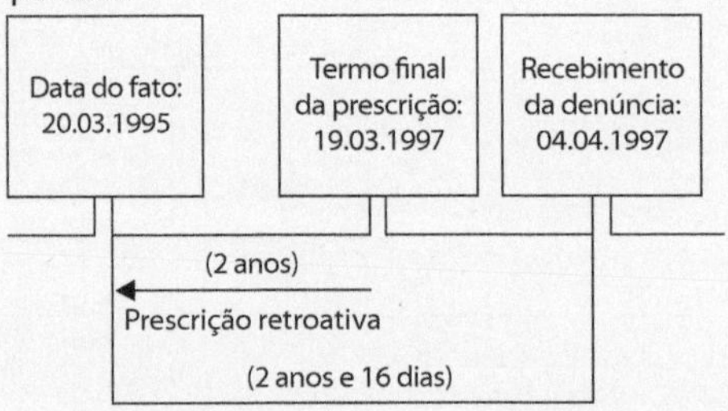

No primeiro período não ocorreu a prescrição retroativa, pois a publicação da sentença, em 01.12.1998, se deu antes do termo final, em 03.04.1999.

Mas, tendo a denúncia sido recebida em 04.04.1997, depois de 19.03.1997, data em que expirou o prazo prescricional de 2 anos, ocorreu, no segundo período, a prescrição retroativa.

Pode acontecer, como se percebe, que a prescrição retroativa venha a ocorrer nos dois períodos. Nesse caso, considera-se a ocorrência dela no primeiro período, tornando-se irrelevante e inócua sua apuração no segundo período.

Outro exemplo: denunciado pelo delito de "perigo para a vida ou saúde de outrem", art. 132 do Código Penal, o réu foi condenado a uma pena de 5 meses de detenção.

Código Penal

Perigo para a vida ou saúde de outrem

Art. 132. Expor a vida ou saúde de outrem a perigo direto e iminente:

Pena – detenção, de 3 (três) meses a 1 (um) ano, se o fato não constitui crime mais grave.

Prazo prescricional de 4 anos (art. 109, V) com base no máximo da pena abstrata de 1 ano.

O fato criminoso consumou-se em 20.05.2004, a denúncia foi recebida em 02.06.2006 e a sentença condenatória recorrível foi publicada em 12.12.2007.

A acusação não apelou e a sentença transitou em julgado para ela (1ª hipótese de ocorrência da prescrição em estudo). O réu e sua defesa estão na fase da intimação.

A pena privativa de liberdade, de 5 meses de detenção, concretizada na sentença, irá determinar o prazo prescricional de 2 anos (art. 109, VI). Tendo o fato ocorrido em 20.05.2004, portanto em data anterior à vigência da Lei n. 12.234/2010 (que se deu em 06.05.2010), o prazo prescricional que prevalece é o de 2 anos e não o de 3 anos. Se superado esse prazo, num dos períodos-limite estabelecidos de acordo com as causas interruptivas do art. 117, terá ocorrido a prescrição retroativa.

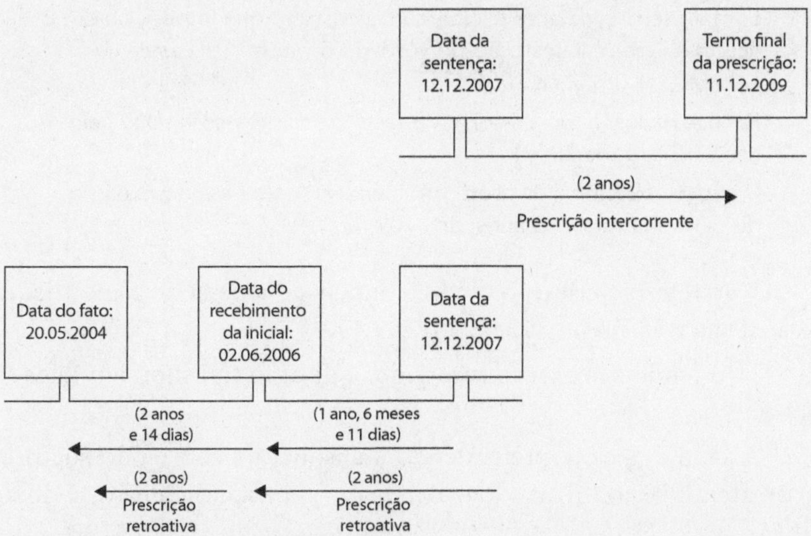

Como se percebe do nosso exemplo, excedeu-se o prazo de 2 anos no período compreendido entre a data do recebimento da denúncia e a data em que o crime se consumou, ocorrendo, assim, a prescrição retroativa com a consequente extinção da punibilidade, nos termos do art. 107, IV, do Código Penal.

Código Penal

Extinção da punibilidade

Art. 107. Extingue-se a punibilidade:

(...)

IV – pela prescrição, decadência ou perempção;

(...)

4. RECURSO DA DEFESA E ACÓRDÃO RECORRÍVEL

Supondo agora um exemplo em que há recurso da defesa e seu julgamento pelo Tribunal.

Delito de "violação sexual mediante fraude", art. 215 do Código Penal.

Código Penal

Violação sexual mediante fraude

Art. 215. Ter conjunção carnal ou praticar outro ato libidinoso com alguém, mediante fraude ou outro meio que impeça ou dificulte a livre manifestação de vontade da vítima: (*Redação dada pela Lei n. 12.015, de 2009*)

Pena – reclusão, de 2 (dois) a 6 (seis) anos. (*Redação dada pela Lei n. 12.015, de 2009*)

Prazo prescricional da pretensão punitiva (com base no máximo da pena abstrata): 12 anos, art. 109, III.

Pelo referido crime, o réu foi condenado à pena de 2 anos de reclusão. Data da sentença: 13.02.2012.

Não tendo a acusação recorrido, a decisão transitou em julgado para ela.

A defesa apelou, pretendendo a absolvição, não tendo sua pretensão atendida, confirmando o Tribunal a pena aplicada na decisão de primeiro grau. Data do acórdão: 05.01.2015.

Será essa pena (2 anos de reclusão), concretizada na sentença e confirmada em 2ª instância, que irá regular o prazo de prescrição, que será de 4 anos (art. 109, V).

Nesse exemplo, está se considerando o acórdão confirmatório como causa interruptiva do curso do prazo de prescrição, e, com sua edição, surge a oportunidade para aferição da prescrição retroativa em um novo período de tempo delimitado pela data da publicação do acórdão recorrível e a data da publicação da sentença recorrível. Esta (a retroativa) não ocorreu, pois o tempo de 2 anos, 10 meses e 25 dias – transcorrido entre os citados polos – não superou o prazo prescricional de 4 anos. De outra parte, tendo o acórdão interrompido o prazo prescricional de 4 anos, esse prazo todo passa a ser contado para a frente (prescrição intercorrente), determinando uma nova data-limite, 04.01.2019, para essa prescrição.

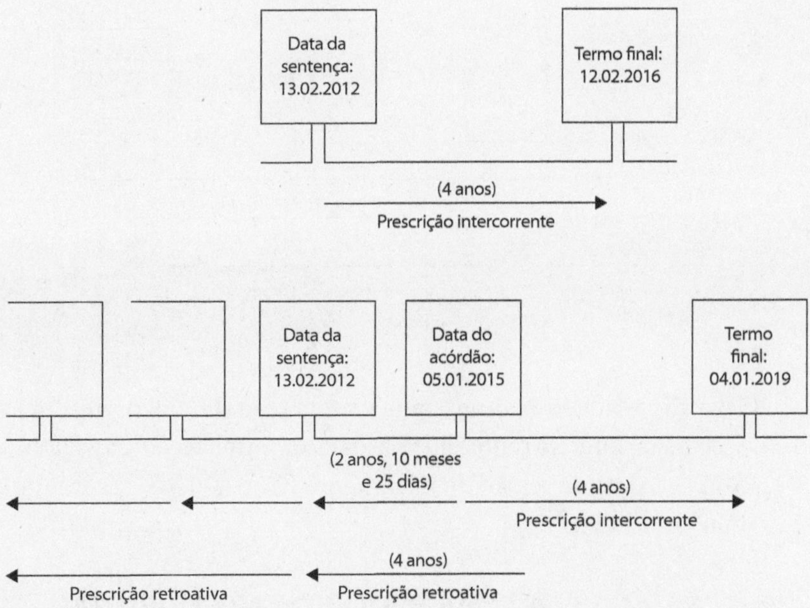

Contudo, havendo demora na edição do acórdão, estaremos diante de eventual prescrição intercorrente ou subsequente à sentença condenatória. E ela acontecerá caso o Tribunal realize o julgamento do recurso em data posterior ao termo final do prazo prescricional, 12.02.2016. Assim, a partir da data da publicação da sentença condenatória recorrível, 13.02.2012, para a frente, tem curso o prazo prescricional intercorrente de 4 anos, o qual, se superado, dá causa à prescrição. O Tribunal, constatando a superação do prazo, reconhece a prescrição intercorrente e declara extinta a punibilidade nos termos do art. 107.

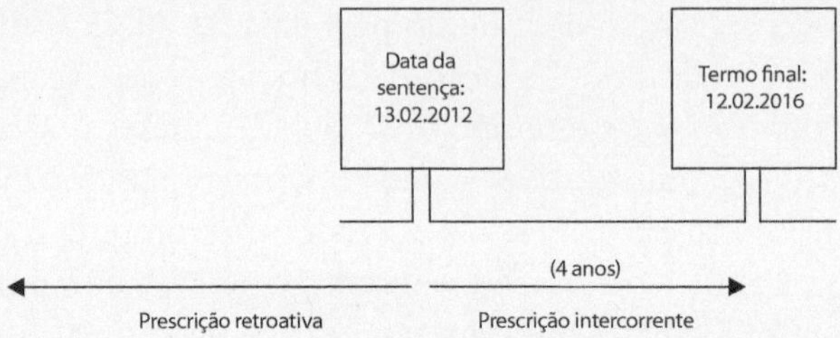

Os gráficos acima demonstram a superação do prazo prescricional da pretensão intercorrente entre a data da publicação da sentença (13.02.2012) e a data da sessão de julgamento (27.03.2016), superando o termo final em 12.02.2016.

5. PRESCRIÇÃO PELA PENA REDUZIDA NO TRIBUNAL

No exemplo dado, art. 215 do CP, "violação sexual mediante fraude", supondo que o réu tenha sido condenado agora a uma pena de 3 anos de reclusão (prazo prescricional 8 anos, art. 109, IV).

A sentença transitou em julgado para a acusação.

A defesa do réu recorreu e o Tribunal deu provimento ao recurso fixando a pena mínima de 2 anos. Será essa pena modificada para menos, na instância superior, que irá regular a apuração do prazo prescricional da prescrição retroativa (e também da prescrição intercorrente). Esse prazo será de 4 anos (art. 109, V).

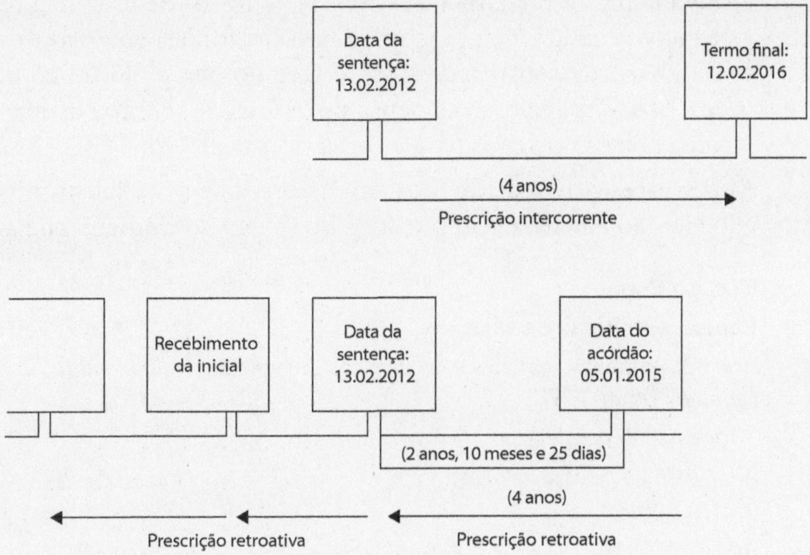

Não ocorrerá a prescrição retroativa se sobrevier acórdão condenatório recorrível em data anterior ao termo final 12.02.2016, fixado com base no prazo prescricional de 4 anos. Como se vê, há a edição do acórdão (confirmatório) em 05.01.2015, estabelecendo, assim, o tempo de 2 anos, 10 meses e 25 dias entre a data da publicação do acórdão recorrível e a data da publicação da sentença condenatória recorrível (13.02.2012).

Por outro lado, superado o prazo prescricional de 4 anos, sem que se obtenha um acórdão definitivo (irrecorrível), como já exposto, partindo da sentença condenatória para a frente, a prescrição que se concretiza é a prescrição intercorrente ou superveniente à sentença condenatória.

6. FORMAS DE APURAÇÃO DO PRAZO DA PRESCRIÇÃO RETROATIVA

a) **Se a pena fixada pela sentença foi privativa de liberdade**, será essa pena concretamente imposta que irá regular o prazo da prescrição retroativa.

b) **Se a pena foi restritiva de direitos**, o prazo prescricional retroativo tomará por base o mesmo prazo da pena privativa de liberdade substituída. Esse o teor do parágrafo único do art. 109: "Aplicam-se às penas restritivas de direitos os mesmos prazos previstos para as privativas de liberdade".

As penas restritivas de direitos têm natureza de pena substitutiva (art. 44 do Código Penal). Estão previstas no art. 43 do Código Penal.

Código Penal

Penas restritivas de direitos

Art. 43. As penas restritivas de direitos são: (*Redação dada pela Lei n. 9.714, de 1998*)

I – prestação pecuniária;

II – perda de bens e valores;

III – (*vetado*)

IV – prestação de serviço à comunidade ou a entidades públicas;

V – interdição temporária de direitos;

VI – limitação de fim de semana.

(...)

Distinção entre pena pecuniária e pena de multa: a prestação pecuniária não se confunde com a pena de multa.

O eminente Procurador de Justiça Antônio Lopes Monteiro, manifestando-se no Recurso de Apelação n. 469.480.3/1-00, da Comarca de Birigui, reconheceu a ocorrência da prescrição retroativa em relação aos crimes de peculato cometidos, em continuidade delitiva, nos anos de 1997 e 1998. Na sentença, houve a substituição da pena privativa de liberdade por pena pecuniária. Os crimes individualmente considerados (art. 119 do CP) foram apenados com 2 anos de reclusão cada, estabelecendo essa pena detentiva o prazo prescricional de 4 anos (art. 109, V, do CP). Excedido esse prazo prescricional de 4 anos, no período compreendido entre o recebimento da denúncia e a consumação do delito, ocorreu a prescrição retroativa. E prossegue o ilustre Procurador, citando o julgado publicado na *RTJ* 114/1073, o qual oportunamente esclarece:

> A prestação pecuniária é uma pena restritiva de direitos (arts. 43, I e 45, § 1º, do CP). Não se confunde com a pena de multa, cuja natureza é

distinta. Ambas têm natureza penal, mas enquanto a prestação pecuniária é sempre substitutiva, a de multa não se encontra relacionada no rol do art. 43, do Código Penal, e é uma pena principal. Embora possa substituir a pena detentiva (art. 44, § 2º, do CP), não se confunde com pena restritiva de direitos tendo regras próprias no que tange à prescrição executória e pagamento, não cabendo, nem sequer, a conversão por não pagamento nos termos da redação do art. 51 do Código Penal (redação dada pela Lei n. 9.268/1996). Destina-se sempre ao Estado. Ao contrário a prestação pecuniária destina-se à vítima, a seus dependentes ou a entidades públicas ou privadas com fim social. Se não for paga converte-se na pena privativa de liberdade originalmente imposta (art. 44, § 4º, do CP).

c) **Se a pena foi só de multa** (original ou substitutiva, art. 44 do CP), o prazo será de 2 anos (art. 114, I do CP).

Cuida-se da aplicação de multa única em sentença que ainda não transitou em julgado para as partes, acusação e defesa.

Prescrição retroativa da pena de multa: Na hipótese de condenação tão somente em pena de multa, extingue-se a punibilidade pela ocorrência da prescrição da pretensão punitiva com o decurso de dois anos, contados da data da última causa de interrupção do prazo prescricional (STJ, REsp 119.490/MG, *DJU* 02.03.1998, p. 156).

d) **Na hipótese de aplicação de medida de segurança:**

d.1) Ao inimputável (art. 26, *caput*, do CP): reconhecida a inimputabilidade do agente, ele será absolvido (absolvição imprópria) e submetido a medida de segurança. Havendo absolvição, e não condenação, inexiste pena em que se balizaria a apuração do prazo de prescrição retroativa. Em face disso, o entendimento mais aceito é o de que, nesses casos, o prazo tome por base o máximo da pena abstrata cominada ao delito.

d.2) Ao semi-imputável (parágrafo único do art. 26): podem ocorrer três situações:

- **1ª situação:** concluindo pela responsabilidade diminuída do agente, o juiz condena e impõe pena privativa de liberdade, obrigatoriamente reduzida de 1/3 a 2/3. Essa pena concreta (reduzida) é que servirá de base para a apuração do prazo prescricional da prescrição retroativa.
- **2ª situação:** há condenação do semi-imputável, imposição de pena privativa de liberdade reduzida e substituição

desta por medida de segurança (internação ou tratamento ambulatorial), nos termos do art. 98 do Código Penal. Balizará o prazo de prescrição a pena detentiva substituída ou convertida em medida de segurança.

- **3ª situação:** pode o juiz aplicar diretamente a medida de segurança (o que não é recomendável), sem estabelecer antes a pena privativa de liberdade e sua redução. Nesses casos, o prazo da prescrição retroativa será regido pela pena mínima abstrata cominada ao delito.

7. HIPÓTESES DE OCORRÊNCIA DA PRESCRIÇÃO RETROATIVA

Assim como para a prescrição intercorrente, também para a prescrição retroativa são exigidas duas condições alternativas previstas no § 1º do art. 110: sentença condenatória com trânsito em julgado para a acusação ou improvimento do recurso da acusação.

7.1 Primeira hipótese de ocorrência

Nessa hipótese, no momento em que transita em julgado a decisão para a acusação, surge a possibilidade de se verificar a ocorrência da prescrição retroativa, não importando tenha o réu (defesa) apelado ou não. Nesse caso, o prazo prescricional será apurado com base na pena privativa de liberdade concreta aplicada na sentença, e será a pena máxima a que está sujeito o réu em face do conformismo do órgão acusador.

Se somente houver recurso da defesa estará o Tribunal impedido de agravar a pena em vista do princípio da proibição da *reformatio in pejus*. Em consequência, estabiliza-se o prazo prescricional calculado com base na pena imposta pelo juízo do primeiro grau. Nada impede, contudo, seja a pena diminuída em sede de recurso, e aí será a pena do acórdão que irá reger o prazo prescricional.

Exemplo: "violação do segredo profissional".

Código Penal

Violação do segredo profissional

Art. 154. Revelar alguém, sem justa causa, segredo, de que tem ciência em razão de função, ministério, ofício ou profissão, e cuja revelação possa produzir dano a outrem:

Pena – detenção, de 3 (três) meses a 1 (um) ano, ou multa.

Pena máxima cominada ao crime: 1 ano, prazo prescricional de 4 anos (art. 109, V).

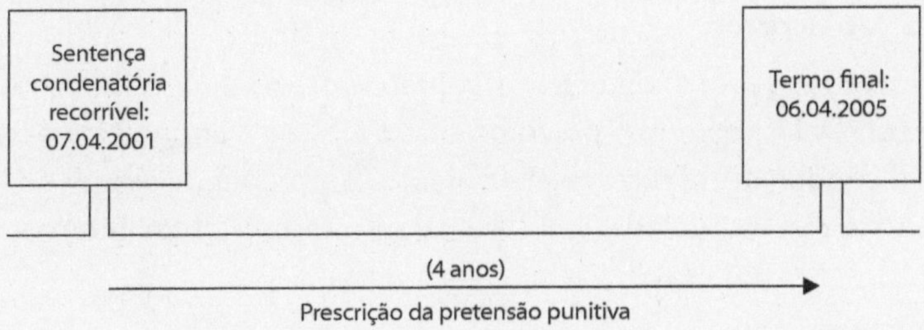

Ao final da instrução, o réu foi condenado à pena de 8 meses de detenção. Recebimento da inicial em 23.01.2000. Data da sentença: 07.04.2001.

Pena concreta imposta ao réu na sentença: 8 meses, prazo prescricional de 2 anos, art. 109, VI, pois o fato ocorreu em data anterior à vigência da Lei n. 12.234/2010.

A acusação não recorreu, transitando em julgado a sentença para ela. A partir do trânsito em julgado para a acusação, ocorre a possibilidade da prescrição retroativa.

Não obstante as diligências efetuadas, o réu e sua defesa ainda não foram intimados da sentença condenatória.

A contagem do prazo dar-se-á para trás, retroativamente, a partir da sentença condenatória recorrível, e a prescrição será aferida nos períodos de tempo delimitados pelas causas interruptivas.

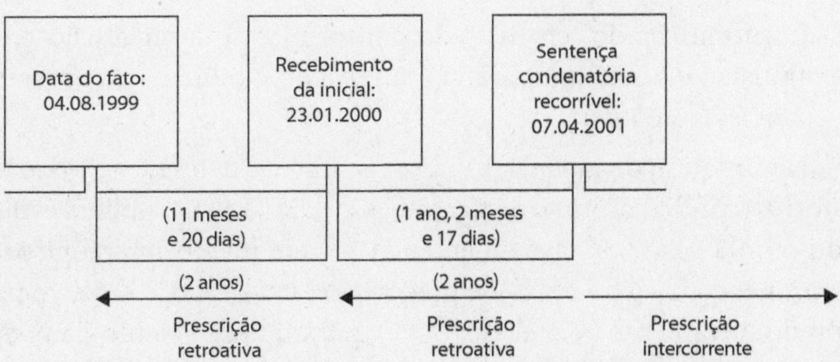

Não ultrapassado o prazo de 2 anos, como acontece no exemplo, entre as datas que limitam os períodos compreendidos entre a sentença e o recebimento da inicial e entre este e a data do fato, a prescrição retroativa não ocorreu.

Havendo recurso da defesa mas não sobrevindo acórdão condenatório recorrível, superado o prazo prescricional, de 2 anos, entre a data da sentença condenatória recorrível, 07.04.2001, e a data da sessão de julgamento do apelo, 09.06.2003, viabiliza-se outra prescrição, a intercorrente.

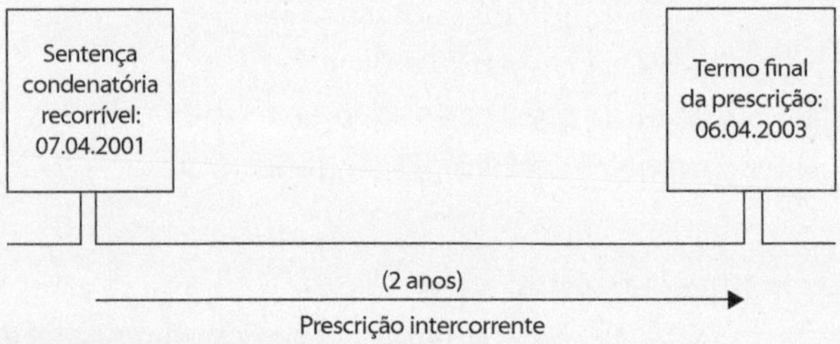

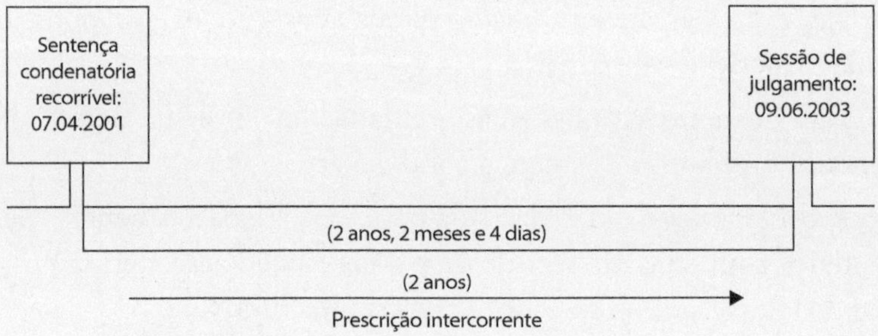

Como afirmado, em face do conformismo da acusação com a pena imposta no juízo monocrático, surge a possibilidade da ocorrência da prescrição retroativa.

Na hipótese de haver, contudo, recurso da defesa e acórdão condenatório (confirmatório) recorrível, na data de sua publicação, supondo em 02.01.2003, caso se entenda ser ele marco interruptivo, irá interromper o curso do prazo de prescrição (art. 117, IV) e todo o prazo é contado novamente (§ 2º do art. 117), para fins de cálculo da prescrição intercorrente.

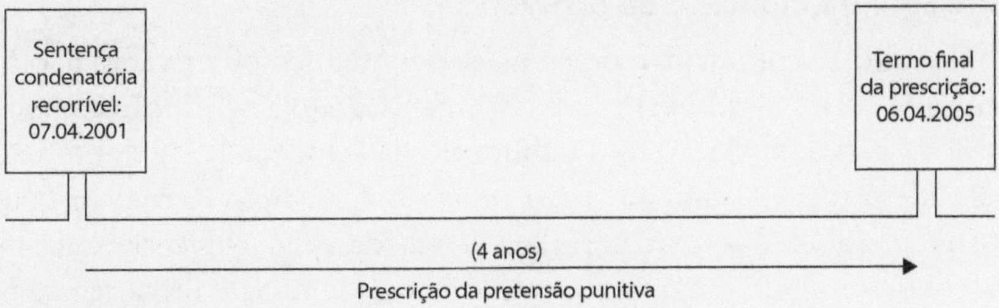

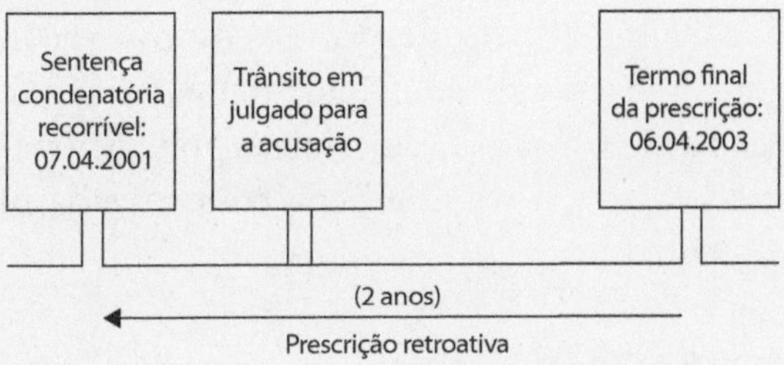

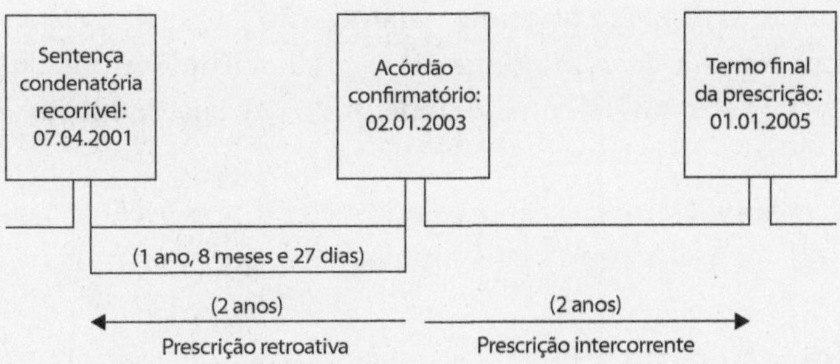

Observação: nos casos de acórdão condenatório como primeira decisão condenatória no processo (decisão absolutória em primeiro grau) e de acórdão condenatório emergente de processo julgado originalmente no Tribunal, diferentemente do que ocorre com o acórdão confirmatório, não há qualquer divergência em considerá-los fator interruptivo do curso do prazo prescricional. Estabelece-se, em consequência, o período de aferição da prescrição retroativa entre a data do acórdão e a data do recebimento da inicial e entre a data desse recebimento e a data do fato (neste último caso, tendo ocorrido o delito até 05.05.2010). Partindo também do acórdão, só que para a frente, far-se-á a contagem no alcance de eventual prescrição intercorrente.

7.2 Segunda hipótese de ocorrência

Aqui, ao contrário, o órgão acusador, público ou privado, não se conforma com o *quantum* da pena e apela, visando à agravação da pena privativa de liberdade. Após a publicação da sentença e, enquanto não se decide o recurso, não há como aplicar o "princípio retroativo"[4] em vista da possibilidade de majoração, ou não, da pena. Nessa circunstância, continua tendo curso a prescrição da pretensão punitiva regulada pelo máximo da pena detentiva abstrata.

Decidindo, contudo, o Tribunal pelo desprovimento do recurso da acusação, tem-se preenchida a condição exigida para aferição de eventual ocorrência da prescrição retroativa, cujo lapso prescricional, agora sim, será apurado levando-se em conta a pena concretizada na sentença e confirmada no Tribunal.

8. DO RECURSO DA ACUSAÇÃO

Esse recurso haverá que pretender a agravação da pena privativa de liberdade imposta na decisão de primeiro grau, abrindo a possibilidade de sua majoração no Tribunal e impedindo, até sua definição, a aplicação do princípio retroativo.

Diz o Professor Damásio: "Somente impede a prescrição retroativa o recurso da acusação que visa à agravação da pena privativa de liberdade".[5]

Com efeito, no recurso, pode a acusação não se insurgir contra a quantidade da pena detentiva imposta na sentença (em relação a ela a acusação se conforma), e essa pena não poderá ser modificada para mais no Tribunal. Recorre, então, pretendendo outros fins, por exemplo, a cassação do *sursis*, a inclusão de multa cumulativa, a agravação de pena de multa, a mudança do regime prisional. Nesses casos, não haverá óbice ao acolhimento do princípio retroativo, devendo-se desde logo verificar eventual ocorrência da prescrição, e será aquela pena imposta na sentença do juízo monocrático, a máxima a que se submete o réu, que irá reger o prazo prescricional da prescrição retroativa.

---

4 JESUS, Damásio E. de. *Prescrição penal*. 6. ed. São Paulo: Saraiva, 1991. p. 164.

5 JESUS, Damásio E. de. *Prescrição penal*. 6. ed. São Paulo: Saraiva, 1991. p. 179.

Exemplo: "furto de coisa comum".

Código Penal

Furto de coisa comum.

Art. 156. Subtrair o condômino, co-herdeiro ou sócio, para si ou para outrem, a quem legitimamente a detém, a coisa comum:

Pena – detenção, de 6 (seis) meses a 2 (dois) anos, ou multa.

(...)

Pena máxima cominada ao crime: 2 anos, prazo prescricional de 4 anos (art. 109, V).

Sobreveio sentença condenatória recorrível, datada de 04.03.2006, aplicando ao réu uma pena de 10 meses de detenção, prazo prescricional de 2 anos (art. 109, VI).

A acusação recorreu objetivando a reforma da sentença para aplicação da pena máxima, de 2 anos de detenção.

Enquanto não decidido o recurso, fica vedada a aplicação do princípio retroativo. A prescrição continua sendo a prescrição da pretensão punitiva, e seu prazo calculado com base no máximo da pena privativa de liberdade abstrata.

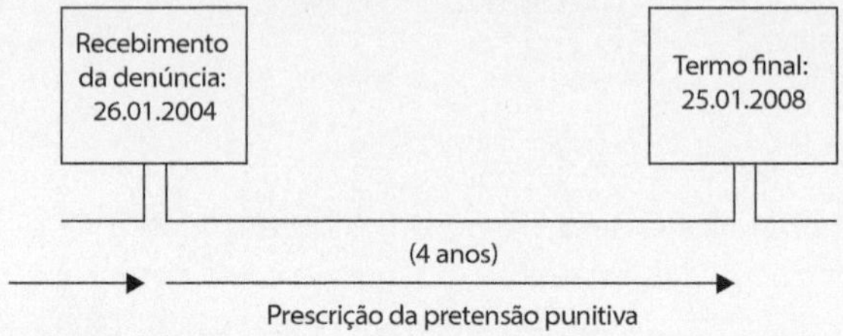

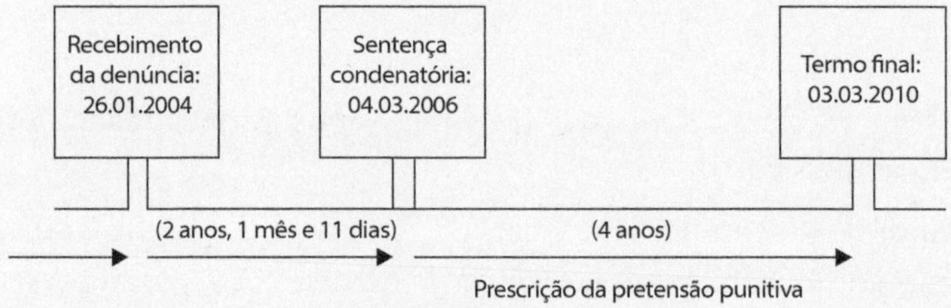

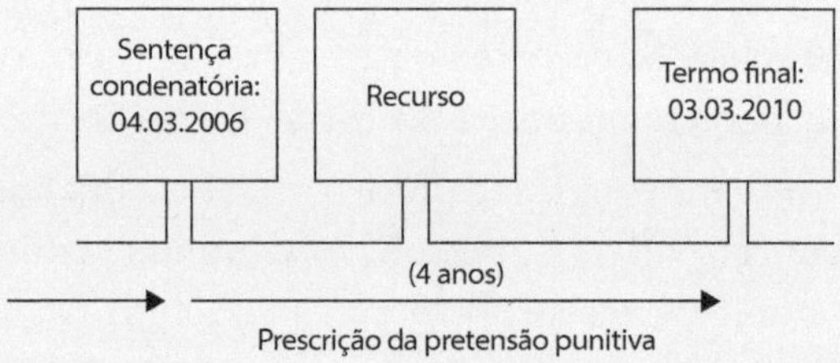

Interposto o apelo pela acusação e sendo este improvido, abre-se a perspectiva da ocorrência da prescrição retroativa. O prazo será regido pela pena concreta da sentença, e sua contagem se inicia a partir da publicação do acórdão condenatório confirmatório, em 07.05.2007, que interrompe o lapso prescricional e será feita regressivamente.

É importante observar que, admitido o acórdão confirmatório como causa interruptiva do prazo da prescrição punitiva, a partir da data de sua publicação se inicia (para a frente) a contagem do prazo por inteiro.

Não havendo interrupção com a edição do acórdão confirmatório, como entendem alguns doutrinadores, o lapso prescricional será medido entre a data da publicação da sentença e o julgamento definitivo do acórdão.

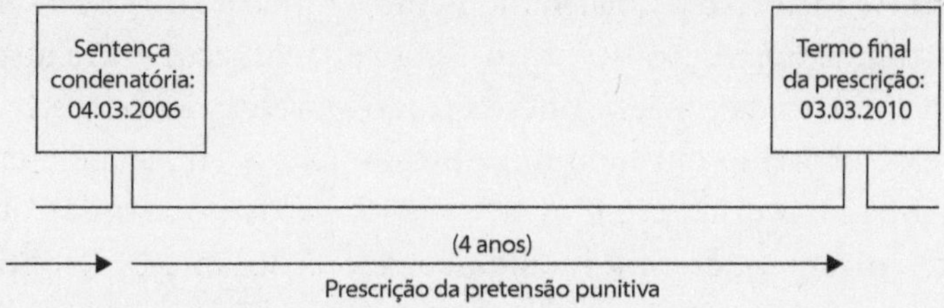

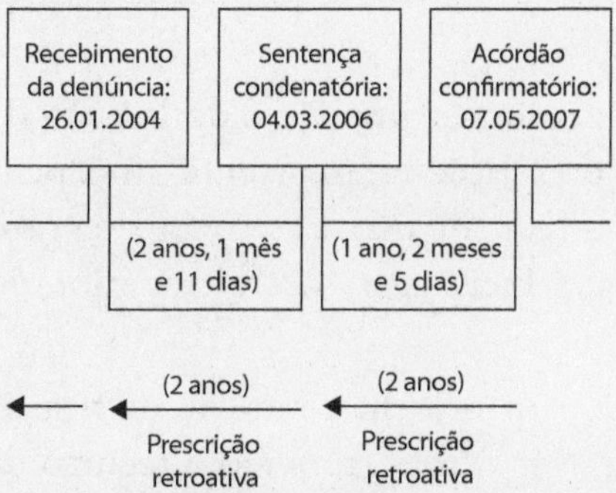

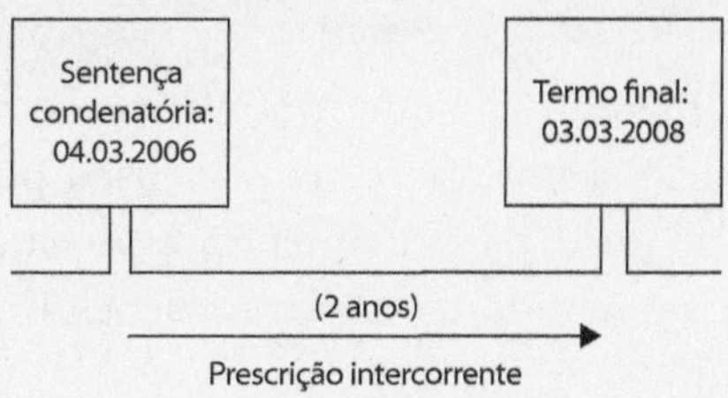

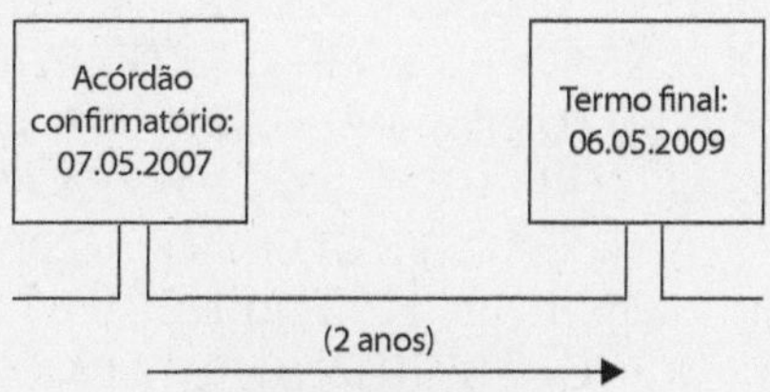

Autorizado o princípio retroativo pela confirmação na 2ª instância da pena privativa de liberdade aplicada na sentença, firma-se o prazo prescricional de 2 anos, que será medido anteriormente ao acórdão condenatório. No primeiro momento, entre o acórdão e a sentença, não ocorreu a superação do prazo. Esta vai acontecer entre a sentença e o recebimento da inicial, concretizando a prescrição retroativa. Caso não tivesse ocorrido em nenhum dos momentos em que é aferida retroativamente, terá curso, para a frente, a partir do acórdão, a prescrição intercorrente, que será medida entre o acórdão e o definitivo trânsito em julgado dele para ambas as partes.

Mas e se o apelo da acusação é provido e a pena detentiva agravada?

O provimento do recurso, a nosso ver, impede a declaração da prescrição retroativa (e também da prescrição intercorrente), independentemente de a pena aumentada acarretar, ou não, o aumento do prazo prescricional pela transposição de um inciso para outro, superior, do art. 109.

Assim, em que pese o posicionamento em contrário de respeitados juristas, firmamos o entendimento de que, provido o recurso da acusação, fica vedada, sem qualquer exceção, a aplicação do princípio retroativo.

Em consequência, a prescrição que continua tendo curso é a primeira espécie de prescrição, a prescrição da pretensão punitiva (pena abstrata). Isso porque, no caso de provimento, essa situação não se enquadra nas hipóteses autorizadoras das prescrições intercorrente e retroativa.

> Ementa: *HABEAS CORPUS*. CORRUPÇÃO PASSIVA. PRESCRIÇÃO DA PRETENSÃO PUNITIVA RETROATIVA. LEI N. 12.243/2010. INAPLICABILIDADE. PRINCÍPIO DA IRRETROATIVIDADE DA LEI PENAL MAIS GRAVOSA. PACIENTE COM MAIS DE 70 (SETENTA) ANOS AO TEMPO DO ACÓRDÃO CONDENATÓRIO. LAPSO PRESCRICIONAL REDUZIDO PELA METADE. PRESCRIÇÃO RECONHECIDA. ORDEM CONCEDIDA. 1. Conquanto a tese da prescrição da pretensão punitiva retroativa não tenha sido apreciada pela instância de origem, o seu reconhecimento por este Tribunal Superior não implica indevida supressão de instância, uma vez que se trata de matéria de ordem pública, que pode ser apreciada de ofício e em qualquer grau de jurisdição. 2. Prescrição retroativa. Lei n. 12.243/2010. Inaplicabilidade à espécie. Delito praticado

em data à vigência do referido diploma legal. A prescrição é instituto de direito material, logo qualquer alteração que restrinja âmbito de abrangência desta benesse, a fim de agravar a situação do réu, não poderá retroagir para alcançar-lhe, tendo em vista o princípio da irretroatividade da lei penal mais gravosa. 3. Sanção penal aplicada: 2 (dois) anos, 2 (dois) meses e 20 (vinte) dias de reclusão. Lapso prescricional: 8 (oito) anos, nos termos do art. 109, V, 110, § 2º, do Código Penal. 4. Paciente, ao tempo do acórdão condenatório – 17 de junho de 2010 – possuía mais de 70 (setenta) anos de idade, razão pela qual deve incidir o regramento contido no art. 115 do Código Penal, isto é, o lapso prescricional deve ser reduzido pela metade. 5. Delito cometido em 21 de março de 2001. Denúncia recebida no dia 4/12/2006. Lapso superior a 4 (quatro) anos entre estes dois marcos. Reconhecimento da prescrição punitiva retroativa. 6. Ordem concedida, a fim de reconhecer a prescrição retroativa (STJ, HC 211001/DF 2011/0147236-0, data de publicação: 21.03.2012).

Representando graficamente a situação descrita no acórdão:

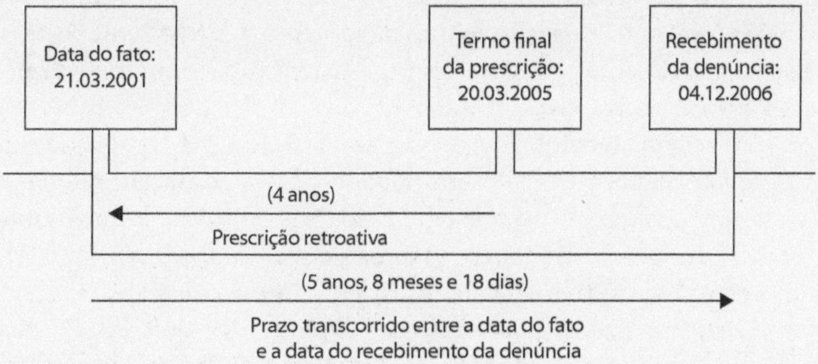

Ementa: PENAL. LESÃO CORPORAL GRAVE. DOSIMETRIA. *REFORMATIO IN PEJUS*. OCORRÊNCIA. NEGATIVAÇÃO DE CIRCUNSTÂNCIA CONSIDERADA FAVORÁVEL PELO JUIZ SINGULAR. UTILIZAÇÃO DE FUNDAMENTOS INÉDITOS. RECURSO EXCLUSIVO DA VÍTIMA. PRECEDENTES. AGRAVO ACUSATÓRIO IMPROVIDO. PRESCRIÇÃO RETROATIVA. OCORRÊNCIA. EXTINÇÃO DA PUNIBILIDADE. 1. Há que se falar em ofensa ao princípio do *non reformatio in pejus*, quando, em recurso exclusivo da defesa, o Tribunal de origem, utilizando-se de fundamentos novos, macula circunstância não negativada pelo juiz singular, mesmo que a pena definitiva não tenha sido majorada. 2. No caso, efetivamente, verifica-se a ocorrência da prescrição da pretensão punitiva, na modalidade retroativa, uma vez que, de acordo com a pena fixada nesta Corte (1 ano e 6 meses), o lapso prescricional é de 4 anos, nos termos do art. 109, V, do Código Penal, prazo este transcorrido entre os marcos interruptivos referentes ao recebimento da denúncia e à prolação da sentença condenatória. 3. Agravo Regimental do Ministério Público Federal improvido. Agravo Regimental de A. G. D. provido para reconhecer a prescrição e extinguir a punibilidade do agravante, com fundamento nos arts. 107, IV, e 109, V, do Código Penal (STJ, AgRg no REsp 1677987/PA, 2017/0146708-7, data de publicação: 13.10.2007).

Ementa: DO PLEITO PELA DECLARAÇÃO DA PRESCRIÇÃO INTERCORRENTE DA PRETENSÃO PUNITIVA DO ESTADO: IMPROCEDENTE, HAJA VISTA RESTAR CONFIGURADA NO PRESENTE CASO A PRESCRIÇÃO RETROATIVA ENTRE OS MARCOS INTERRUPTIVOS, QUAIS SEJAM OS RECEBIMENTO DA DENÚNCIA E A PUBLICAÇÃO DA SENTENÇA, A QUAL FORA RECONHECIDA *EX OFFICIO*. RECURSO CONHECIDO E IMPROVIDO, NOS TERMOS DO VOTO DO RELATOR. 1. DA PRESCRIÇÃO RETROATIVA: Conforme consta da sentença (fls. 81/86) o réu fora condenado em 03 (três) anos de reclusão e ao pagamento de 80 (oitenta) dias-multa, a ser cumprida inicialmente em regime fechado, como incurso nas sanções punitivas previstas no art. 12, da Lei n. 6.368/76. Sabe-se que a prescrição, nos termos do § 1º, do art. 110 do CPB, depois da sentença condenatória com trânsito em julgado para a acusação, regula-se pela pena aplicada, como no presente caso. Nessa esteira de raciocínio, se o réu foi condenado em 03 (três) anos de reclusão, o prazo prescricional da pretensão punitiva do Estado para o crime do réu é de 08 (oito) anos, em inteligência ao disposto no art. 109, inciso IV do CPB. Destarte, no presente caso, do recebimento da denúncia (17/06/1993) (fls. 03), que é marco interruptivo da prescrição conforme dispõe o art. 117, inciso I do CPB, até o marco interruptivo seguinte, qual seja, a publicação da sentença, nos termos do art. 117, IV, CPB, publicada em 22/06/2011, 1º ato da Secretaria após a sentença, transcorre o prazo de 18 (dezoito) anos e 05 (cinco) dias, prazo este superior aos 08 (oito) anos em que o Estado tinha o direito de punir o réu, pelo que se nota restar prescrita a pretensão punitiva do Estado. 2. RECURSO CONHECIDO e IMPROVIDO, entretanto, reconhecida *ex officio* a prescrição retroativa para declarar prescrita a pretensão punitiva do Estado com a consequente extinção de punibilidade do réu no presente caso, nos termos do voto relator (TJPA, Apelação APL 0000004161995840109/Belém, data de publicação: 16.12.2016).

Representando graficamente a situação descrita no acórdão:

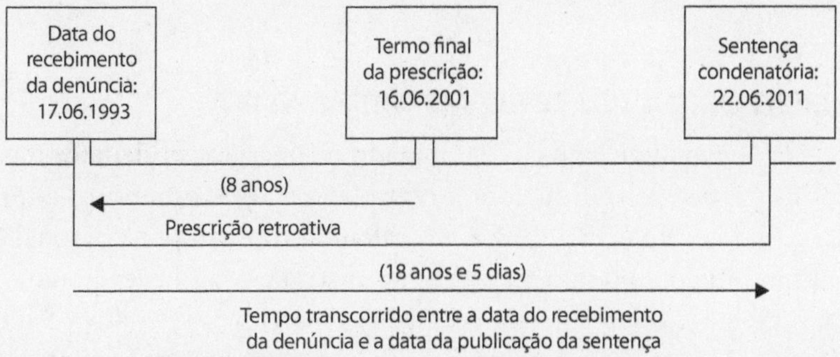

9. COMPETÊNCIA PARA O RECONHECIMENTO DA PRESCRIÇÃO RETROATIVA

A declaração da extinção da punibilidade pela prescrição retroativa pressupõe a existência de uma sentença condenatória. Ao prolatá-la, o juiz esgota sua função jurisdicional, não podendo retomá-la para reformar a própria decisão.

A questão, contudo, suscita muitas divergências, bem refletidas nos comentários de Führer: "Tem-se entendido que o juiz não deve declarar a prescrição retroativa na própria sentença, pois ainda não decorreu o prazo recursal da acusação".[6]

Mas, após o trânsito em julgado para a acusação, pode o juiz declarar a prescrição retroativa?

As opiniões divergem. Uns são contra, entendendo que a prescrição retroativa não pode ser reconhecida em primeiro grau, pois, após a sentença, o juiz do processo já exauriu sua jurisdição, e o juiz da execução só trata da prescrição da pretensão executória (Damásio, Mirabete).

Para outros, porém, a prescrição retroativa pode ser reconhecida em primeiro grau, pois ela rescinde a sentença e todos os seus efeitos. A prescrição é de ordem pública. "Em qualquer fase do processo, o juiz, se reconhecer extinta a punibilidade, deverá declará-lo de ofício" (art. 61 do CPP) (Silva Franco, Luiz Flávio Gomes) (*RT* 633/312; *PJ* 20/266).

6 FÜHRER, Maximilianus Claudio Américo. *Resumo de direito penal*: parte geral. 5. ed. São Paulo: Malheiros, 1993. p. 139-140.

Parece-nos mais adequada a segunda corrente, pois, não declarando a prescrição retroativa, o juiz ficará sujeito à impetração de *habeas corpus*.

10. EFEITOS DA PRESCRIÇÃO RETROATIVA

Não havendo o trânsito em julgado da decisão condenatória para ambas as partes, de acordo com a regra do art. 109, estamos diante da prescrição da pretensão punitiva e o cálculo do prazo prescricional deveria levar em conta o máximo da pena abstrata. Mas, excepcionando a regra, estabelece o referido artigo que as prescrições retroativa e intercorrente terão seus prazos prescricionais apurados com base na pena concretizada na sentença (art. 109, *caput*, c/c o art. 110, § 1º).

Ocorre que, tendo o seu campo de incidência antes do trânsito em julgado da decisão condenatória, a prescrição retroativa tem natureza, para todos os efeitos, de prescrição da pretensão punitiva, da qual é uma modalidade. Assim, seu reconhecimento rescinde não só a decisão condenatória, mas também toda a ação penal, anulando todos os seus efeitos principais e secundários.

"Consumada a modalidade de prescrição, dá-se a rescisão da sentença condenatória, que não mais pode fazer coisa julgada material e apenas produz o efeito de reger, pela pena que aplicou, o prazo prescricional" (TACrimSP, Rec. 418.917-6, 3ª Câm., rel. Dante Busana, 18.02.1986, v. u., *RT*, 607/322).

11. PRESCRIÇÃO VIRTUAL, PROJETADA OU ANTECIPADA OU PRESCRIÇÃO PELA PENA IDEAL

Finalmente, cabe apreciarmos a questão relacionada ao reconhecimento antecipado da prescrição retroativa. Cuida-se aqui da chamada **prescrição virtual, projetada ou antecipada, também chamada de prescrição pela pena ideal**.

Como já sabemos, eventual reconhecimento da prescrição virtual, quando admitida, terá incidência somente sobre o primeiro período (processual) entre a data da publicação da sentença e a data do recebimento da inicial acusatória, em vista da restrição imposta pela Lei n. 12.234/2010.

Com base na afirmação de que "não haveria justa causa para se iniciar ou continuar a ação penal quando já se escoou o lapso prescricional referente à pena a ser eventualmente aplicada", Führer[7] esclarece que, por razão de ordem político-criminal, alguns Tribunais têm defendido a antecipação do reconhecimento da prescrição retroativa.

O assunto tem sido objeto de discussão e gerado alguma divergência jurisprudencial.

Os que defendem seu reconhecimento antecipado sustentam, entre outros argumentos:

a) não haver interesse do Estado em movimentar toda a máquina judiciária para, ao final, perceber que estava extinta a punibilidade pela prescrição retroativa;

b) haver, ao antecipar esse reconhecimento, auxílio à administração da Justiça, pela diminuição do número de processos e atendimento ao princípio da economia processual;

c) evitar-se com tal medida, o desgaste judicial provocado pela ineficácia das decisões que, decretadas posteriormente, além de rescindir a sentença anterior condenatória de primeiro grau, deixam de gerar qualquer efeito para o réu, em razão de ter a natureza de prescrição da pretensão punitiva ou prescrição da ação.

Por sua vez, aqueles que não admitem o reconhecimento antecipado da prescrição retroativa trazem os seguintes fundamentos:

a) que tal reconhecimento, antes de concluída a instrução, impede que o réu prove sua inocência;

b) impõe ao réu uma "presunção de culpa", por aceitar uma pena, que servirá de parâmetro para o reconhecimento da prescrição retroativa, antes da instrução criminal, uma vez que impede ou trunca o devido processo legal;

c) impede eventual apuração de um delito mais grave, que poderia ser percebido durante a instrução criminal, ensejando a *mutatio libelli*, e determinando uma ampliação do prazo prescricional;

d) baseia-se em uma pena em concreto provisória.

---

7 FÜHRER, Maximilianus Claudio Américo. *Resumo de direito penal*: parte geral. 5. ed. São Paulo: Malheiros, 1993. p. 129.

Na prática, é grande o número de juízes favoráveis ao reconhecimento antecipado da prescrição retroativa em primeira instância e não em grau de recurso pela instância superior, como entendemos ser tecnicamente mais recomendável. Pode acontecer que o Promotor de Justiça, indo além, e vislumbrando possível ocorrência da prescrição retroativa, deixe de oferecer a denúncia, requerendo o arquivamento do inquérito policial, sob o fundamento de falta de interesse de agir.

Esse posicionamento do Ministério Público, salvo melhor juízo, nos parece inaceitável. É que, caso o juiz acolha esse entendimento e determine o arquivamento dos autos, subtrai-se do Poder Judiciário a possibilidade de apreciar, por intermédio do devido processo legal e de modo mais amplo, aquele fato em tese criminoso imputado ao acusado. Tal entendimento se nos afigura, com muita clareza, principalmente se continuadamente adotado, como fator importante a contribuir com o sentimento geral de impunidade, tão alardeado entre nós.

Ademais, a aceitação de uma pena hipotética (ou em perspectiva, ou virtual) baseada na presunção de uma sentença condenatória antecipadamente reconhecida pelo juiz, o que em suma é o que representa a prescrição retroativa virtual ou projetada, tem sido rechaçada pelos nossos Tribunais, sob o argumento de ser "inadmissível pretender-se a declaração de extinção da punibilidade pela prescrição retroativa, ponderada em face da pena concretizada, se a ação criminal pende de julgamento de 1ª instância" (TJSP, *RT* 742/620), e de que "Antes da sentença a pena é abstratamente cominada e o prazo prescricional se calcula pelo máximo, não podendo ser concretizada por simples presunção" (TACrimSP, *RT* 688/323).

Invocam os Tribunais, como fundamentação, a Súmula 438 do Superior Tribunal de Justiça, de 13/05/2010: "É inadmissível a extinção da punibilidade pela prescrição da pretensão punitiva com fundamento em pena hipotética, independentemente da existência ou sorte do processo penal".

Alfredo Gomes Neto ensina:

> O uso e a decretação da prescrição retroativa antecipada ou pela pena *in perspectiva* não tinha e não tem amparo legal. É, sem sombra de dúvidas, uma criação doutrinária e jurisprudencial, aplicada na primeira

> instância e até, com muita lógica e sentido prático, pelos tribunais brasileiros. (...) Quando, em atendimento à Súmula 438 do STJ, não se aplica a tese da prescrição da pretensão punitiva retroativa ou antecipada, movimenta-se desnecessariamente a máquina judiciária...[8]

Ilustrativos, a respeito, outros acórdãos como os transcritos a seguir:

> Ementa: PRESCRIÇÃO PELA PENA EM PERSPECTIVA. INADMISSIBILIDADE. SÚMULA 438 DO STJ. REFORMA DA DECISÃO. 1. O Supremo Tribunal Federal já firmou o entendimento no sentido da impossibilidade de reconhecimento da prescrição virtual, ou projetada ou em perspectiva da pretensão punitiva. 2. O Superior Tribunal de Justiça editou o enunciado 438, no sentido de que é inadmissível a extinção da punibilidade pela prescrição da pretensão punitiva com fundamento em pena hipotética – como é o caso da prescrição virtual. Recurso em sentido estrito provido para receber a denúncia, e determinar o retorno dos autos à origem para o regular prosseguimento da ação penal (TRF-1, Recurso em Sentido Estrito SER 00442423920154013400 0044242-39-2015 401 3400, data de publicação: 29.08.2017).
>
> A prescrição antecipada toma como referência dado aleatório, ou seja, suposta data de trânsito em julgado de sentença condenatória, ou de hipotética condenação. Há evidente obstáculo constitucional. A condenação não pode ser aceita pela parte. Urge desenvolver o processo em todas as etapas. Só a sentença gera o status de condenado. Impor-se-iam, ademais, todas as consequências, de que são exemplos configuração de antecedente penal e título executório no cível. Insista-se, inadmissível em nosso quadro constitucional. A condenação reclama o devido processo legal (STJ, *RSTJ* 68/97).
>
> Para a decretação da prescrição retroativa, dois pressupostos devem ser observados: a ausência de recurso da acusação ou o seu improvimento, motivos pelos quais os Tribunais pátrios não adotam a prescrição retroativa com base em perspectiva de pena, até porque tal modalidade de prescrição retira do autor da ação penal o direito de recorrer contra o *quantum* penalógico, que não chega a se concretizar. A sentença que consagra a prescrição retroativa com base na expectativa da pena deve ser anulada, devolvendo-se o feito ao Juízo de origem, para que outra seja prolatada (*RT* 734/707).

---

[8] GOMES, Alfredo Neto. *Prescrição penal:* uma forma fácil de entender. 2. ed. Leme: EDIJUR, 2017. p. 106.

Ementa: Recurso Ordinário em *Habeas Corpus*. Prescrição antecipada ou prescrição em perspectiva. Falta de previsão legal. Rejeição. A tese dos autos já foi apreciada pelo Supremo Tribunal Federal, cuja orientação é no sentido de refutar o instituto ante a falta de previsão legal. Precedentes. Recebimento da denúncia pelo Tribunal Regional Federal. Alegada supressão de instância. Súmula 709 do Supremo Tribunal Federal. Inocorrência de supressão de instância, nos termos da Súmula 709 do Supremo Tribunal Federal, que preceitua: "Salvo quando nula a decisão de primeiro grau, o acórdão que provê o recurso contra a rejeição da denúncia vale, desde logo, pelo recebimento dela." Recurso Ordinário em *habeas corpus* a que se nega provimento. Essa rejeição à prescrição virtual ou antecipada ou em perspectiva tem sido sistemática em nossos Tribunais superiores. Nesse sentido, com efeito, a recente Súmula 438 de 13/5/2010, do Superior Tribunal de Justiça: "É inadmissível a extinção da punibilidade pela prescrição da pretensão punitiva com fundamento em pena hipotética, independentemente da existência ou sorte do processo penal" (STF, Recurso Ordinário em *Habeas Corpus* n. 86.950-5/MG, Rel. Joaquim Barbosa, *DJU* 10.08.2006, p. 28).

– VI –
PRESCRIÇÃO DA PRETENSÃO EXECUTÓRIA

1. CONSIDERAÇÕES GERAIS

O gráfico a seguir demonstra a marcha das prescrições até o acórdão condenatório irrecorrível (trânsito em julgado para as partes), a partir do qual tem início a prescrição da pretensão executória:

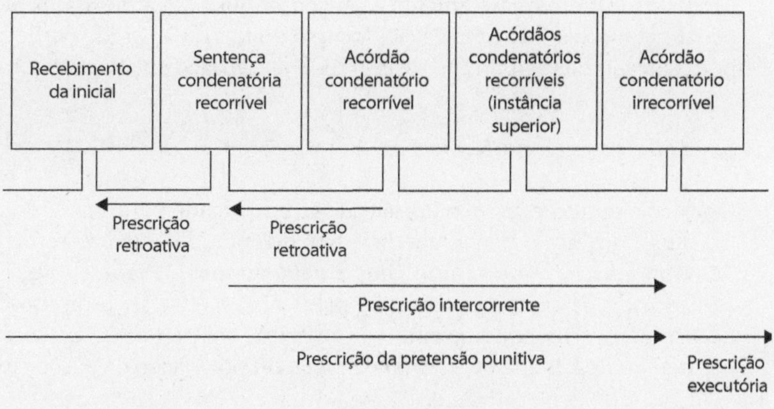

A **prescrição da pretensão executória**, também chamada de **prescrição da condenação** ou de **prescrição da pena**, vem prevista no art. 110, *caput*, do Código Penal, sob o título de "prescrição depois de transitar em julgado sentença final condenatória".

Código Penal

Prescrição depois de transitar em julgado sentença final condenatória

Art. 110. A prescrição depois de transitar em julgado a sentença condenatória regula-se pela pena aplicada e verifica-se nos

> prazos fixados no artigo anterior, os quais se aumentam de um terço, se o condenado é reincidente.

Pretensão executória é o direito que tem o Estado de aplicar ao réu a sanção penal fixada concretamente na sentença ou no acórdão condenatórios.

Prescrição da pretensão executória é a perda, pelo tempo decorrido, do direito de o Estado executar aquela pena imposta ao réu na decisão condenatória.

Na definição do Professor Damásio, é "a perda do direito de executar a sanção penal imposta na sentença condenatória pelo decurso do tempo".[1] E ensina:

> Com o trânsito em julgado da sentença condenatória, o direito de punir concreto se transforma em *jus executionis*: o Estado adquire o poder-dever de impor concretamente a sanção imposta ao autor da infração penal pelo Poder Judiciário. Pelo decurso do tempo o Estado perde esse poder-dever, perde o direito de exercer a pretensão executória.[2]

Segundo preleciona Mirabete,

> Quando a sentença condenatória transita em julgado para ambas as partes, surge um título penal, que deve ser executado dentro de um lapso de tempo, variável de acordo com a pena aplicada. Perde ele sua força executiva se não for exercitado pelos órgãos estatais o direito dele decorrente, verificando-se então a prescrição da pretensão executória, também denominada prescrição da pena, ou prescrição da execução.[3]

Pela prescrição da pretensão punitiva, primeiro tipo de prescrição, o Estado perde o direito de ação. Assim, ela faz desaparecer o direito de, exercitando a ação penal, punir o autor do delito. É, por conseguinte, a perda do direito de exercer o *jus persequendi in juditio* ou o *jus punitionis*. Todavia, muitas vezes, o Estado exerce o seu direito de ação e, por

---

1 JESUS, Damásio E. de. *Código Penal anotado*. 7. ed. São Paulo: Saraiva, 1989. p. 259.

2 JESUS, Damásio E. de. *Prescrição penal*. 6. ed. São Paulo: Saraiva, 1991. p. 91.

3 MIRABETE, Júlio Fabbrini. *Código Penal interpretado*. São Paulo: Atlas, 1999. p. 581.

meio dela, obtém do Poder Judiciário uma sentença final condenatória impondo uma pena ao acusado. Mas não fica livre da prescrição, pois o Estado estará obrigado, pela lei, a executar a pena imposta ao réu na sentença, dentro de um determinado prazo.

Verifica-se então que a prescrição, dentro desse novo prisma, vai acarretar ao Estado, também pelo decurso do tempo, a perda, não do direito de ação por ele já exercido, mas do direito de execução da pena. Nessa nova situação, ocorre a prescrição da pretensão executória.

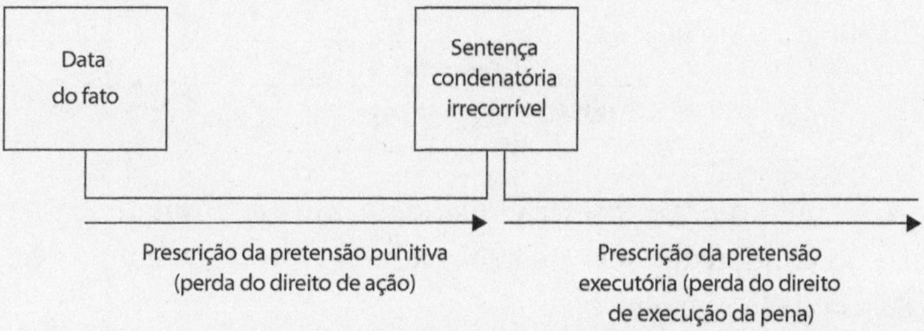

Assim, em face do trânsito em julgado da sentença ou do acórdão condenatórios para as partes (com a decisão se tornando irrecorrível), o prazo prescricional da pretensão executória regula-se pela pena concreta imposta, na decisão, ao réu condenado, e verifica-se nos prazos fixados nos incisos I a VI do art. 109 (art. 110, *caput*). O início da contagem desse prazo dar-se-á a partir do dia em que transitar em julgado a decisão para a acusação, ou do dia em que foram revogados os benefícios da suspensão condicional da pena ou do livramento condicional (art. 112, I, do CP). O final da contagem do prazo será no início do cumprimento da pena.

Código Penal

Termo inicial da prescrição após a sentença condenatória irrecorrível

Art. 112. No caso do art. 110 deste Código, a prescrição começa a correr:

I – do dia em que transita em julgado a sentença condenatória, para a acusação, ou a que revoga a suspensão condicional da pena ou o livramento condicional;

(...)

Exemplo: a sentença impôs ao réu a pena de 1 ano de detenção. Prazo prescricional: 4 anos (art. 109, V). As partes não recorreram e a sentença transitou em julgado, tendo transitado para a acusação em 22.07.2005.

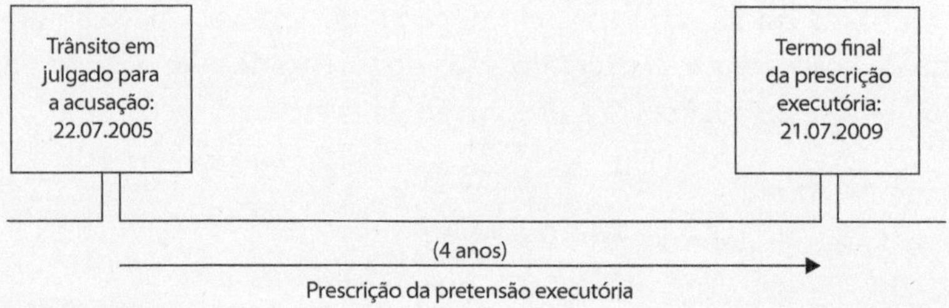

Superado o prazo prescricional de 4 anos sem que tenha havido a prisão do condenado, terá ocorrido a prescrição da pretensão executória de sua pena.

A pretensão executória, ainda que escudada em um título penal, há que ser exercida, pelo Estado, dentro de um prazo (de prescrição), apurado a partir da pena concretizada na sentença ou no acórdão. Excedido esse prazo, ou seja, não executada a pena nos limites do lapso prescricional, ocorre a prescrição da pretensão executória, ou a prescrição da pena.

STF: "Não havendo recurso da sentença, quer por parte da acusação, quer da defesa, a condenação faz coisa julgada material, ocorrendo tão somente a prescrição da pretensão executória da pena" (*RTJ* 117/311).

Quanto aos seus efeitos, como veremos mais adiante, não serão amplos como os da prescrição da pretensão punitiva, da prescrição intercorrente e da prescrição retroativa. Limitar-se-ão a impedir a execução das penas principais (reclusão, detenção, prisão simples e multa) e da medida de segurança. Subsistem, contudo, as consequências secundárias da sentença condenatória. Por exemplo, caso preenchidos os requisitos dos arts. 63 e 64 do CP, o réu condenado será considerado reincidente.

A competência para decretar a prescrição da pretensão executória é do juiz das execuções.

TACrimSP: "A prescrição da condenação deve ser previamente versada no Juízo das Execuções, pois só neste pode ser examinada, com a necessária amplitude, a real situação do sentenciado, dando-se de outro lado ao Ministério Público a imprescindível oportunidade para a averiguação de eventuais causas interruptivas, acréscimo ou redução dos prazos prescricionais" (*JTACrim* 79/129).

2. PRAZO E FORMA DE APURAÇÃO DA PRESCRIÇÃO DA PRETENSÃO EXECUTÓRIA

2.1 *Nas sentenças em que a pena imposta foi privativa de liberdade*

Fixada pena privativa de liberdade (reclusão, detenção, ou prisão simples), estabelece o art. 110 do Código Penal que será essa pena concreta que irá determinar o prazo prescricional, utilizando-se, para calculá-lo, a mesma tabela prevista no art. 109.

Pena aplicada (ou concreta) é aquela fixada pelo juiz na sentença, dentro dos limites estabelecidos abstratamente para cada delito.

Supondo que alguém seja processado pelo crime de calúnia, art. 138, *caput*:

Código Penal

Calúnia

Art. 138. Caluniar alguém, imputando-lhe falsamente fato definido como crime:

Pena – detenção, de 6 (seis) meses a 2 (dois) anos, e multa.

(...)

Na sentença condenatória, o juiz fixa a pena em 1 ano de detenção.

A pena concreta imposta na sentença servirá de base para o cálculo do prazo prescricional.

Enquadrando a pena aplicada de 1 ano na tabela do art. 109 do Código Penal, apuramos o prazo prescricional de 4 anos (inciso V, se o máximo da pena é igual a 1 ano ou, sendo superior, não excede a 2 anos).

O Estado terá, então, o prazo de 4 anos para, prendendo o condenado, iniciar a execução da pena de detenção de 1 ano fixada na sentença. Se não o fizer, ocorrerá a prescrição da pretensão executória.

Observação: no exemplo acima, supondo que o crime tenha ocorrido em 12.07.2010 e que a pena aplicada seja de 7 meses, o prazo prescricional será de 3 anos (art. 109, VI), em face da alteração trazida pela Lei n. 12.234/2010.

2.2 Nas sentenças em que a pena de multa foi a única aplicada (art. 114, I, 2ª parte, do CP)

Dispõe o art. 114 do Código Penal:

Código Penal

Prescrição da multa

Art. 114. A prescrição da pena de multa ocorrerá:

I – em 2 (dois) anos, quando a multa for a única cominada ou **aplicada**; (grifo nosso)

(...)

Multa como única pena imposta na sentença condenatória: quando a pena de multa é a única cominada, o prazo prescricional continua sendo de 2 anos. Contudo, cuidando-se de condenação com aplicação (concreta) unicamente de pena de multa, a Lei n. 9.268/1996, dando nova redação ao art. 51 do Código Penal, alterou esse prazo para 5 anos, ao estabelecer que a multa deve ser considerada dívida de valor, "aplicáveis as normas relativas à dívida ativa da Fazenda Pública, inclusive no que concerne às causas interruptivas e suspensivas da prescrição".

Portanto, no que se refere à multa como pena única imposta, não se fala mais em curso do prazo de prescrição da pretensão executória, nem nas causas suspensivas e interruptivas do art. 116, parágrafo único, e do art. 117, V e VI, todos do Código Penal (as que prevalecem são as da execução fiscal).

Transitada em julgado a sentença condenatória, sua execução passou a ser disciplinada pela legislação relativa à dívida ativa da Fazenda Pública (Lei n. 6.830/80), não tendo mais aplicação os arts. 164 e seguintes da Lei de Execução Penal. Passa a promovê-la a Fazenda Pública e não o Ministério Público. O fato de a execução da multa ficar subordinada a uma legislação extrapenal, todavia, não lhe retira sua natureza penal, subsistindo daí os efeitos decorrentes da condenação.

2.3 Nas sentenças em que a pena de multa foi aplicada cumulativamente com a pena privativa de liberdade (art. 114, II, 2ª parte, do CP)

Código Penal

Prescrição da multa

Art. 114. A prescrição da pena de multa ocorrerá: (...)

II – no mesmo prazo estabelecido para prescrição da pena privativa de liberdade, quando a multa for alternativa ou cumulativamente cominada ou **cumulativamente aplicada** (grifo nosso).

Quando forem aplicadas cumulativamente pena privativa de liberdade e pena de multa, a prescrição da pretensão executória da pena de multa ocorrerá concomitantemente com a da prescrição da pena privativa de liberdade, em consonância, aliás, com a disposição do art. 118 do Código Penal, segundo a qual "as penas mais leves prescrevem com as mais graves".

2.4 No caso de conversão da pena de multa em pena de detenção

Essa conversão era prevista e autorizada pelo art. 51 do Código Penal. Com a nova redação dada ao referido artigo pela Lei n. 9.268/1996, todavia, eliminou-se qualquer possibilidade de conversão da pena de multa, aplicada na sentença, em pena privativa de liberdade. Tal proibição alcança ainda o art. 181 da Lei n. 7.210/1984 (Lei de Execução Penal), o art. 9º do Decreto-lei n. 3.688/1941 (Lei das Contravenções Penais) e o art. 85 da Lei n. 9.099/1995 (Lei dos Juizados Cíveis e Criminais).

- **Inadmissibilidade de conversão da multa – TARS:** "A Lei n. 9.268/1996, revogando os arts. 51 do Código Penal e 85 da Lei n. 9.099/1995, vedou a hipótese de conversão da pena de multa em prisão simples" (*JTAERGS* 102/58).
- **Inadmissibilidade de conversão no caso de contravenção – TACRSP:** "*Habeas corpus.* Conversão de multa penal em pena privativa de liberdade. Condenação anterior ao pagamento de multa por infração à norma implícita no art. 32, da Lei das Contravenções Penais. Sobrevinda da Lei n. 9.268, de 1996,

que, para o aqui relevante, alterando o *caput* do art. 51, do Código Penal, interditou a conversão da multa penal em pena privativa de liberdade. Interpretação extensiva que autoriza concluir pela ab-rogação do art. 9º, da Lei das Contravenções Penais" (HC 292740/8 - Araraquara, *DJE* 21.08.1996).

2.5 Quando há a substituição, na sentença, da pena privativa de liberdade por penas restritivas de direitos

Havendo tal substituição, autorizada pelo art. 54 do Código Penal, o prazo prescricional das penas restritivas de direitos segue o mesmo prazo da pena privativa de liberdade, cuja substituição a sentença operou. Nesse sentido, a disposição contida no parágrafo único do art. 109 do Código Penal:

> **Código Penal**
>
> **Prescrição antes de transitar em julgado a sentença**
>
> Art. 109. (...)
>
> **Prescrição das penas restritivas de direito**
>
> Parágrafo único. Aplicam-se às penas restritivas de direito os mesmos prazos previstos para as privativas de liberdade.

Essa disposição do parágrafo único do art. 109 do Código Penal se aplica, também, às prescrições intercorrente e retroativa, que dependem, assim como a prescrição executória, da existência de sentença condenatória impondo pena ao infrator penal.

> **Código Penal**
>
> **Penas restritivas de direitos**
>
> Art. 54. As penas restritivas de direitos são aplicáveis, independentemente de cominação na parte especial, em substituição à pena privativa de liberdade, fixada em quantidade inferior a 1 (um) ano, ou nos crimes culposos.

Observações em relação às penas restritivas de direitos:

1ª) Têm caráter substitutivo das penas privativas de liberdade, não podendo, assim, ser aplicadas diretamente e sim em substituição a anterior imposição da pena privativa de liberdade.

2ª) São autônomas, isto é, não são cominadas abstratamente para cada tipo penal, mas aplicáveis na sentença a qualquer deles, independentemente de cominação na parte especial.

3ª) No que se refere aos crimes dolosos, o art. 54 do Código Penal foi derrogado pela Lei n. 9.714/1998, que, alterando o art. 44 do Código Penal, permitiu a substituição da pena privativa de liberdade não superior a 4 anos por pena restritiva de direitos, quando o crime não for cometido com violência ou grave ameaça à pessoa.

Código Penal

Art. 55. As penas restritivas de direitos referidas nos incisos III, IV, V e VI do art. 43 terão a mesma duração da pena privativa de liberdade substituída, ressalvado o disposto no § 4º do art. 46.

Penas restritivas de direitos

Art. 43. As penas restritivas de direitos são:

I – prestação pecuniária;

II – perda de bens e valores;

III – (*vetado*);

IV – prestação de serviços à comunidade ou a entidades públicas;

V – interdição temporária de direitos;

VI – limitação de fim de semana.

Art. 44. As penas restritivas de direitos são autônomas e substituem as privativas de liberdade, quando:

I – aplicada pena privativa de liberdade não superior a 4 (quatro) anos e o crime não for cometido com violência ou grave ameaça à pessoa ou, qualquer que seja a pena aplicada, se o crime for culposo;

(...)

Prestação de serviços à comunidade ou a entidades públicas

Art. 46. A prestação de serviços à comunidade ou a entidades públicas é aplicável às condenações superiores a 6 (seis) meses de privação de liberdade.

(...)

§ 4º Se a pena substituída for superior a 1 (um) ano, é facultado ao condenado cumprir a pena substitutiva em menor tempo (art. 55), nunca inferior à metade da pena privativa de liberdade fixada.

O art. 55 do Código Penal, como se vê, estabelece uma regra: a de que a substituição se opera pelo mesmo tempo da pena privativa de liberdade e será essa mesma pena que irá balizar o cálculo do prazo prescricional das prescrições executória, intercorrente e retroativa.

Porém, a Lei n. 9.714/1998, além da alteração em relação ao *quantum* da pena dos crimes dolosos, criou uma exceção à regra do art. 55, ao estabelecer, no § 4º do art. 46 do Código Penal, a possibilidade de ser substituída em menor tempo do que a pena privativa de liberdade, a pena restritiva de prestação de serviços à comunidade ou a entidades públicas. Nesses casos, como única exceção e alcançando somente a pena de prestação de serviços, o prazo prescricional será calculado pelo tempo da pena diminuída, aplicada em substituição.

- **Substituição pelo mesmo tempo da pena privativa de liberdade – TACRSP:** "De acordo com o art. 55 do Código Penal, a pena restritiva de direitos deve ter a mesma duração da pena privativa de liberdade por ela substituída" (*RT* 672/321).
- **TACRimSP:** "Como as penas restritivas de direitos substituem as sanções privativas de liberdade, o prazo estipulado para estas não pode exceder o fixado para aquelas. Assim, não é possível, v.g., substituírem-se 15 (quinze) dias de prisão simples por suspensão do direito de dirigir veículos automotores por tempo superior a este" (*RJDTACRim* 4/122).

2.6 Nas sentenças em que é imposta medida de segurança

– Prescrição da pretensão executória da medida de segurança aplicada aos inimputáveis e semi-imputáveis

2.6.1 *Inimputáveis*

Código Penal

Art. 26. É isento de pena o agente que, por doença mental ou desenvolvimento mental incompleto ou retardado, era, ao tempo da ação ou da omissão, inteiramente incapaz de entender o caráter ilícito do fato ou de determinar-se de acordo com esse entendimento.

(...)

Como já esclarecido, ao reconhecer a inimputabilidade do acusado, o juiz deverá absolvê-lo (absolvição imprópria), submetendo-o a medida de segurança consistente em internação ou tratamento ambulatorial por tempo indeterminado até a cessação da periculosidade (art. 97 e § 1º do CP). Não há, assim, imposição de pena a servir de parâmetro para a fixação do prazo prescricional.

Estabelecer ou não um prazo para a execução da medida de segurança aos não imputáveis sempre gerou divergências doutrinária e jurisprudencial, na medida em que sujeitá-los, indefinidamente, à pretensão executória representa uma injustiça em relação aos imputáveis e semi-imputáveis, aos quais é garantido o direito de extinção da pena pelo decurso do tempo.

Alguns critérios foram propostos. O mais aceito entende que deve balizar o prazo prescricional da pretensão executória a pena mínima abstrata cominada ao delito. Outros argumentam que se deve partir da pena máxima cominada, ou ser considerado o mínimo legal de 3 anos, ou, ainda, o prazo mínimo estipulado na sentença para a medida de segurança.

2.6.2 *Semi-imputáveis*

Código Penal

Inimputáveis

Art. 26. (...)

Redução de pena

Parágrafo único. A pena pode ser reduzida de um a 2/3 (dois terços), se o agente, em virtude de perturbação da saúde mental ou por desenvolvimento mental incompleto ou retardado, não era inteiramente capaz de entender o caráter ilícito do fato ou de determinar-se de acordo com esse entendimento.

Substituição da pena por medida de segurança para o semi-imputável

Art. 98. Na hipótese do parágrafo único do art. 26 deste Código e necessitando o condenado de especial tratamento curativo, a pena privativa de liberdade pode ser substituída pela internação, ou tratamento ambulatorial, pelo prazo mínimo de 1 (um) a 3 (três) anos, nos termos do artigo anterior e respectivos §§ 1º a 4º.

Cuida-se aqui daqueles indivíduos dotados de semirresponsabilidade ou responsabilidade diminuída. São, assim, semi-imputáveis. Nessa condição, sobrevém, se for o caso, sentença condenatória com imposição de pena privativa de liberdade reduzida, a qual dará sustentação ao levantamento do prazo de prescrição.

Três situações se apresentam:

1. O juiz reconhece a "meia" capacidade do agente, condenando-o, e a pena privativa de liberdade será obrigatoriamente diminuída entre 1/3 e 2/3. Essa pena reduzida, concreta, da sentença é que irá reger o prazo de prescrição da pretensão executória;
2. O juiz condena o semi-imputável à pena privativa de liberdade, observando a redução nos termos da lei. Depois disso, substitui a pena detentiva por medida de segurança. Servirá de base para a apuração do prazo prescricional da pretensão executória a pena privativa de liberdade substituída ou convertida em medida de segurança.
3. Embora optando pela substituição, o juiz deixa de fixar a pena privativa de liberdade, aplicando, desde logo, a medida de segurança. O prazo de prescrição da medida de segurança, nesse caso, será calculado levando-se em conta a pena mínima cominada abstratamente ao delito.

2.7 Nas sentenças em que o cálculo da pena aplicada ao réu é alterado pelo reconhecimento da tentativa e das causas de aumento e diminuição de pena

Nesses casos, a pena final, que resultou da alteração operada no cálculo, é que irá determinar o prazo prescricional.

No caso da **tentativa**, aqui, na prescrição da pretensão executória (diferentemente da prescrição da pretensão punitiva, que sempre observa a diminuição de 1/3), a redução variará de 1/3 a 2/3, nos termos do art. 14 e seu parágrafo único do Código Penal.

Código Penal

Art. 14. Diz-se o crime:

> **Crime consumado**
>
> I – consumado, quando nele se reúnem todos os elementos de sua definição legal;
>
> **Tentativa**
>
> II – tentado, quando, iniciada a execução, não se consuma por circunstâncias alheias à vontade do agente.
>
> **Pena de tentativa**
>
> Parágrafo único. Salvo disposição em contrário, pune-se a tentativa com a pena correspondente ao crime consumado, diminuída de um a dois terços.

Ensina Paulo José da Costa Jr. que a tentativa constitui uma causa obrigatória de diminuição de pena, regra essa imposta pelo parágrafo único do art. 14 do CP, "que admite exceções em que a tentativa vem a ser punida com a pena do crime consumado..." (sistema penal subjetivo). "Sistemas penais mistos, como o nosso, adotam para o *conatus* uma solução intermediária: pune-se a tentativa de forma abrandada (redução de um a dois terços)".[4]

STF: "Pena. Fixação da pena base. Redução posterior da pena. Tentativa. A redução, em relação à tentativa, deve ser feita de modo expresso, depois de fixada a pena correspondente ao crime" (*JTACrim* 69/534).

Segundo Mirabete,

> A redução da pena referente à tentativa deve resultar não das circunstâncias do crime, que são consideradas na fixação da pena base, mas nas circunstâncias da própria tentativa, ou seja, da extensão do *iter criminis* percorrido pelo agente, graduando-se o percentual em face da maior ou menor aproximação do resultado; quanto mais o agente se aprofundou na execução, quanto mais se aproximou da consumação, menor a redução.[5]

TACRSP: "Se o crime não passou da tentativa, é de ser levado em consideração para efeito da fração a ser considerada na redução da

[4] COSTA JÚNIOR, Paulo José da. *Código Penal comentado.* 9. ed. São Paulo: DPJ, 2007. p. 52.

[5] MIRABETE, Júlio Fabbrini. *Código Penal interpretado*. São Paulo: Atlas, 1999. p. 147.

pena, o *iter* percorrido pelo meliante. Se abortada no seu limiar a ação delituosa, posto já ingressada no caminhar da tentativa, maior deve ser a redução dentro dos limites legais" (*RJTACrim* 67/58).

Exemplo: "sonegação do estado de filiação".

Código Penal

Sonegação do estado de filiação

Art. 243. Deixar em asilo de expostos ou outra instituição de assistência filho próprio ou alheio, ocultando-lhe a filiação ou atribuindo-lhe outra, com o fim de prejudicar direito inerente ao estado civil:

Pena – reclusão, de 1 (um) a 5 (cinco) anos, e multa.

Pelo crime acima, de "sonegação do estado de filiação", na forma tentada, o réu foi condenado, sendo-lhe aplicada uma pena de 1 ano de reclusão. Da pena-base de 3 anos houve a redução de 2 anos, correspondente a 2/3, resultando, assim, uma pena final de 1 ano.

A diminuição da pena em razão do reconhecimento da tentativa irá determinar um prazo prescricional de 4 anos (art. 109, V).

No caso de alteração da pena final em razão do reconhecimento de, por exemplo, uma **causa de aumento**, tomemos como exemplo o crime do art. 158, em que o réu foi condenado por "extorsão", com o reconhecimento do aumento da pena pelo emprego de arma (§ 1º).

Código Penal

Extorsão

Art. 158. Constranger alguém, mediante violência ou grave ameaça, e com o intuito de obter para si ou para outrem indevida vantagem econômica, a fazer, tolerar que se faça ou deixar de fazer alguma coisa:

Pena – reclusão, de 4 (quatro) a 10 (dez) anos, e multa.

§ 1º Se o crime é cometido por duas ou mais pessoas, ou com o emprego de arma, aumenta-se a pena de 1/3 (um terço) até metade.

(...)

Supondo que a pena-base tenha sido fixada pelo juiz em 6 anos (extraída entre os limites mínimo e máximo estabelecidos no preceito secundário do crime), sobre ela incide o aumento variável, numa escala entre 1/3 e a metade (lembre-se de que o mesmo não ocorre em se tratando da prescrição da pretensão punitiva, quando se aplica sempre o limite que mais agrava a pena, no caso, a metade).

Aplicando, por exemplo, o aumento de 1/3, temos a pena final fixada em 8 anos (6 anos da pena-base mais 2 anos do aumento). Essa pena final de 8 anos é que servirá de base para o cálculo do prazo de prescrição da pretensão executória. Seu enquadramento na tabela do art. 109 do Código Penal se dá no inciso III e o prazo prescricional será de 12 anos. Tem-se, assim, o prazo de 12 anos para prender o réu e dar início à execução da pena de reclusão de 8 anos imposta a ele na sentença condenatória.

2.8 Nas sentenças em que o cálculo da pena aplicada ao réu é alterado pelo reconhecimento das circunstâncias agravantes e atenuantes

Na prescrição executória o cálculo da pena levará em conta esse reconhecimento.

Observações:

1ª) As circunstâncias agravantes e atenuantes (arts. 61, 62, 65 e 66 do CP), diferentemente do que ocorre na prescrição da pretensão punitiva, interferem no cálculo da pena e no prazo da prescrição executória. Ocorre que, após estabelecer a pena-base levando em conta as circunstâncias judiciais do art. 59, *caput*, do Código Penal, o juiz, se for o caso, obrigatoriamente fará incidir, numa segunda fase, as agravantes e atenuantes (fases da fixação da pena privativa de liberdade, art. 68, *caput*, do CP).

Incluídas, assim, na pena final, elas serão consideradas na fixação do prazo da prescrição da pretensão executória.

O art. 59 dispõe sobre as regras básicas que devem nortear o juiz no atendimento do princípio constitucional que preconiza a individualização da pena.

Código Penal

Fixação da pena

Art. 59. O juiz, atendendo à culpabilidade, aos antecedentes, à conduta social, à personalidade do agente, aos motivos, às circunstâncias e consequências do crime, bem como ao comportamento da vítima, estabelecerá, conforme seja necessário e suficiente para reprovação e prevenção do crime:

I – as penas aplicáveis dentre as cominadas;

II – a quantidade de pena aplicável, dentro dos limites previstos;

III – o regime inicial de cumprimento da pena privativa de liberdade;

IV – a substituição da pena privativa da liberdade aplicada, por outra espécie de pena, se cabível.

Cálculo da pena

Art. 68. A pena-base será fixada atendendo-se ao critério do art. 59 deste Código; em seguida serão consideradas as circunstâncias atenuantes e agravantes; por último, as causas de diminuição e de aumento.

Parágrafo único. No concurso de causas de aumento ou de diminuição previstas na parte especial, pode o juiz limitar-se a um só aumento ou a uma só diminuição, prevalecendo, todavia, a causa que mais aumente ou diminua.

2ª) A circunstância atenuante de ser o agente menor de 21 anos na data do fato, ou maior de 70 anos na data da sentença (art. 65, I), além de influir no cálculo da pena para diminuí-la, operação que ocorre antes do cálculo do prazo de prescrição da pretensão executória, irá também determinar a redução desse prazo depois de calculado, pela metade (art. 115 do CP), tornando, assim, menor o prazo de prescrição, o que beneficia o condenado.

3ª) A circunstância agravante da reincidência (art. 61, I) irá interferir no cálculo da pena, para aumentá-la, antes do cálculo do prazo da prescrição executória e, depois de calculado esse prazo, para aumentá-lo em 1/3 (art. 110, *caput*, parte final). Como se vê, a reincidência, em dois momentos distintos – antes e depois de calculado o prazo prescricional –, irá interferir na fixação desse prazo, para agravar a situação do réu condenado.

2.9 Nas sentenças em que são reconhecidos os concursos material, formal e o crime continuado

2.9.1 Concurso material (art. 69 do CP)

Código Penal

Art. 119. No caso de concurso de crimes, a extinção da punibilidade incidirá sobre a pena de cada um, isoladamente.

Do mesmo modo como ocorre na prescrição da pretensão punitiva, aqui também prevalece a disposição do art. 119 do Código Penal.

Assim, reconhecido na sentença condenatória o concurso material, a pena fixada (concreta) para cada infração, isoladamente, regula o respectivo prazo prescricional. Teremos, portanto, tantos prazos prescricionais da prescrição executória quantos forem os crimes concorrentes apenados na sentença, e essas penas não podem ser somadas.

Exemplificativamente, condenado por "uso de documento falso" e "lesão corporal", foram aplicadas ao réu as penas de 2 anos de reclusão e multa e de 6 meses de detenção, respectivamente. Reconhecido o concurso material, a pena de cada infração penal isoladamente determinará a apuração de um e de outro prazo prescricional da pretensão executória. O do delito de uso de documento falso será de 4 anos (art. 109, V), e o do delito de lesão corporal simples, de 3 anos (art. 109, VI). O respectivo início da contagem partirá, como regra, da data do trânsito em julgado da sentença condenatória para a acusação, como já exposto.

Prescrição da pretensão executória no concurso material – TJSP: "Não obstante condenado o acusado, na mesma sentença, a cumprir duas penas, cumulativamente aplicadas aos delitos pelos quais respondeu, elas não perdem a sua autonomia e o prazo prescricional deve ser contado separadamente" (*RT* 490/309).

2.9.2 Concurso formal e crime continuado (arts. 70 e 71 do CP)

Aqui também, para efeito do cálculo do prazo prescricional da pretensão executória, as penas de cada delito concorrente serão consideradas isoladamente (art. 119 do CP), afastando-se o acréscimo decorrente do concurso ideal e da continuidade delitiva (Súmula 497 do STF).

Envolvendo-se em acidente de trânsito, o réu causou ferimentos em três vítimas. Do processo resultou condenação por lesões corporais culposas do art. 129, § 6º, do Código Penal.

A pena aplicada, em face do concurso formal reconhecido na sentença condenatória, fixou-se em 7 meses de detenção, sendo 6 meses da pena final e 1 mês (1/6) do acréscimo resultante do concurso.

O cálculo do prazo prescricional, contudo, afasta-se do critério de considerar a pena somente de um dos crimes aumentada do acréscimo, neste caso de 1/6, nos termos do art. 70 do Código Penal, para estabelecer que os prazos serão distintos e terão por parâmetro a pena de 6 meses para cada um dos 3 crimes concorrentes. A pena de 6 meses determinará o prazo prescricional da pretensão executória em 3 anos para cada um deles (art. 109, VI, do CP).

3. REDUÇÃO DO PRAZO PRESCRICIONAL

Código Penal

Redução dos prazos de prescrição

Art. 115. São reduzidos de metade os prazos de prescrição quando o criminoso era, ao tempo do crime, menor de vinte e um anos, ou, na data da sentença, maior de setenta anos.

A disposição do art. 115 do Código Penal aplica-se aos quatro tipos de prescrição e, portanto, alcança também a prescrição da pretensão executória.

A redução, pela metade, dos prazos de prescrição tratada no referido dispositivo ocorre nas hipóteses em que o réu era menor de 21 anos na data do fato, ou maior de 70 anos na data da sentença. O benefício da redução do prazo da prescrição executória alcança também o réu reincidente.

Com base na pena privativa de liberdade aplicada na sentença, apura-se o prazo prescricional da pretensão executória, fazendo-se o enquadramento da pena concreta na tabela do art. 109 do Código Penal. Depois de calculado, uma vez configurada uma ou outra hipótese do art. 115, esse prazo será reduzido de metade, situação que beneficia o réu por tornar menor o prazo de prescrição. Como já observado, a redução incide não sobre a pena mas sobre o prazo prescricional depois de calculado.

Por exemplo, pelo delito de "lesão corporal culposa" (art. 129, § 6º, do CP), um réu, com 20 anos à data do fato, foi condenado à pena de detenção de 4 meses.

Pena concreta imposta ao réu na sentença condenatória: 4 meses de detenção. Fazendo o enquadramento dessa pena no art. 109, obtemos o prazo prescricional da pretensão executória de 3 anos (art. 109, VI, do CP). Depois de calculado o prazo prescricional, este sofrerá redução (de metade), por se enquadrar o réu na primeira hipótese do art. 115 do Código Penal. O Estado terá, assim, o prazo de 1 ano e 6 meses para, recolhendo o réu à prisão, iniciar a execução da pena de 4 meses a que foi condenado. Superado esse prazo sem consegui-lo, opera-se a prescrição da pretensão executória.

No entanto, se na sentença for aplicada unicamente pena de multa, deixa de incidir a redução do art. 115. É que, pela Lei n. 9.268/1996, após o trânsito em julgado da sentença, a multa passa a ser considerada dívida de valor. Assim, submetida que fica sua execução aos ditames da Lei n. 6.830/1980, afasta-se a incidência da prescrição da pretensão executória.

4. AUMENTO DO PRAZO PRESCRICIONAL

Código Penal

Prescrição depois de transitar em julgado sentença final condenatória

Art. 110. A prescrição depois de transitar em julgado a sentença condenatória regula-se pela pena aplicada e verifica-se nos prazos fixados no artigo anterior, os quais se aumentam de um terço, se o condenado é reincidente.

Na parte final do art. 110, *caput,* do Código Penal, que cuida, exclusivamente, da prescrição da pretensão executória, estabelece a lei que, se o condenado é reincidente, o prazo de prescrição será aumentado de 1/3.

Esse aumento só tem aplicação na prescrição da pretensão executória, e a proporção de 1/3 incide sobre o prazo prescricional depois de calculado e não sobre a pena.

Assim, essa reincidência, conhecida como reincidência anterior, que como agravante já gerou um aumento da pena imposta na sentença, determinará ainda outra consequência: o aumento do prazo prescricional em 1/3, que incide sobre o prazo prescricional depois de ter sido ele calculado.

Supondo que o réu, após ter sido reconhecida a reincidência na sentença, foi condenado a uma pena de 4 anos de reclusão, o lapso prescricional será apurado fazendo-se o enquadramento dessa pena concreta na tabela do art. 109 do Código Penal. O prazo prescricional será de 8 anos (art. 109, IV, do CP). Após calculado o prazo da prescrição executória, sobre ele incidirá o acréscimo de 1/3. Sendo 1/3 de 8 anos igual a 2 anos e 8 meses, o lapso prescricional de 8 anos passa a ser de 10 anos e 8 meses para o sentenciado reincidente, situação que lhe é desfavorável por tornar mais extenso o espaço de tempo que o Estado terá para executar a pena imposta.

Como se observa, o cálculo do aumento de 1/3 em razão da reincidência incidirá sobre um dos prazos prescricionais do art. 109. E excederá o prazo de 20 anos ao recair sobre os incisos II e I, como se confere a seguir:

- Pena final de 10 anos, prazo prescricional de 16 anos (art. 109, II); 1/3 de 16 anos é igual a 5 anos e 3 meses. Prazo de prescrição da pretensão executória: 21 anos e 3 meses.
- Pena final de 15 anos, prazo prescricional de 20 anos (art. 109, I); 1/3 de 20 anos é igual a 6 anos e 2 meses. Prazo de prescrição da pretensão executória: 26 anos e 2 meses.

O acréscimo pela reincidência só é aplicável sobre o prazo prescricional que se refira à pena privativa de liberdade, e assim, não alcança a pena de multa do art. 114, visto que, estando o dispositivo previsto no final do *caput* do art. 110 do Código Penal, diz respeito tão somente aos prazos do art. 109 (e não ao prazo do art. 114 do mesmo Código). E, com maior razão, em relação à pena de multa em concreto, como única sanção aplicada na sentença, não ocorre o aumento de 1/3, em vista de ter sido transformada em dívida de valor pela Lei n. 9.268/1996.

A reincidência vem disciplinada nos arts. 63 e 64 do Código Penal.

Código Penal

Reincidência

Art. 63. Verifica-se a reincidência quando o agente comete novo crime, depois de transitar em julgado a sentença que, no País ou no estrangeiro, o tenha condenado por crime anterior.

Art. 64. Para efeito de reincidência:

I – não prevalece a condenação anterior, se entre a data do cumprimento ou extinção da pena e a infração posterior tiver decorrido período de tempo superior a 5 (cinco) anos, computado o período de prova da suspensão ou do livramento condicional, se não ocorrer revogação;

II – não se consideram os crimes militares próprios e políticos.

O réu será reincidente quando cometer novo crime, depois de transitar em julgado (tornar-se definitiva para ambas as partes por não caber mais recurso) a sentença que o tenha condenado por crime anterior (art. 63 do CP) e desde que, entre a data do cumprimento ou extinção da pena do primeiro delito e a data do cometimento do segundo delito, não decorra lapso de tempo superior a 5 anos (art. 64 do CP).

Assim, ao condenar determinado réu, o juiz irá verificar se existe contra ele sentença condenatória anterior irrecorrível. Em caso positivo, a reincidência deve ser reconhecida na sentença (do segundo processo), para autorizar o aumento do prazo prescricional.

É necessário que o processo em que se apura a reincidência, relativo ao novo crime cometido posteriormente, seja instruído com certidão cartorária, atestando que a sentença condenatória referente ao crime anterior transitou em julgado antes de ser cometido o novo crime.

Mais que isso, é necessário ainda, para o aumento do prazo prescricional, que a sentença condenatória do delito posterior tenha reconhecido a reincidência.

Assim, devidamente comprovada, se a sentença condenatória reconheceu a reincidência, esta irá também transitar em julgado, impondo o aumento do prazo prescricional da pretensão executória em 1/3.

Por outro lado, não reconhecida a reincidência na sentença condenatória, o que irá transitar em julgado é a primariedade do réu, ficando impedido o aumento do prazo prescricional. Nessa hipótese, consumada a irrecorribilidade da sentença pelo trânsito em julgado, ainda que se comprove que ele era reincidente ao tempo da condenação pelo novo delito, o que prevalece é sua primariedade, igualmente tornada imutável na sentença.

A lei (art. 63 do CP) se refere à condenação prévia por **crime** e não por contravenção. Assim, condenado por contravenção e depois por crime não é reincidente. Contudo, se for condenado por crime e depois por contravenção, é reincidente (art. 7º da LCP). Condenado por contravenção e depois novamente condenado por contravenção é reincidente.

Observe-se que a chamada reincidência futura (art. 117, VI, do CP) não acarreta o aumento do prazo de prescrição.

5. TERMO INICIAL E TERMO FINAL DA PRESCRIÇÃO DA PRETENSÃO EXECUTÓRIA

5.1 Termo inicial

Termo inicial da prescrição executória quando a pena aplicada é privativa de liberdade: trânsito em julgado da sentença para a acusação.

O início da contagem do prazo da prescrição da pretensão executória se dá no dia em que transita em julgado a sentença condenatória para a acusação (art. 112, I, 1ª parte, do CP):

> **Código Penal**
>
> **Termo inicial da prescrição após a sentença condenatória irrecorrível**
>
> Art. 112. No caso do art. 110 deste Código, a prescrição começa a correr:
>
> I – do dia em que transita em julgado a sentença condenatória para a acusação, ...
>
> (...)

Como para a configuração da prescrição da pretensão executória é essencial o trânsito em julgado da sentença condenatória (ou do acórdão condenatório) para as duas partes, acusação e defesa, o início da contagem do prazo ficará submetido a uma condição: que a sentença transite em julgado também para a defesa. Porém, atendida essa condição com o trânsito em julgado para a defesa, tornando-se assim a sentença irrecorrível para as duas partes, o termo inicial do prazo prescricional será contado a partir da data em que houve o trânsito em julgado para a parte acusatória. Caso não haja o trânsito em julgado da condenação para ambas as partes, a prescrição que poderá ocorrer é a prescrição intercorrente.

Cezar Roberto Bittencourt, cuidando do tema, assenta que "o prazo começa a correr do dia em que transitar em julgado a sentença condenatória para a acusação, mas o 'pressuposto básico' para essa espécie de prescrição é o trânsito em julgado para acusação e defesa, pois, enquanto não transitar em julgado para a defesa, a prescrição poderá ser intercorrente".[6]

Exemplificando: intimada, a acusação não apela, transitando em julgado, para ela, a sentença condenatória. Dois meses depois, o réu e sua defesa são intimados e também não recorrem. A sentença transita em julgado. Embora a sentença condenatória só tenha se tornado definitiva nesta última data (com o trânsito em julgado para ambas as partes), a contagem do prazo prescricional da pretensão executória terá início na data anterior, na qual a condenação transitou em julgado para a acusação. Isso no caso de não haver recurso.

Havendo recurso (o que impede o trânsito em julgado) de qualquer das partes, ou de ambas, contra a sentença condenatória, e sendo esta confirmada no Tribunal, o acórdão confirmatório recorrível é causa interruptiva do prazo de prescrição da pretensão punitiva, nos termos do art. 117, IV, 2ª figura, do CP.

Transitando em julgado o acórdão condenatório, a partir da data do trânsito em julgado para a acusação, tem início o curso do prazo da prescrição executória (art. 112, I, 1ª parte, do CP). Logrando-se prender o réu antes da superação desse prazo, tem início a execução da pena.

5.2 Termo final

Termo final da prescrição executória quando a pena aplicada é privativa de liberdade: início do cumprimento da pena com a prisão do réu.

Consideremos os exemplos seguintes:

---

6 BITTENCOURT, Cezar Roberto. *Tratado de direito penal*. 10. ed. São Paulo: Saraiva, 2006. p. 883.

1. "Exposição ou abandono de recém-nascido."

Código Penal

Exposição ou abandono de recém-nascido

Art. 134. Expor ou abandonar recém-nascido, para ocultar desonra própria:

Pena – detenção, de 6 (seis) meses a 2 (dois) anos.

(...)

Pena máxima abstrata cominada ao crime: 2 anos. Prazo prescricional: 4 anos (art. 109, V).

Sentença datada de 22.5.2001 condenou o réu a uma pena de 8 meses de detenção.

A pena concreta da sentença é que irá balizar o prazo prescricional da prescrição da pretensão executória. Este será de 2 anos (art. 109, VI), e não 3, pois a data do fato é anterior a 06.05.2010, início da vigência da Lei n. 12.234/2010.

As partes não recorreram e a sentença transitou em julgado para a acusação em 13.08.2001.

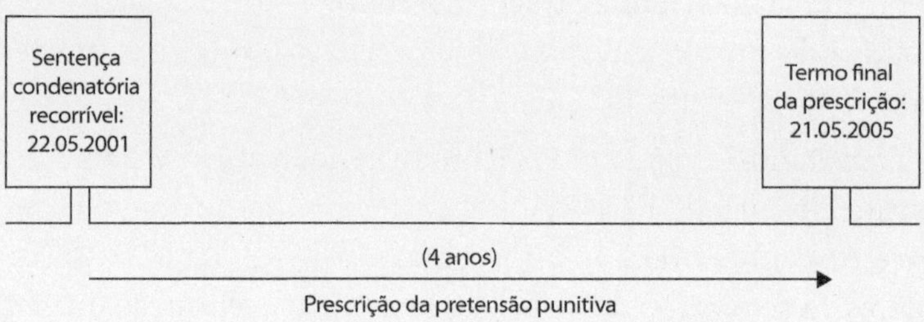

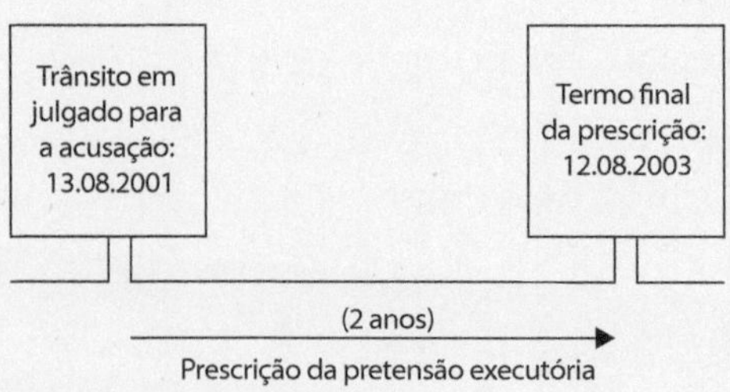

Em 26.07.2002, o réu recolheu-se à prisão.

Iniciado o cumprimento da pena, de 8 meses de detenção, com a prisão do condenado em 26.07.2002, antes do termo final (12.08.2003), dá-se início à execução da pena e o prazo de prescrição da pretensão executória deixa de correr.

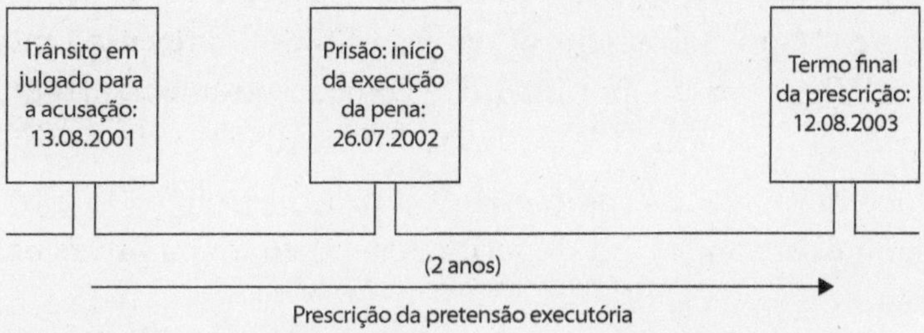

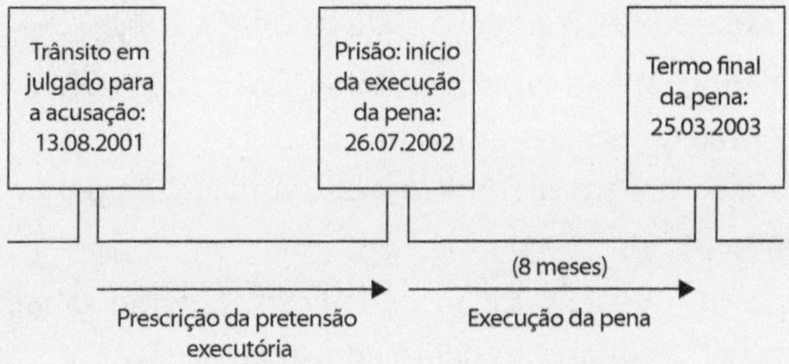

Ultrapassado o termo final com a prisão em 15.01.2004, superando, assim, o prazo de prescrição de 2 anos, opera-se a prescrição da pretensão executória e aquela pena de 8 meses não mais pode ser executada.

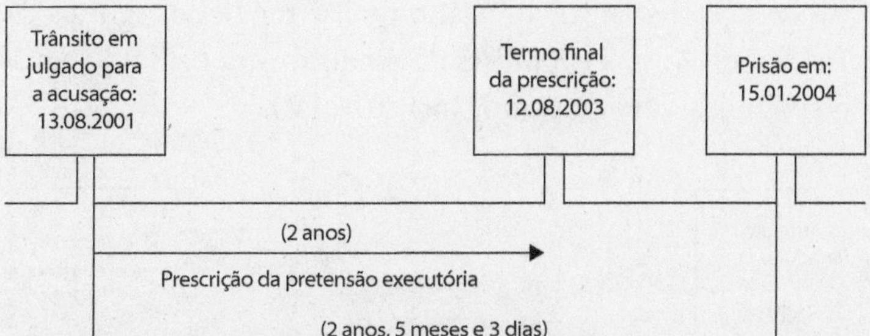

2. O réu está sendo processado pelo crime de "favorecimento da prostituição" (art. 228 do CP). A pena máxima abstrata cominada

é de 5 anos de reclusão, sendo o prazo prescricional de 12 anos (art. 109, III).

Sobreveio sentença que o condenou à pena de 2 anos (prazo prescricional: 4 anos, art. 109, V).

A publicação da sentença condenatória recorrível, em 12.05.1995, interrompe o lapso prescricional da prescrição da pretensão punitiva (art. 117, IV), e o prazo, por inteiro, é contado novamente a partir da interrupção (§ 2º do art. 117).

Inconformada, a acusação apelou (o recurso impede o trânsito em julgado da sentença), e a prescrição da pretensão punitiva continua a ter curso.

O Tribunal deu provimento ao recurso, aplicando pena de 2 anos e 8 meses de reclusão, prazo prescricional de 8 anos (art. 109, IV).

O acórdão condenatório confirmatório recorrível, publicado em 14.10.1996, interrompe de novo o prazo prescricional da pretensão punitiva, reiniciando a contagem de todo o prazo a partir da data da publicação do acórdão.

Não havendo trânsito em julgado do acórdão, como sabemos, a pena máxima abstrata cominada ao delito continua a balizar o prazo de prescrição.

Antes do termo final da prescrição da pretensão punitiva, o acórdão se tornou definitivo ao transitar em julgado para ambas as partes. Para a acusação, em 30.11.1996. A partir daí começa a correr o prazo da prescrição da pretensão executória, o qual é regulado, agora sim, pela pena concreta, de 2 anos e 8 meses de reclusão, imposta no acórdão e o prazo prescricional será de 8 anos (art. 109, IV).

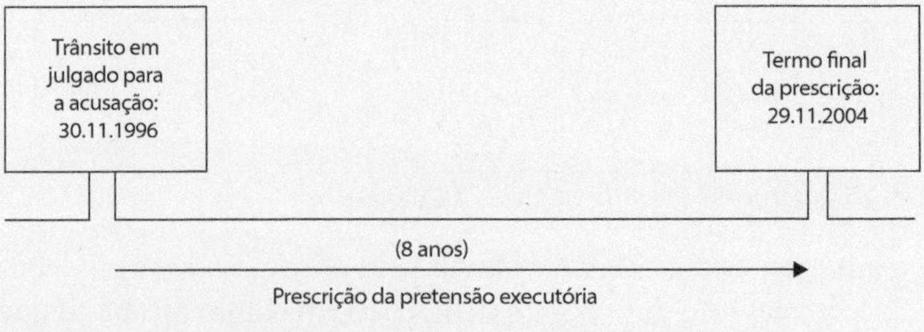

Com a prisão em 07.07.1997, cessa o transcurso do prazo de prescrição e inicia a execução da pena aplicada.

Dessa forma, como se vê, o início da execução da pena aplicada no acórdão, antes do termo final (29.11.2004), afasta a possibilidade da prescrição da pretensão executória. Cumprindo o réu integralmente sua pena de prisão, extingue-se a punibilidade.

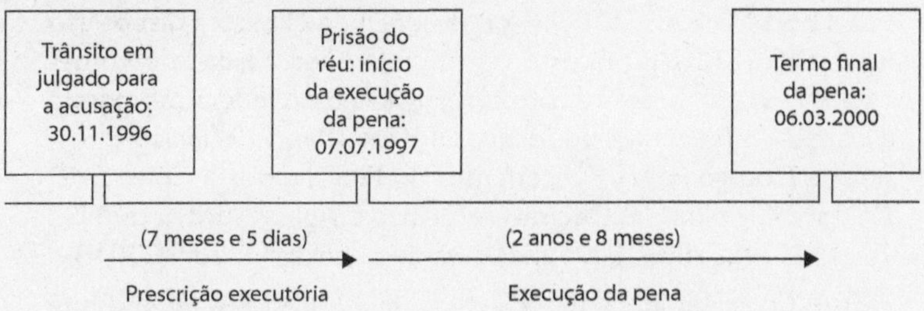

A prescrição da pretensão executória ocorrerá caso essa data, 29.11.2004, tenha sido superada sem que se consiga prender o sentenciado e iniciar o cumprimento da pena. O réu condenado foi preso em 04.08.2005. O Estado perde, então, o poder-dever de executar a pena de prisão aplicada na sentença, de 2 anos e 8 meses de reclusão.

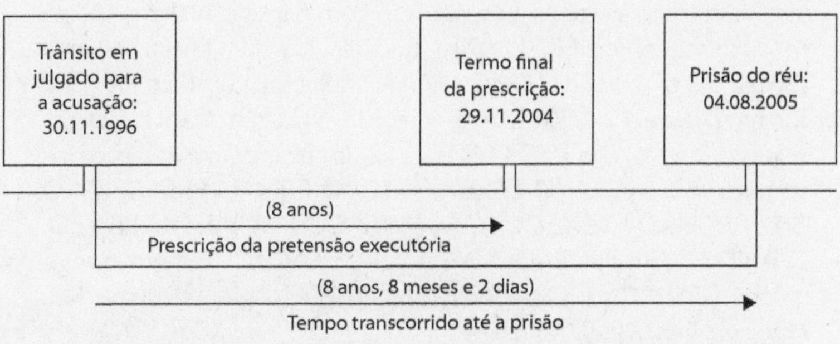

O início da contagem do prazo de prescrição somente se dá quando da pretensão executória pode ser exercida. Se o Estado não pode executar a pena, não se pode dizer que o prazo prescricional já está correndo. Assim, mesmo que tenha havido trânsito em julgado para a acusação, se o Estado ainda não pode executar a pena (ex.: está pendente uma apelação da defesa), não teve ainda início a contagem do prazo para a prescrição executória. É preciso fazer uma interpretação sistemática do artigo 112, I, do CP (STF, RE 696533/SC, 1ª Turma, Rel. Min. Luiz Fux, red. p/ o ac. Min. Roberto Barroso, j. 06.02.2018; *Info* 890).

EMENTA: TERMO INICIAL DA PRESCRIÇÃO DA PRETENSÃO EXECUTÓRIA. 1. Decisão que determinou a expedição de mandado de prisão, com validade de 04 (quatro) anos, a partir do trânsito em julgado para ambas as partes. 2. Incabível a fixação de TERMO INICIAL para a contagem do prazo da PRETENSÃO EXECUTÓRIA que contraria expressa disposição legal. PRESCRIÇÃO que se regula pela pena aplicada e começa a fluir da data do trânsito em julgado da condenação para a acusação. Inteligência dos artigos 110, § 1º, e 112, inciso I, ambos do Código Penal. Precedentes do E. STJ e desta Colenda 2ª Câmara Criminal. 3. Decisão reformada. Agravo provido (TJSP, 70011467420188226 0050/SP, data de publicação: 28.06.2018).

AGRAVO REGIMENTAL NO RECURSO EXTRAORDINÁRIO COM AGRAVO. PENAL E PROCESSUAL PENAL. PRESCRIÇÃO DA PRETENSÃO EXECUTÓRIA. ARTIGOS 110 E 112 DO CÓDIGO PENAL. MARCO INICIAL. TRÂNSITO EM JULGADO PARA A ACUSAÇÃO. ACÓRDÃO EM CONFORMIDADE COM A JURISPRUDÊNCIA DESTE TRIBUNAL. 1. A prescrição regula-se pela pena aplicada depois de proferida a sentença condenatória, sendo que, cuidando-se de execução da pena, o lapso prescricional flui do dia em que transitado em julgado para a acusação, conforme previsto no artigo 112 combinado com o artigo 110 do Código Penal. Precedentes: HC 113.715. Rel. Min. Cármen Lúcia, Segunda Turma, *DJe* de 28/5/2013, HC 113.133, Rel. Min. Luiz Fux, Primeira Turma, *DJe* de 19/4/2012, ARE 758.903, Rel. Min. Cármen Lúcia, Segunda Turma, *DJe* de 24/09/2013. 2. *In casu*, o acórdão recorrido assentou: "AGRAVO EM EXECUÇÃO PENAL. PRESCRIÇÃO DA PRETENSÃO EXECUTÓRIA. MARCO INICIAL DO PRAZO. TRÂNSITO EM JULGADO PARA A ACUSAÇÃO. 3. Agravo regimental DESPROVIDO", ARE n. 764.387/DF (AgR, 1ª Turma, Rel. Min. Luiz Fux, *DJe* 02.09.2014).

RECURSO ESPECIAL.DIREITO PENAL. CRIME DE MOEDA FALSA. PRESCRIÇÃO DA PRETENSÃO EXECUTÓRIA. *DIES A QUO* DO PRAZO PRESCRICIONAL. DATA DO TRÂNSITO EM JULGADO DA CONDENAÇÃO PARA A ACUSAÇÃO. 1. De acordo com a literalidade do art. 112, I, do Código Penal, o termo inicial do cômputo do prazo prescricional da pretensão executória é o trânsito em julgado do édito condenatório para a acusação. Revisão de entendimento. 2. *In casu*, tendo sido imposta a sanção definitiva de

3 anos de reclusão, verifica-se a prescrição da pretensão executória em 8 anos, consoante estabelece o art. 109, IV, do Código Penal. 3. Logo, constatando-se o trânsito em julgado para a acusação em 28-6-2002, assim como que a execução da pena sequer foi iniciada, de rigor a extinção da punibilidade. 4. Precedentes do STJ e do STF. 5. Recurso especial provido a fim de restabelecer a decisão de primeiro grau que declarou extinta a punibilidade em virtude do implemento da prescrição da pretensão executória (REsp 1475300/SP 2014/0202610-5, 5ª Turma, Rel. Min. Jorge Mussi, j. 16.10.2014, *DJe* 28.10.2014).

Representando graficamente a situação descrita no acórdão:

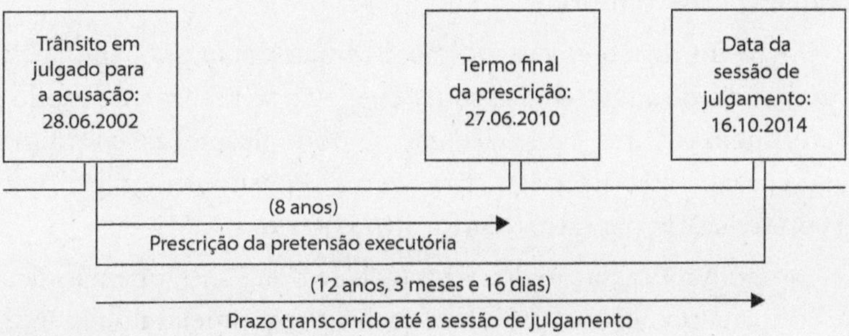

5.3 Outros termos iniciais da contagem do prazo da prescrição executória

O início da contagem do prazo da prescrição da pretensão executória observará, ainda, marcos especiais nas situações previstas no inciso I, 2ª parte, e no inciso II do art. 112 do Código Penal, a saber: revogação da suspensão condicional da pena, revogação do livramento condicional e interrupção da execução.

Código Penal

Termo inicial da prescrição após a sentença condenatória irrecorrível

Art. 112. No caso do art. 110 deste Código, a prescrição começa a correr:

I – do dia em que transita em julgado a sentença (...) ou a que revoga a suspensão condicional da pena ou o livramento condicional;

(...)

A suspensão condicional da pena, conhecida como *sursis,* e o livramento condicional são formas de execução da pena privativa de liberdade, uma vez que impõem restrições ao direito de liberdade do condenado. Nos respectivos períodos de prova não corre o lapso prescricional da pretensão executória. Assim, o curso do prazo prescricional fica suspenso no período de tempo em que o réu condenado cumpre um ou outro benefício.

5.3.1 *Suspensão condicional da pena (sursis)*

O início dessa suspensão se dá na data da audiência de advertência (audiência admonitória).

Início do prazo em caso de concessão do *sursis* – TACrimSP: "Se a audiência de advertência sequer chegou a se realizar, de modo que não teve início o curso do *sursis*, não se pode desprezar, como marco inicial do prazo prescricional, a data em que transitou em julgado a sentença condenatória para a acusação" (*RJDTACRim* 32/79-80).

Também na cassação do *sursis* (art. 161 da LEP), que não se confunde com sua revogação, prevalece como termo inicial do prazo prescricional a data em que a sentença condenatória transitou em julgado para a acusação.

Lei de Execução Penal

Art. 161. Se, intimado pessoalmente ou por edital com prazo de 20 (vinte) dias, o réu não comparecer injustificadamente à audiência admonitória, a suspensão ficará sem efeito e será executada imediatamente a pena.

5.3.2 *Concessão de sursis*

Transitada em julgado a sentença condenatória e a partir do trânsito para a acusação, preenchidos os requisitos legais do art. 77 do Código Penal, prevê a lei que a execução da pena privativa de liberdade seja suspensa por determinado tempo e mediante certas condições (período de prova).

A suspensão condicional da pena tem início com a audiência admonitória, e, iniciado o período de prova, visto que constitui uma forma de execução, o lapso prescricional deixa de correr (fica suspenso).

5.3.3 *Cumprimento das condições do sursis*

Código Penal
Cumprimento das condições

Art. 82. Expirado o prazo sem que tenha havido revogação, considera-se extinta a pena privativa de liberdade.

Portanto, na data do término do período de prova do *sursis* sem revogação, tem-se:

a) o final do período de prova;
b) a extinção da pena privativa de liberdade que estava suspensa e foi substituída pelo *sursis*;
c) o termo final do prazo prescricional, em razão do cumprimento da pena.

5.4 Revogação do *sursis*

Código Penal
Termo inicial da prescrição após a sentença condenatória irrecorrível

Art. 112. No caso do art. 110 deste Código, a prescrição começa a correr:

I – do dia em que transita em julgado a sentença (...) ou a que revoga **a suspensão condicional da pena** ou o livramento condicional; (grifo nosso).

(...)

Revogado o *sursis*, o início do prazo da prescrição executória será contado da data do trânsito em julgado da decisão revocatória.

Como vimos, o prazo da prescrição da pretensão executória, que vinha correndo a partir da data do trânsito em julgado da sentença condenatória para a acusação, teve seu curso suspenso durante o período de prova desde a data da audiência admonitória. Com a revogação, reinicia-se, na data da decisão revocatória, o curso do prazo de prescrição que estava suspenso e que terá andamento enquanto não for executada a sentença com a prisão do réu. Esse prazo tomará por base a pena privativa de liberdade aplicada na sentença e que foi substituída pelo *sursis*, desprezando-se o tempo transcorrido antes da revogação do benefício. Preso antes do termo final do prazo de prescrição, inicia-se a execução. Superado o prazo, sem que se consiga a prisão, ocorre a prescrição.

Exemplo: o réu foi condenado a uma pena privativa de liberdade de 1 ano e 6 meses. Preenchidos os requisitos legais (art. 77 do CP), foi-lhe concedida a suspensão condicional da pena (*sursis*) pelo prazo de 3 anos (período de prova). Depois de 2 anos, em que vinha cumprindo o período de prova, o *sursis* foi revogado (art. 81 do CP). O prazo prescricional será regulado pela quantidade da pena aplicada na sentença (1 ano e 6 meses), e será de 4 anos (art. 109, V, do CP). O início da contagem do prazo da prescrição executória dar-se-á na data da decisão revocatória, desconsiderando-se o curso do tempo decorrido, de 2 anos, antes da revogação do benefício. Preso antes do termo final do prazo prescricional, de 4 anos, inicia-se a execução. Não se conseguindo prendê-lo e superado o prazo, ocorre a prescrição da pretensão executória.

5.4.1 Livramento condicional

Segundo Delmanto: "Livramento condicional é a antecipação provisória da liberdade, concedida, sob certas condições, ao condenado que está cumprindo pena privativa de liberdade. (...) Seu tempo de duração corresponde ao restante da pena."[7]

Enquanto o condenado cumpre a pena privativa de liberdade, não flui, evidentemente, o prazo de prescrição. Tendo sido parte da pena executada no regime fechado, prevê a lei que o restante seja cumprido sob livramento condicional. Tratando-se também de uma forma de execução da pena, no período de prova estabelecido, não corre igualmente o prazo de prescrição da pretensão executória. Mas, uma vez não atendidas as condições impostas, o livramento será revogado, cessando a execução da pena a partir da data do trânsito em julgado da decisão revocatória. Com isso, inicia-se o andamento do prazo de prescrição

[7] DELMANTO, Celso. *Código Penal comentado*. 3. ed. Rio de Janeiro: Renovar, 1991. p. 154.

até quando, pela prisão, reinicia-se a execução e deixa de fluir o prazo prescricional.

5.4.2 Concessão do livramento condicional

Os requisitos objetivos e subjetivos, que autorizam a concessão do benefício da liberdade antecipada ao sentenciado, estão previstos no art. 83 do Código Penal.

> **Código Penal**
>
> **Especificações das condições**
>
> Art. 85. A sentença especificará as condições a que fica subordinado o livramento.

O liberado condicional deve aceitar essas condições.

5.4.3 Cumprimento das condições do livramento

> **Código Penal**
>
> Art. 90. Se até o seu término o livramento não é revogado, considera-se extinta a pena privativa de liberdade.

O termo final do prazo de prescrição da pretensão executória, quando não há revogação, é a data do término do período de prova.

5.4.4 Revogação do livramento condicional (arts. 86 a 88 do CP)

A revogação ocorre quando o condenado quebra o compromisso de cumprir as condições que lhe foram impostas. Como já esclarecido, cessa a execução da pena e passa a correr o prazo da prescrição executória a partir da data em que transita em julgado a decisão revocatória do livramento (art. 112, I, 2ª parte, do CP), até sua prisão, momento em que se reinicia a execução.

O prazo de prescrição será regulado pelo restante da pena, nos termos do art. 113 do Código Penal.

Se ocorrer a prisão do condenado antes de expirado o prazo, restabelece-se a execução e deixa de transcorrer o prazo de prescrição. Ultrapassado esse prazo sem sua captura, o Estado perde o direito de executar o restante da pena pela ocorrência da prescrição.

> **Código Penal**
>
> **Termo inicial da prescrição após a sentença condenatória irrecorrível**
>
> Art. 112. No caso do art. 110 deste Código, a prescrição começa a correr:
>
> I – do dia em que transita em julgado a sentença (...) ou a que revoga a suspensão condicional da pena ou o **livramento condicional**; (grifo nosso).
>
> (...)
>
> **Prescrição no caso de evasão do condenado ou de revogação do livramento condicional**
>
> Art. 113. No caso de evadir-se o condenado ou de **revogar-se o livramento condicional**, a prescrição é regulada pelo tempo que resta da pena (grifo nosso).

Mas será que "o tempo que resta da pena", referido no dispositivo, e que serve de base para a apuração do prazo prescricional, inclui aquele período de tempo executado em regime de livramento condicional que vigorou até a revogação?

1. Irá ocorrer a inclusão do período de prova cumprido em regime de livramento, no caso de condenação resultante de fato anterior ao gozo do livramento condicional, bem como quando da inobservância de obrigações da carta de livramento (art. 87). Assim, a parte não executada do período de prova do livramento pautará o prazo prescricional.

   Exemplo: o réu foi condenado a uma pena privativa de liberdade de 4 anos. Cumprida metade da pena, foi-lhe concedido o livramento condicional pelo restante da pena (2 anos). Depois de 6 meses de cumprimento do período de prova, o benefício foi revogado. Assim, em regime fechado foram cumpridos 2 anos, e no regime de livramento, 6 meses. O prazo de prescrição será de 4 anos (art. 109, V), servindo de base o tempo que restou para completar o período de prova do livramento de 1 ano e 6 meses.

2. Sua inclusão não será permitida se houver condenação por fato praticado durante a vigência do livramento condicional.

Nessa hipótese, haverá a exclusão tão somente da pena cumprida em regime fechado, e o prazo de prescrição será regulado por todo o tempo (cumprido ou não cumprido) do período de prova do livramento.

Exemplo: o réu foi condenado a uma pena privativa de liberdade de 6 anos. Cumprido mais de 1/3, 2 anos e 6 meses, foi-lhe concedido o livramento condicional. Permaneceu no regime fechado por 2 anos e 6 meses e deveria permanecer sob livramento por 3 anos e 6 meses. Depois de 2 anos, o benefício foi revogado. Faltou para cumprir, portanto, 1 ano e 6 meses. O prazo prescricional será de 8 anos (art. 109, IV), tomando por base todo o tempo do período de prova, de 3 anos e 6 meses.

5.4.5 No dia em que se interrompe a execução

Outra situação que determinará um marco inicial especial vem prevista no inciso II do art. 112.

O início da contagem do prazo prescricional da pretensão executória se dá no dia em que se interrompe a execução (art. 112, II, 1ª parte, do CP).

Código Penal

Termo inicial da prescrição após a sentença condenatória irrecorrível

Art. 112. No caso do art. 110 deste Código, a prescrição começa a correr:

(...)

II – do dia em que se interrompe a execução, salvo quando o tempo de interrupção deva computar-se na pena.

Prescrição no caso de evasão do condenado ou de revogação do livramento condicional

Art. 113. **No caso de evadir-se o condenado** ou de revogar-se o livramento condicional, a prescrição é regulada pelo tempo que resta da pena (grifo nosso).

O inciso II do art. 112 acolhe duas situações.

Na 1ª parte, "**do dia em que se interrompe a execução**": quando a execução da pena é interrompida pela fuga do condenado, na data da fuga é que se inicia a contagem do novo prazo prescricional da pretensão executória, e esse prazo é regulado pelo restante da pena (art. 112, II, 1ª parte, c/c art. 113, 1ª parte, do CP).

Na 2ª parte, "**salvo quando o tempo de interrupção deva computar-se na pena**": quando a execução da pena é interrompida pela superveniência de doença mental e ocorre a internação do condenado em hospital (art. 41 do CP), o prazo de recolhimento ao hospital é computado como de efetiva execução. Afasta-se, nesse caso, a preocupação de estabelecer uma nova data para o início do prazo, visto que não há interrupção. Isso ocorre pela aplicação do princípio da detração penal, enunciado no art. 42 do Código Penal.

> **Código Penal**
>
> **Superveniência de doença mental**
>
> Art. 41. O condenado a quem sobrevém doença mental deve ser recolhido a hospital de custódia e tratamento psiquiátrico ou, à falta, a outro estabelecimento adequado.
>
> **Detração**
>
> Art. 42. Computam-se, na pena privativa de liberdade e na medida de segurança, o tempo de prisão provisória, no Brasil ou no estrangeiro, o de prisão administrativa e o de internação em qualquer dos estabelecimentos referidos no artigo anterior.

5.5 Termo inicial

Termo inicial da prescrição executória quando a pena aplicada é de multa.

> **Código Penal**
>
> **Termo inicial da prescrição após a sentença condenatória irrecorrível**
>
> Art. 112. No caso do art. 110 deste Código, a prescrição começa a correr:
>
> I – do dia em que transita em julgado a sentença condenatória para a acusação...
>
> (...)

O dispositivo acima, que alcança também a pena de multa, não tem mais aplicação quando a multa é a única imposta na sentença. Ocorre que a Lei n. 9.268, de 01.04.1996, dando nova redação ao art. 51 do Código Penal, considerou-a "dívida de valor". Assim, transitada em julgado a sentença condenatória, sua execução será disciplinada pela legislação relativa à dívida ativa da Fazenda Pública (Lei n. 6.830/1980). Nesse caso, em consequência, afasta-se a incidência da legislação penal e não se fala em prazo da prescrição da pretensão executória.

Código Penal

Conversão da multa e revogação

Art. 51. Transitada em julgado a sentença condenatória, a multa será executada perante o juiz da execução penal e será considerada dívida de valor, aplicáveis as normas relativas à dívida ativa da Fazenda Pública, inclusive no que concerne às causas interruptivas e suspensivas da prescrição. (*Redação dada pela Lei n. 13.964, de 2019*)

Contudo, na hipótese de a pena de multa ser aplicada cumulativamente com a pena privativa de liberdade, o prazo prescricional relativo à pena de multa tem seu termo inicial na mesma data em que se inicia o prazo prescricional da pena detentiva (data do trânsito em julgado para a acusação), e a prescrição da pretensão executória dela (multa) ocorrerá simultaneamente com a da pena privativa de liberdade (inciso II do art. 114 do CP).

Código Penal

Prescrição da multa

Art. 114. A prescrição da pena de multa ocorrerá:

(...)

II – no mesmo prazo estabelecido para prescrição da pena privativa de liberdade, quando a multa for alternativa ou cumulativamente cominada ou **cumulativamente aplicada**; (grifo nosso).

(...)

5.6 Termo final

Termo final da prescrição executória quando a pena aplicada é privativa de liberdade ou multa.

O termo final da prescrição da pretensão executória ocorre na data em que o Estado inicia a execução da pena.

Se a sanção imposta na sentença condenatória foi a pena privativa de liberdade, o termo final da prescrição dar-se-á no dia em que o condenado é recolhido à prisão.

O termo final dessa prescrição se extrai do inciso V do art. 117 do Código Penal, que diz que a prescrição da pretensão executória interrompe-se **"pelo início do cumprimento da pena"** (com a prisão do condenado, inicia-se a execução, pondo fim à prescrição executória), **"ou continuação do cumprimento da pena"** (no caso em que sendo preso, inicia o cumprimento da pena, mas foge e é recapturado, reiniciando a execução da pena).

Se a pena aplicada é a de multa, o termo final ocorrerá com o seu pagamento.

6. CAUSAS INTERRUPTIVAS DA PRESCRIÇÃO DA PRETENSÃO EXECUTÓRIA

Dos seis incisos previstos no art. 117 do Código Penal, somente os dois últimos cuidam das causas interruptivas da prescrição da pretensão executória: os incisos V e VI.

6.1 Primeira causa interruptiva da prescrição da pretensão executória

Código Penal

Causas interruptivas da prescrição

Art. 117. O curso da prescrição interrompe-se:

(...)

V – pelo início ou continuação do cumprimento da pena;

(...)

O inciso V comporta duas causas interruptivas:

a) num primeiro momento, o curso do prazo prescricional se interrompe pela prisão do condenado, dando início ao cumprimento da pena;

b) posteriormente, somente se ele vier a fugir, caso seja recapturado, sua recaptura irá interromper, novamente, o prazo prescricional, ao dar continuação ao cumprimento da pena.

Analisemos o primeiro momento do inciso V: a interrupção do prazo prescricional da pretensão executória pelo início do cumprimento da pena.

O trânsito em julgado da sentença condenatória para a acusação, desde que tenha transitado também para a defesa, como vimos, determina o termo inicial do prazo prescricional (art. 112, I, do CP). A partir dessa data, momento inicial da contagem do prazo da prescrição executória, sabemos que o Estado, antes de expirado esse prazo, deverá prender o condenado e iniciar a execução (cumprimento) da pena.

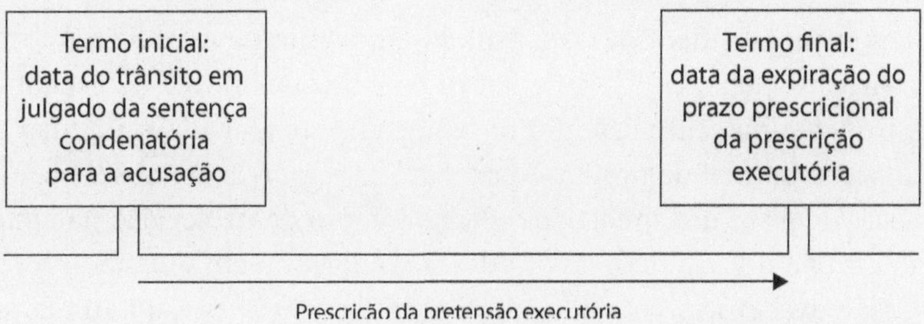

Superado o prazo prescricional sem que o Estado consiga prender o condenado e iniciar o cumprimento da pena, opera-se a prescrição da pretensão executória (ou prescrição da condenação ou da pena), ou seja, a perda do direito de impor-lhe a pena fixada na sentença.

Exemplo: pelo delito do art. 129, *caput,* do Código Penal, o réu foi condenado a uma pena de detenção de 3 meses. A sentença transitou em julgado para a acusação em 15.05.1996 e posteriormente também para a defesa. O prazo prescricional, calculado com base na pena aplicada de 3 meses, é de 2 anos (art. 109, VI, do CP), visto que o delito ocorreu em data anterior à vigência da Lei n. 12.234, de 05.05.2010.

O Estado terá, então, até o termo final do prazo, em 14.05.1998, para prender o condenado. Não o fazendo até a data-limite, ocorrerá a prescrição da pretensão executória, ficando dessa forma impedido de executar a sanção penal aplicada na sentença.

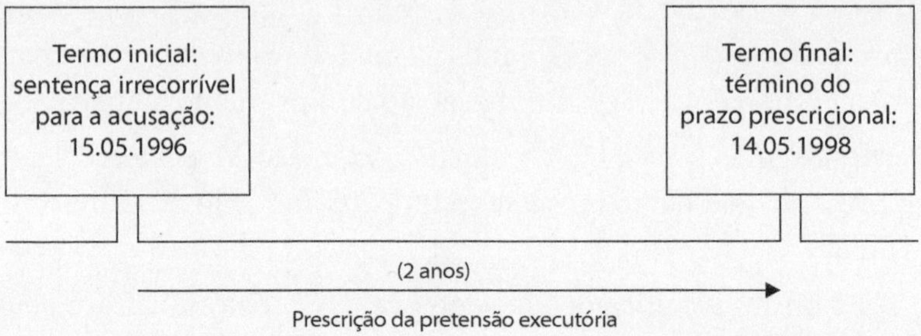

Contudo, se, antes de expirar o prazo prescricional, ele é preso, sua prisão interrompe o curso desse prazo, dando-se início ao **cumprimento da pena** a partir da data da interrupção pela prisão. Tal situação atende à 1ª parte do inciso V do art. 117, que diz que o curso da prescrição interrompe-se **pelo início do cumprimento da pena**.

Assim, prendendo o condenado e iniciando a execução (o cumprimento) da pena, o Estado exerceu o seu poder-dever de executar a pena imposta na sentença, não havendo que se falar mais no curso do prazo prescricional da pretensão executória. Oportuna a observação de Damásio de Jesus a respeito: "Se o fundamento da prescrição da condenação está na inércia do Estado durante o período em que não exerce a pretensão executória, iniciada a execução da sanção penal não há lugar para o decurso do lapso extintivo".[8]

No exemplo a seguir, no qual o trânsito em julgado da sentença condenatória para a acusação ocorreu em 15.05.1996, supondo que o réu venha a ser preso em 03.02.1997.

[8] JESUS, Damásio E. de. *Prescrição penal*. 6. ed. São Paulo: Saraiva, 1991. p. 111.

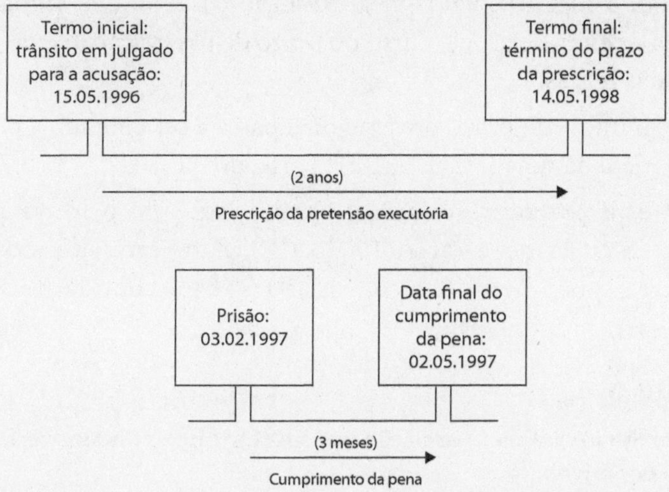

A prisão em 03.02.1997, data anterior ao termo final do prazo prescricional em 14.05.1998, interrompe o lapso prescricional da pretensão executória e determina o início do cumprimento da pena de 3 meses de detenção. A partir daí, afasta-se qualquer preocupação com o curso do prazo da prescrição executória, visto que este deixa de existir durante o tempo de execução da pena.

Cumprida integralmente essa pena, extingue-se a pena privativa de liberdade. O Estado exerceu plenamente sua pretensão executória.

Porém, iniciada a execução, poderá o condenado fugir, não cumprindo, assim, integralmente a pena detentiva aplicada.

Nessa situação, caso ocorra a recaptura, concretiza-se o segundo momento interruptivo do inciso V: o curso da prescrição interrompe-se **pela continuação do cumprimento da pena**, como veremos adiante.

Com a fuga, suspende-se a execução da pena que vinha sendo cumprida e restabelece-se o curso do prazo de prescrição, o qual se submete a duas regras:

1ª) o início do prazo prescricional passa a ser contado a partir da data da fuga (art. 112, II, 1ª parte, do CP);

2ª) esse prazo prescricional vai ser regulado pelo tempo que resta da pena (art. 113 do CP), não recomeçando a correr por inteiro (única exceção à regra contida no § 2º do art. 117 do CP).

Código Penal

Termo inicial da prescrição após a sentença condenatória irrecorrível

Art. 112. No caso do art. 110 deste Código, a prescrição começa a correr:

(...)

II – **do dia em que se interrompe a execução**, salvo quando o tempo da interrupção deva computar-se na pena (grifo nosso).

Prescrição no caso de evasão do condenado ou de revogação do livramento condicional

Art. 113. **No caso de evadir-se o condenado** ou de revogar-se o livramento condicional, **a prescrição é regulada pelo tempo que resta da pena** (grifo nosso).

No exemplo dado, supondo que ele fuja em 27.02.1997, 24 dias depois do início do cumprimento da pena, em 03.02.1997, com sua prisão. O início da contagem do prazo prescricional se desloca para 27.02.1997, data da fuga, e um novo prazo é calculado, novo porque toma por base a quantidade da pena que faltava para ser cumprida.

Do total de 90 dias (3 meses), cumpriu 24 dias, restando para cumprir 66 dias (2 meses e 6 dias).

O novo prazo prescricional será calculado levando em conta o restante da pena, 2 meses e 6 dias. Fazendo o enquadramento dele na tabela do art. 109 do Código Penal, sendo inferior a 1 ano, o prazo prescricional será também de 2 anos (art. 109, VI). Nesse exemplo, não houve alteração do prazo prescricional, visto que o prazo anterior, estabelecido com base na pena de 3 meses, também era de 2 anos.

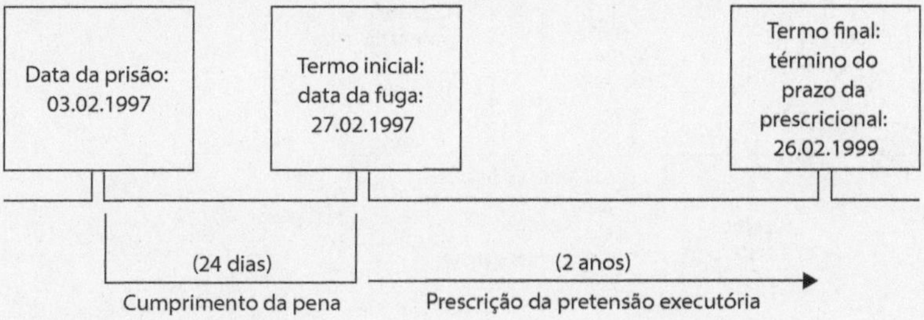

Portanto, a partir da fuga, em 27.02.1997 (termo inicial), o Estado terá 2 anos, até 26.02.1999, para recapturar o condenado a fim de que cumpra o restante da pena, de 2 meses e 6 dias.

Ultrapassado o termo final sem que se tenha conseguido recapturá-lo, opera-se a prescrição da pretensão executória em relação à parte da pena que faltava para cumprir, de 2 meses e 6 dias.

Caso, porém, venha a ser recapturado antes de 26.02.1999 (data da expiração do prazo prescricional), por exemplo, em 04.08.1997, a recaptura interrompe o prazo prescricional. É o que dispõe o art. 117, V, 2ª parte, do Código Penal: o curso da prescrição interrompe-se pela continuação do cumprimento da pena.

Recapturado, reinicia, a partir daí, o cumprimento da pena que faltava para cumprir. Reiniciando o cumprimento, não se fala em prescrição executória para o restante da pena também e o prazo de prescrição não volta a correr enquanto o condenado cumpre a pena. Cumprindo integralmente os 2 meses e 6 dias restantes, extingue-se a pena.

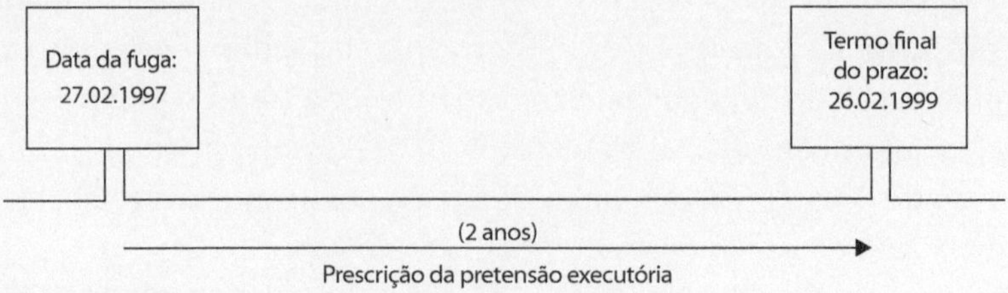

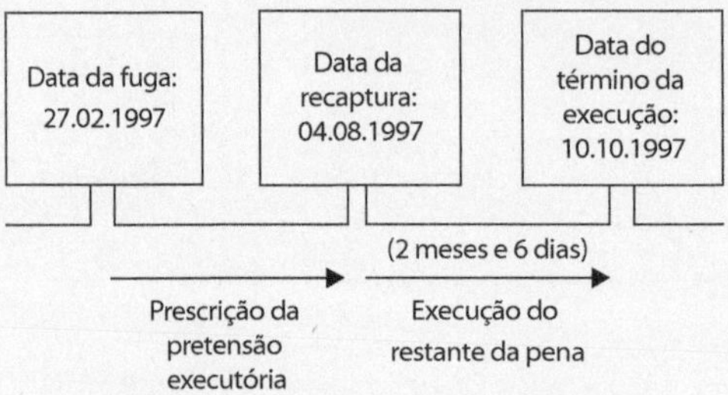

Observações:

1. Havendo prisão, fuga e recaptura (e eventualmente nova fuga), há, como se vê, uma alternância do curso do prazo prescricional da pretensão executória com o tempo de execução da pena, como se observa do gráfico a seguir.

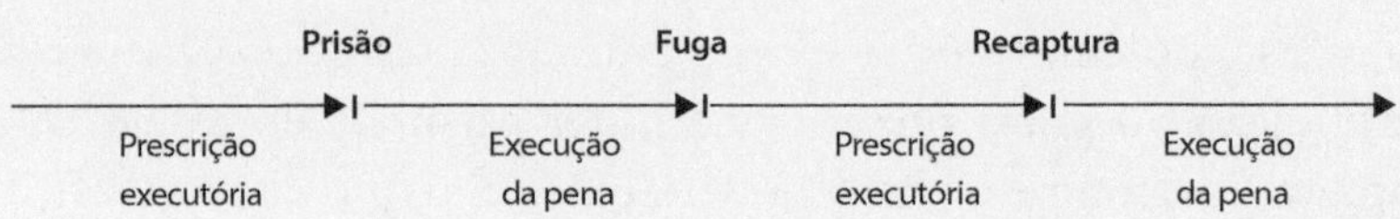

2. Consideremos agora, diferentemente do exemplo dado, uma situação em que ocorra a alteração do prazo prescricional quando, pela fuga, este é calculado pelo restante da pena que falta para cumprir.

   Na sentença foi aplicada pena de 10 anos de reclusão. Depois de já ter cumprido 8 anos da pena, o condenado foge. Um novo prazo prescricional é calculado levando em conta não mais a pena de 10 anos (prazo prescricional de 16 anos, art. 109, II), mas sim a quantidade da pena que faltava para cumprir, 2 anos (prazo prescricional de 4 anos, art. 109, V).

O Estado terá que recapturar o condenado dentro do prazo de 4 anos, contado a partir da data da fuga. Conseguindo, interrompe-se o prazo prescricional e se dá continuidade ao cumprimento da pena. Não conseguindo recapturá-lo nesse prazo de 4 anos, opera-se a prescrição da pretensão executória em relação aos 2 anos de pena restantes.

3. A prescrição da pretensão executória, como afirmado, exige sentença condenatória irrecorrível (com trânsito em julgado para ambas as partes). Na realidade, essa exigência se refere à sentença ou ao acórdão. Não havendo recurso, a sentença transita em julgado. Com isso, afastam-se todas as demais prescrições, menos a prescrição da pretensão executória. A interposição de recurso por uma das partes impede o trânsito em julgado da sentença condenatória, ensejando eventual ocorrência das prescrições intercorrente ou retroativa, além da prescrição da pretensão punitiva. Todavia, caso estas não venham a ocorrer, e confirmada pelo Tribunal, dentro do prazo de prescrição, a sentença condenatória de primeiro grau, com o trânsito em julgado do acórdão, também agora a única prescrição que poderá acontecer é a prescrição da pretensão executória.
4. As causas interruptivas do inciso V incidem exclusivamente sobre a pretensão executória em relação à pena imposta em determinado processo (no qual se apura a prescrição), não alcançando, dessa forma, qualquer pena imposta em outros processos.
5. "O início do cumprimento da pena, como causa interruptiva, só incide sobre a prescrição da pretensão executória. Assim, não interrompe a prescrição da pretensão punitiva em determinada ação penal a circunstância de o condenado iniciar o cumprimento de pena em razão do outro processo" (*RT* 512/471, 530/431 e 540/418).
6. "As causas do inciso V somente interrompem o prazo prescricional da pretensão executória quando a sentença condenatória já transitou em julgado para acusação e defesa. Caso ainda caiba recurso da defesa, não há interrupção. Não há também o efeito interruptivo pela expedição do mandado de prisão" (*JTACrimSP*, 32/145).

7. Cancelando-se a certidão do trânsito em julgado da sentença condenatória, não se interrompe a prescrição. Assim, no caso de ocorrer a anulação do trânsito em julgado da condenação, a prisão imposta em razão dela não irá interromper a prescrição.
8. Na multa: "Paga em prestações, a satisfação da primeira parcela interrompe o prazo prescricional da pretensão executória. Cessada a execução pelo inadimplemento, novo prazo recomeça a correr".[9]

6.2 Segunda causa interruptiva da prescrição da pretensão executória

Código Penal

Causas interruptivas da prescrição

Art. 117. O curso da prescrição interrompe-se:

(...)

VI – pela reincidência.

(...)

Cuida-se aqui da **reincidência futura** ou **reincidência posterior**.

Essa reincidência, que interrompe o prazo da prescrição executória, assim, não se confunde com a reincidência já estudada, a **reincidência anterior**, que provoca o aumento do prazo prescricional de 1/3 (art. 110, *caput*, parte final, do CP) e que tem que ser, obrigatoriamente, reconhecida na sentença condenatória, proferida no processo em que se apura a prescrição.

A **reincidência futura**, causa interruptiva do inciso VI, surgirá quando o condenado cometer um novo crime, após o trânsito em julgado da sentença condenatória e no curso do lapso prescricional da pretensão executória de um processo anterior a que ele responde.

---

[9] JESUS, Damásio E. de. *Código Penal anotado*. 7. ed. São Paulo: Saraiva, 1989. p. 281.

O réu foi condenado no primeiro processo. A sentença transitou em julgado para a acusação e para a defesa, tornando-se irrecorrível. O prazo prescricional da pretensão executória começa a correr a partir do trânsito em julgado da sentença condenatória para a acusação (art. 112, I, do CP). No transcurso desse prazo, o condenado comete um novo delito, é processado (segundo processo) e sobrevém outra sentença condenatória, que transita em julgado. Configurada a reincidência, ela será causa interruptiva do prazo prescricional que vinha fluindo, referente ao primeiro processo e, a partir dela, começa a correr o prazo de prescrição por inteiro (§ 2º do art. 117 do CP).

Discute-se quando se opera a interrupção pela reincidência futura: se na data da prática do novo crime, ou se na data do trânsito em julgado da sentença que condenou o réu pelo novo crime.

A corrente majoritária, à qual se filia Damásio de Jesus, entende correta a interrupção na data do novo crime, argumentando que é a sequência "condenação irrecorrível anterior e novo delito" que caracteriza a reincidência do art. 63, ressalvando, porém, que "o efeito interruptivo da reincidência deve ficar condicionado ao trânsito em julgado da nova sentença condenatória. Se o réu vem a ser absolvido, desaparecida a reincidência, fica extinto o efeito interruptivo no tocante à pretensão executória incidente sobre o primeiro delito".[10]

O mesmo posicionamento é acolhido pelo Desembargador Antônio Rodrigues Porto, que afirma:

> O réu será considerado reincidente quando passar em julgado a condenação pelo segundo crime; mas, o momento da interrupção da prescrição, relativamente à condenação anterior, é o dia da prática do novo crime, e não a data da respectiva sentença. A eficácia desta retroage, para esse efeito, à data em que se verificou o delito.[11]

- **Interrupção pelo cometimento do crime – STF:** "O reconhecimento da reincidência se opera quando, condenado em

[10] JESUS, Damásio E. de. *Prescrição penal*. 6. ed. São Paulo: Saraiva, 1991. p. 115.

[11] PORTO, Antonio Rodrigues. *Da prescrição penal*. 5. ed. São Paulo: Revista dos Tribunais, 1998. p. 89.

sentença transitada em julgado, comete o infrator novo crime. A interrupção se dá, precisamente, com a prática do novo crime, não com a nova sentença passada em julgado. Esta se exige para o primeiro, não para o segundo" (*RTJ* 69/47).

- **TJSP:** "A prescrição se interrompe na data em que o segundo crime é praticado, caracterizando-se a reincidência. No entanto, essa interrupção ficará condicionada à efetiva condenação do réu; se este vier a ser absolvido, evidentemente não houve reincidência e, consequentemente, não foi interrompido o prazo da prescrição" (*RJTJESP* 29/356).

Para outra corrente, a interrupção ocorrerá na data da sentença condenatória irrecorrível do novo crime. Esse o entendimento, entre outros, de Celso Delmantoe Júlio F. Mirabete.

Segundo a obra de Celso Delmanto e outros,

> Assim, deve-se considerar a reincidência de direito, representada por nova condenação transitada em julgado; sem que esta reconheça que o condenado praticou novo crime, não se pode considerá-lo reincidente. Caso contrário, ter-se-ia de admitir uma estranha interrupção 'condicional', que desapareceria se o réu fosse afinal absolvido, além de violar a garantia constitucional do direito à presunção de inocência.[12]

Por sua vez, Mirabete considera que

> Também interrrompe o prazo da prescrição da pretensão executória a reincidência. Não basta, assim, nova condenação criminal se não estiver caracterizada a recidiva. Deve-se considerar como momento da interrupção a data do trânsito em julgado da nova decisão condenatória e não a data do crime, já que somente a decisão pode comprovar a realidade da reincidência.[13]

---

[12] DELMANTO, Celso. *Código Penal comentado*. 3. ed. Rio de Janeiro: Renovar, 1991. p. 226.

[13] MIRABETE, Júlio Fabbrini. *Código Penal interpretado*. São Paulo: Atlas, 1999. p. 635.

Interrupção pela nova condenação como reincidente:

TJSP: "A reincidência que interrompe o curso do lapso prescricional é representada pela nova sentença condenatória proferida contra o agente e não pelo novo crime por este praticado" (*RT* 437/347).

Finalmente, cumpre lembrar que prevalece nesta causa interruptiva do inciso VI (como vimos, o inciso V é a única exceção) a regra do § 2º do art. 117 do Código Penal, segundo a qual "todo o prazo começa a correr, novamente, do dia da interrupção".

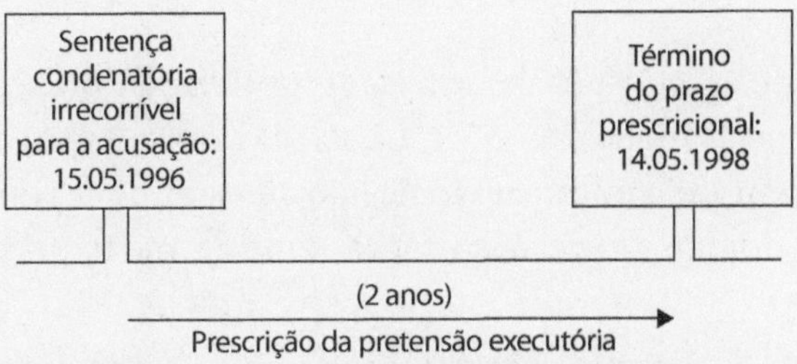

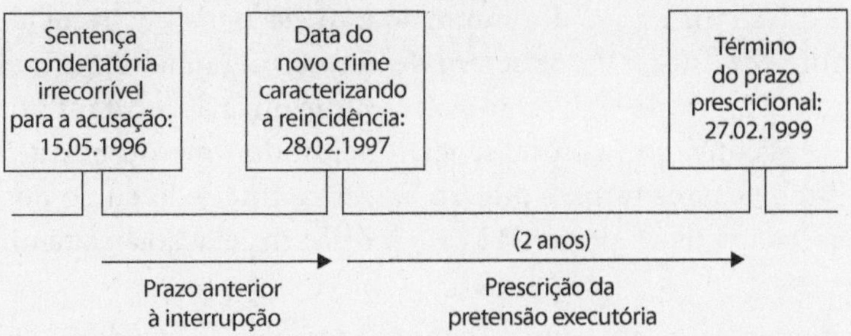

Estando em curso o lapso prescricional da prescrição executória (início da contagem na data do trânsito em julgado da sentença condenatória para a acusação, 15.05.1996), sobrevindo a reincidência futura (causa interruptiva do inciso VI, do art. 117), o prazo prescricional de 2 anos será contado por inteiro (§ 2º do art. 117). O início desse prazo de prescrição será o da data do novo fato criminoso, no exemplo dado, em 28.02.1997. O termo final, em consequência dessa interrupção, dar-se-á agora em 27.02.1999.

6.3 Comunicabilidade das causas interruptivas da prescrição da pretensão executória aos autores do crime

Código Penal

Causas interruptivas da prescrição

Art. 117. (...)

§ 1° **Excetuados os casos dos incisos V e VI deste artigo**, a interrupção da prescrição produz efeitos relativamente a todos os autores do crime... (grifo nosso).

(...)

No concurso de agentes, as causas interruptivas da prescrição da pretensão executória, incisos V e VI, ocorridas em relação a um dos corréus, por serem de caráter pessoal, não se estendem (ou não se comunicam) aos demais (exceção à regra contida na 1ª parte do § 1° do artigo).

Assim, as causas interruptivas tratadas nos referidos incisos, "início ou continuação do cumprimento da pena" e "reincidência posterior" (ou futura), por serem de caráter personalíssimo, excepcionando a regra do § 1°, não se comunicam, não obstante o concurso de agentes. Em consequência, incidindo uma ou outra causa, serão estabelecidos termos diferentes para o início do curso dos prazos prescricionais da pretensão executória em relação a cada um dos coautores.

Exemplo: os réus foram condenados pelo delito de roubo, em coautoria. A sentença condenatória transitou em julgado. No curso do prazo da prescrição da pretensão executória, um deles comete novo delito, sobrevindo outra condenação. A reincidência posterior (art. 117, VI, do CP) somente produz seu efeito interruptivo em relação ao condenado reincidente, deslocando para a data do novo crime o início do curso do prazo prescricional, por inteiro. Não se comunicando ao corréu, permanece, para ele, como início do prazo da prescrição executória a data do trânsito em julgado da sentença condenatória para a acusação (art. 112, I, do CP).

6.4 Comunicabilidade das causas interruptivas da prescrição da pretensão executória aos crimes conexos objeto do mesmo processo

Código Penal

Causas interruptivas da prescrição

Art. 117. (...)

§ 1º Excetuados os casos dos incisos V e VI deste artigo, a interrupção da prescrição produz efeitos relativamente a todos os autores do crime. **Nos crimes conexos, que sejam objeto do mesmo processo, estende-se aos demais a interrupção relativa a qualquer deles** (grifo nosso).

(...)

A 2ª parte do dispositivo, a comunicabilidade no caso de pluralidade de crimes praticados em conexão material, não é alcançada pela exceção à regra da 1ª parte do § 1º. Dessa forma, nesses casos, sobrevindo uma causa interruptiva (qualquer uma delas) em relação a um dos crimes, ela se estende aos demais.

TJSP: "Nos crimes conexos, que sejam objeto do mesmo processo, estende-se aos demais a interrupção relativa a qualquer deles" (*RJTJESP* 13/388).

7. CAUSA SUSPENSIVA (OU IMPEDITIVA) DA PRESCRIÇÃO DA PRETENSÃO EXECUTÓRIA

Código Penal

Causas impeditivas da prescrição

Art. 116. (...)

(...)

Parágrafo único. Depois de passada em julgado a sentença condenatória, a prescrição não corre durante o tempo em que o condenado está preso por outro motivo.

Num conceito mais amplo do que a hipótese acolhida no inciso II do supracitado artigo (que só se refere ao cumprimento da pena no exterior), estabelece o parágrafo único que a prescrição da pretensão executória será suspensa enquanto o condenado estiver preso por outro motivo que não a prisão no exterior acima referida. Assim, essa prisão, desde que de natureza penal, pode decorrer de sentença condenatória em outro processo, ou de decisão de pronúncia, ou de prisões provisória, em flagrante ou preventiva.

Suspensão pelo cumprimento de outra pena - STJ: "Não corre a prescrição da pretensão executória durante o tempo em que o condenado estiver cumprindo pena imposta em outro processo. Inteligência do art. 116, parágrafo único, do CP" (*RSTJ* 68/73).

Então, estando já em curso o prazo de prescrição da pretensão executória, este deixa de correr (ou fica suspenso) em razão da prisão do condenado por outro motivo (ou o curso do lapso prescricional nem se inicia, caso a prisão seja anterior). Cessada a causa suspensiva ou impeditiva, a prisão no país, recomeça a correr o prazo prescricional. O lapso de tempo decorrido durante a suspensão é acrescido ao prazo prescricional, computando-se, também, nesse cálculo o período de tempo transcorrido antes da suspensão.

8. EFEITOS DA PRESCRIÇÃO DA PRETENSÃO EXECUTÓRIA

Prescrição da pretensão executória é, como já estudado, a perda do direito de executar a sanção penal imposta na sentença condenatória pelo decurso do tempo.

Afastada a prescrição da pretensão punitiva, visto que, dentro do prazo de prescrição, logrou-se alcançar um decreto condenatório irrecorrível, o Estado se submete a outra prescrição, a da pretensão executória.

Caso ela sobrevenha e seja decretada, seus efeitos serão bem mais limitados em relação aos efeitos da prescrição da pretensão punitiva.

Senão vejamos:

1. Não desfiguram a ilicitude penal do fato. Não rescindem a ação penal.
2. Limitam-se a impedir a execução das penas principais (reclusão, detenção, prisão simples e multa) e da medida de segurança, esta última determinada pela disposição ampla contida

no parágrafo único do art. 96 do Código Penal, que estabelece que, uma vez extinta a punibilidade por quaisquer das causas indicadas no art. 107, não se impõe medida de segurança nem subsiste a que tenha sido imposta.

Alcançam, portanto, somente as penas principais; todos os demais efeitos penais e extrapenais subsistem, como:

a) lançamento do nome do condenado no rol dos culpados;
b) responde ele pelo pagamento das custas processuais;
c) pode gerar a reincidência, se atendidos os requisitos dos arts. 63 e 64 do Código Penal;
d) constitui título executório para efeito de reparação do dano no juízo cível, nos termos do art. 63 do Código de Processo Penal;
e) caso tenha prestado fiança, perde o direito à sua restituição, destinando-se o dinheiro ou objetos dados em fiança ao pagamento das custas, da indenização do dano (art. 61, I, do CP e art. 63 do CPP) e da multa (art. 49 do CP), nos termos do parágrafo único do art. 336 do Código de Processo Penal;
f) a extradição do condenado se torna inexequível (STF, HC 60.802, *DJU* 03.06.1983, p. 7879);
g) os efeitos civis da perda do cargo ou função pública e da obrigação de indenizar.

Efeitos da prescrição da pretensão executória – STF: "O reconhecimento da prescrição não desfigura a ilicitude do fato, extinguindo, apenas, o direito do Estado de puni-lo" (*RTJ* 124/998).

– VII –
PRESCRIÇÃO E PERDÃO JUDICIAL

O perdão judicial é uma faculdade do juiz, que pode ou não concedê-lo, e não um direito subjetivo do réu. Concedido, o réu não poderá recusá-lo.

Trata-se de um benefício de aplicação restrita: somente pode ser concedido àqueles delitos em que haja expressa previsão legal, sendo, assim, impossível estender sua abrangência a outras infrações penais.

Tal previsão se encontra no art. 121, § 5º, e no art. 129, § 8º, do Codigo Penal: o Juiz poderá deixar de aplicar a pena, se as consequências da infração atingirem o próprio agente de forma tão grave que a sanção penal se torne desnecessária.

1. NATUREZA JURÍDICA

Perdão judicial como faculdade do juiz: o perdão judicial é uma faculdade concedida ao juiz quando reconhecer que do fato decorrem graves consequências ao réu, que o atinjam de tal sorte, física ou moralmente, que qualquer imposição penal se torne medida desnecessária e até mesmo impiedosa, por exacerbar-lhe o sofrimento. “Há, no perdão judicial, uma indisfarçável conotação de comiseração pelo sofrimento do réu em decorrência do fato, com toda a sua abrangência de infortúnios” (*JTACRim* 68/452).

Para uma corrente doutrinária e jurisprudencial minoritária, o perdão judicial tem natureza jurídica de sentença condenatória, em que o juiz, levando em conta circunstâncias especiais que envolvem os fatos, deixa de aplicar a pena.

Assim, no passado, entendeu-se ter o perdão judicial natureza jurídica de decisão condenatória, sustentando que, como não há imposição de pena, o cálculo da prescrição penal usaria como critério para sua fixação o mínimo legal de 3 anos, previsto no art. 109, VI, do Código Penal, ou a pena mínima *in abstrato*, cominada ao delito pelo qual o réu foi condenado.

O entendimento que prevalece hoje é no sentido de considerar que a sentença concessiva do perdão judicial tem a natureza de **sentença declaratória de extinção da punibilidade**, incluída que foi no rol do art. 107, IX, do Código Penal. Acolhe esse entendimento o Colendo STJ, por meio da **Súmula 18.**

Súmula 18: "**A sentença concessiva de perdão judicial é declaratória da extinção da punibilidade, não subsistindo qualquer efeito condenatório**".

Código Penal

Art. 107. Extingue-se a punibilidade:

(...)

IX – pelo perdão judicial, nos casos previstos em lei;

2. EFEITOS DA SENTENÇA

Assim o perdão judicial, com essa natureza, não gera nenhum efeito principal ou secundário para o réu agraciado, posição de Luiz Flávio Gomes e outros doutrinadores. Posição que prevalece.

Prevalecendo esse posicionamento no sentido de considerar o perdão judicial como sendo de natureza declaratória, deixa de ter importância qualquer discussão quanto aos seus efeitos, a não ser o de causar a extinção da punibilidade.

3. JURISPRUDÊNCIA

Ementa: PERDÃO JUDICIAL CONCEDIDO. PLEITO DEFENSIVO DE ABSOLVIÇÃO. AUSÊNCIA DE INTERESSE RECURSAL. A sentença concessiva de perdão judicial é declaratória da extinção da punibilidade e, portanto, não possui natureza condenatória e, por consequência, não produz os efeitos dessa. A Súmula 18 do Superior Tribunal de Justiça consolida tal entendimento: "A sentença concessiva do perdão judicial é declaratória da extinção da punibilidade, não subsistindo qualquer efeito condenatório". Assim, é caso de reconhecer a ausência de interesse recursal diante da ausência de efeito condenatório. APELO DA DEFESA NÃO CONHECIDO. UNÂNIME (TJRS, Apelação Crime n. 70077224921, 6ª Câm. Criminal, Rel. Ícaro Carvalho de Bem Osório, j. 26.11.2018, data de publicação: 28.11.2018).

Ementa: PERDÃO JUDICIAL CONCEDIDO. IRRESIGNAÇÃO DEFENSIVA POSTULANDO A ABSOLVIÇÃO. Nos termos da Súmula 18 do STJ, a sentença que concede o perdão judicial tem natureza declaratória da extinção da punibilidade. Logo, não subsistindo qualquer efeito condenatório, ausente interesse recursal da defesa (Art. 577, parágrafo único, do CPP). Apelo não conhecido (TJRS, Apelação Crime n. 70071191142, 3ª Câm. Criminal, Rel. José Ricardo Coutinho Silva, j. 05.10.2017, data de publicação: 10.10.2017).

– VIII –
DIREITO DE AÇÃO E PRESCRIÇÃO, DECADÊNCIA E PEREMPÇÃO

A prescrição, a decadência e a perempção são causas extintivas da punibilidade, pois foram incluídas no rol do art. 107, IV, do Código Penal, e ocorrem pelo decurso do tempo.

Reconhecida uma ou outra, deve ser decretada de ofício pelo juiz (art. 61 do CPP).

Código Penal

Extinção da punibilidade

Art. 107. Extingue-se a punibilidade:

(...)

IV – pela prescrição, decadência ou perempção;

(...)

Código de Processo Penal

Art. 61. Em qualquer fase do processo, o juiz, se reconhecer extinta a punibilidade, deverá declará-lo de ofício.

1. PRESCRIÇÃO

Prescrição é a perda do direito de punir do Estado pelo decurso do tempo.

O Estado detém, com exclusividade, o *jus puniendi*, mas esse direito deve ser exercido dentro de determinado lapso temporal, variável segundo a pena do delito imputado ao acusado. Não exercido, a prescrição vai atingir diretamente o direito de punir estatal, direito esse material, e, como consequência e indiretamente, determinar a extinção do direito de ação.

A prescrição pode ocorrer antes da propositura da ação penal, no curso dela e, ainda, na fase de execução da sentença condenatória.

Sua ocorrência poderá se dar nos crimes de ação penal pública incondicionada ou plena, de ação penal condicionada e de ação penal privada, e seu prazo é submetido a interrupção, suspensão, aumento e redução, esta última em razão da idade do réu.

2. DECADÊNCIA

Decadência é a perda do direito de ação ou de representação, em razão de seu não exercício no prazo previsto em lei.

O prazo decadencial é fixo e, em regra, é de 6 meses. A decadência, ao contrário da prescrição, vai incidir antes sobre o direito de ação (direito adjetivo, instrumental) e só por via de consequência atingirá o direito de punir (direito material).

Ela somente ocorrerá antes da propositura da ação penal. Ocorre nas hipóteses de ação penal privada e de ação penal pública condicionada à representação ou à requisição.

O prazo de decadência não está sujeito a interrupção, suspensão aumento ou redução.

A propósito, muito esclarecedora a lição de Antônio Rodrigues Porto:

> Simultaneamente com o prazo de decadência, corre o de prescrição, mas, o curso de um e de outro são inteiramente independentes. Nem sempre coincide o início do prazo decadencial com o de prescrição. Pode ocorrer a prescrição antes mesmo de começar o prazo de decadência, quando o ofendido ignora a infração por tempo suficiente a prescrever.[1]

3. PEREMPÇÃO

Perempção é a perda do direito do querelante ou de seu sucessor de dar seguimento à ação penal, quando se lhe exigiam determinadas

[1] PORTO, Antonio Rodrigues. *Da prescrição penal*. 5. ed. São Paulo: Revista dos Tribunais, 1998. p. 41.

providências, nos prazos previstos no art. 60, I e II, do Código de Processo Penal, e elas não foram tomadas. Tem, assim, a natureza de penalidade processual.

A perempção alcança, em primeiro lugar, o direito de ação porque vai impedi-la de ter prosseguimento e, por via de consequência, a pretensão punitiva (direito material).

Ela somente poderá ocorrer no curso da ação e não antes do recebimento da queixa, e terá causa na ação penal exclusivamente privada, não alcançando a ação subsidiária do art. 29 do Código de Processo Penal.

Havendo mais de um querelante, a penalidade da perempção só recai sobre aquele que lhe deu causa, tendo seguimento a ação penal em relação aos demais.

REFERÊNCIAS

AMARAL, Claudio do Prado. Inviolabilidade do crime do domicílio e flagrante do crime permanente. *Revista Brasileira de Ciências Criminais*, São Paulo, v. 20, n. 95, p. 166-193, mar./abr. 2012.

BALTAZAR, Antonio Lopes. *Prescrição penal*. São Paulo: Edipro, 2003.

BITTENCOURT, Cezar Roberto. *Tratado de direito penal*. 10. ed. São Paulo: Saraiva, 2006.

CARNEIRO, Rafael Araripe; VASCONCELOS, Igor Lacerda de. A prescrição penal como limite da *emendatio libelli*. *Conjur*, 26 nov. 2018. Disponível em: https://www.conjur.com.br/2017-mar-23/prescricao-penal-limite-emendatio-libelli. Acesso em: 3 abr. 2020.

COSTA JÚNIOR, Paulo José da. *Código Penal comentado*. 9. ed. São Paulo: DPJ, 2007.

COSTA JÚNIOR, Paulo José da. *Comentários ao Código Penal*: parte geral. São Paulo: Saraiva, 1986. v. 1.

COSTA JÚNIOR, Paulo José da. *Direito penal*: curso completo. 8. ed. São Paulo: Saraiva, 2000.

DELMANTO, Celso. *Código Penal anotado*. 3. ed. Rio de Janeiro: Renovar, 1991; 5. ed. 2000.

FAYET JÚNIOR, Ney; FAYET, Marcella; BRACK, Karina. *Prescrição penal:* temas atuais e controvertidos. Porto Alegre: Livraria do Advogado, 2007.

FÜHRER, Maximilianus Cláudio Américo. *Resumo de direito penal*: parte geral. 5. ed. São Paulo: Malheiros, 1993.

GOMES, Alfredo Neto. *Prescrição penal*: uma forma fácil de entender. 2. ed. Leme: CL EDJUR, 2017.

GOMES, Luiz Flávio. *Direito penal*: parte geral. São Paulo: RT, 2005.

JESUS, Damásio E. de. *Código Penal anotado*. 7. ed. São Paulo: Saraiva, 1989; 17. ed. 2008.

JESUS, Damásio E. de. Novo termo inicial do prazo prescricional penal. *Carta Forense*, 4 jun. 2018. Disponível em: http://www.cartaforense.com.br/m/conteudo/colunas/novo-termo-inicial-do-prazo-prescricional-penal/18221. Acesso em: 3 abr. 2020.

JESUS, Damásio E. de. *Prescrição penal*. 6. ed. São Paulo: Saraiva, 1991; 17. ed. 2008.

MARQUES, José Frederico. *Tratado de Direito penal*, Campinas: Millenium, [s. d.]. v. III.

MARQUES, José Frederico. *Tratado de direito penal*. 2. ed. São Paulo: Saraiva, 1966.

MASSON, Cleber. Prescrição penal como direito fundamental: correlação lógica entre limites estatais ao direito de punir. *In: Tratado luso-brasileiro da dignidade humana*. São Paulo: Quartier Latin, 2008.

MESQUITA JÚNIOR, Sidio Rosa de. *Prescrição penal*. São Paulo: Atlas, 1997.

MIRABETE, Júlio Fabbrini. *Código Penal interpretado*. São Paulo: Atlas, 1999.

MIRABETE, Júlio Fabbrini. *Código de Processo Penal interpretado*. 8. ed. São Paulo: Atlas, 2001.

MIRABETE, Júlio Fabbrini. *Manual de direito penal*. 18. ed. São Paulo: Atlas, 2002.

MIRABETE, Júlio Fabbrini; FABBRINI, Renato N. *Manual de direito penal*: parte geral. 31. ed. v. VI.

MORAES, Alexandre de. *Constituição do Brasil interpretada e legislação constitucional*. São Paulo: Atlas, 2002.

NACIF, Mauro Otávio. Projeto "anticrime" do governo erra feio na prescrição penal. *Conjur*, 27 mar. 2019. Disponível em: https://www.conjur.com.br/2019-mar-27/opiniao-projeto-sergio-moro-erra-feio-prescricao-penal. Acesso em: 4 abr. 2020.

NUCCI, Guilherme de Sousa. *Manual de direito penal*: parte geral – parte especial. 4. ed. São Paulo: RT, 2008.

NUCCI, Guilherme de Souza. *Manual de processo e execução penal*. São Paulo: Revista dos Tribunais, 2005.

PAZZAGLINI FILHO, Marino. *Juizado Especial Criminal*: aspectos práticos da Lei n. 9.099/95. São Paulo: Atlas, 1996.

PORTO, Antonio Rodrigues. *Da prescrição penal*. 2. ed. São Paulo: José Bushatsky, 1977.

PORTO, Antonio Rodrigues. *Da prescrição penal*. 5. ed. São Paulo: Revista dos Tribunais, 1978.

SILVA, José Afonso da. *Comentário contextual à Constituição*. 3. ed. São Paulo: Malheiros, 2007.

TELES, Ney Moura. *Direito penal*: parte geral. São Paulo: Atlas, 2004.

TOURINHO FILHO, Fernando da Costa. *Prática de processo penal*. 15. ed. São Paulo: Saraiva, 1993.

TOURINHO FILHO, Fernando da Costa. *Processo penal*. 18. ed. São Paulo: Saraiva, 1997. v. I.

TOURINHO, Andréa Martins. Do instituto da prescrição penal. *Jusbrasil*, 1 ago. 1999. Disponível em: https://jus.com.br/artigos/965/do-instituto-da--prescricao-penal. Acesso em: 24 jan. 2023.

TOURINHO, Andréa Martins; DANTAS, Cristiane Müller. Do instituto da prescrição penal. *Revista Jus Navigandi*, Teresina, ano 4, n. 34, 1 ago. 1999. Disponível em: https://jus.com.br/artigos/965. Acesso em: 2 abr. 2020.